知的生きかた文庫

面白いほど世界がわかる「地理」の本

高橋伸夫・井田仁康　編著

三笠書房

はじめに

「地理」を知るだけで、世界は一気に面白くなる！

ニュースを見ていると、世界のさまざまな国の情報が次々に入ってくる。
そんなとき、「気になること」が一つや二つは出てくるはずだ。

・なぜインドネシアに大規模な地震が多いのか？
・アフガニスタンで内戦やテロが絶えないのはなぜか？
・砂漠の一首長国ドバイがなぜ世界的な金融センターになった？
・日本とロシア――北方領土の問題は、なぜ起こったの？
・反政府運動の「アラブの春」はなぜ拡大した？

意外かもしれないが、これらのすべての疑問の答えは「地理」に隠されている。

地理を知れば、その国や地域の自然・環境だけではなく、歴史・民族・文化・経済・政治までを理解できるからだ。言葉を替えれば、**地理には、その土地の記憶がす**

べて詰まっているのだ。

例えば、テレビ番組で、ある国の市場の様子をみたとする。知識がなければ、「変わった物を売っているな」「日本に比べて安いな」などの感想を持つだけだろう。しかし、その国の地理的な背景を知っていれば、その商品がなぜ多く売られているのか、生活とどのように関連しているのか、なぜ安いのかなどを推測することさえできる。

こうして知的な関心が刺激され、各地域、各国の地理を知ることは「世界を知る」最初の一歩となるのだ。

「どんな国なんだろう」――そんな疑問がわいたときに、すぐに手にとっていただきたく執筆したのが本書である。

いつでも手の届くところにおいていただければ、世界の国に関心をもったとき、すぐにその概要を知り、答えを手に入れることができる。本書では、すべての国を取り上げているわけではないが、「世界のおおよその形」を頭に入れるために必要最低限の国について、ページが許す限り、十分な解説をした。

この基礎的な知識をもっているかどうかで、今度は、**同じニュースや情報に接した**

ときの理解度や面白さが、まるで違うだろう。

少し難しい話になるが、地理学には「景観」という概念がある。これは単に景色や風景をさすものではない。そこに生える植物、生活する人や動物、そして気候や地形といった、いろいろな要素がどう関わり合っているのかを追究した見方である。

観察する人がどのような知識、感情をもっているかで、「景観」は変わってくる。豊富な知識があれば、その人の見る「景観」はより一層豊かになるのだ。

つまり、**同じ世界をみたときでも、そこから得られる情報や感動も大きくなる**。それは、現地を訪れた際により一層、強く感じられるだろう。

とはいえ、現地に行くことはできなくても、世界に関する多くのことを知りたいという人もいる。ガイドブックや時刻表を見ながら机上旅行を楽しむ人、テストや受験や就職試験のために必要に迫られている人……そういった人にも対応できるよう、本書は世界の国のエッセンスを記し、できるだけ客観的な情報を提供した。

世界のことを知るツールとして役立て、世界に思いを馳《は》せてもいい。さらに知的な関心を広げ、より豊かな感情をもって世界をみるヒントにしてもらいたい。

それが人生の豊かさの糧《かて》となってくれれば——著者一同の望外の喜びである。

井田仁康

もくじ

1章　アジアの国々が面白いほどわかる！

2章　アングロアメリカの国々が面白いほどわかる！

3章　ラテンアメリカの国々が面白いほどわかる！

4章　ヨーロッパの国々が面白いほどわかる！

5章 アフリカの国々が面白いほどわかる！

◇内戦・紛争が絶えないのはなぜか？　294

6章　オセアニアの国々と両極地方が面白いほどわかる！

編集協力＝入江佳代子
本文イラスト＝森本貴美子
本文図版＝Ｓｕｎ Ｆｕｅｒｚａ
インフォ・マップ

モンゴル
朝鮮民主
主義人民
共和国
日本
大韓民国
中華人民共和国
ブータン
台湾
ミャンマー
ラオス
フィリピン
タイ
ベトナム
カンボジア
ブルネイ
マレーシア
シンガポール
東ティモール
インドネシア

1章
アジアの
国々が面白いほどわかる！

0　1000km
国名　本文でとりあげた国
トルコ
カザフスタン
ウズベキスタン
トルクメニスタン
キルギス
タジキスタン
イラク
クウェート
イラン
アフガニスタン
サウジアラビア
バーレーン
カタール
パキスタン
アラブ首長国連邦
ネパール
インド
イエメン
オマーン
バングラデシュ
スリランカ
モルディブ
赤道
①キプロス
②シリア
③レバノン
④イスラエル
⑤ヨルダン
⑥グルジア
⑦アルメニア
⑧アゼルバイジャン

アジアの概観

〝五つに分けられるアジア〟を地図で読んでみよう

地形と気候からわかる「アジアの全体像」

アジアの五地域、三区分、その範囲は？

ユーラシア大陸の東部・南部の地域からロシア連邦を省いた範囲をアジアという。古代のエーゲ海の言葉で、日の出を意味するAsuが変化して、Asia（アジア）と呼ばれるようになったといわれる。

アジアは、東アジア・東南アジア・南アジア・西アジア・中央アジアの五つの地域に区分される。文化による地域区分としては、西アジア・中央アジアを一つの地域としてとらえることもある。

一方、極東・中東・近東という区分があるが、これはヨーロッパを中心とした呼称

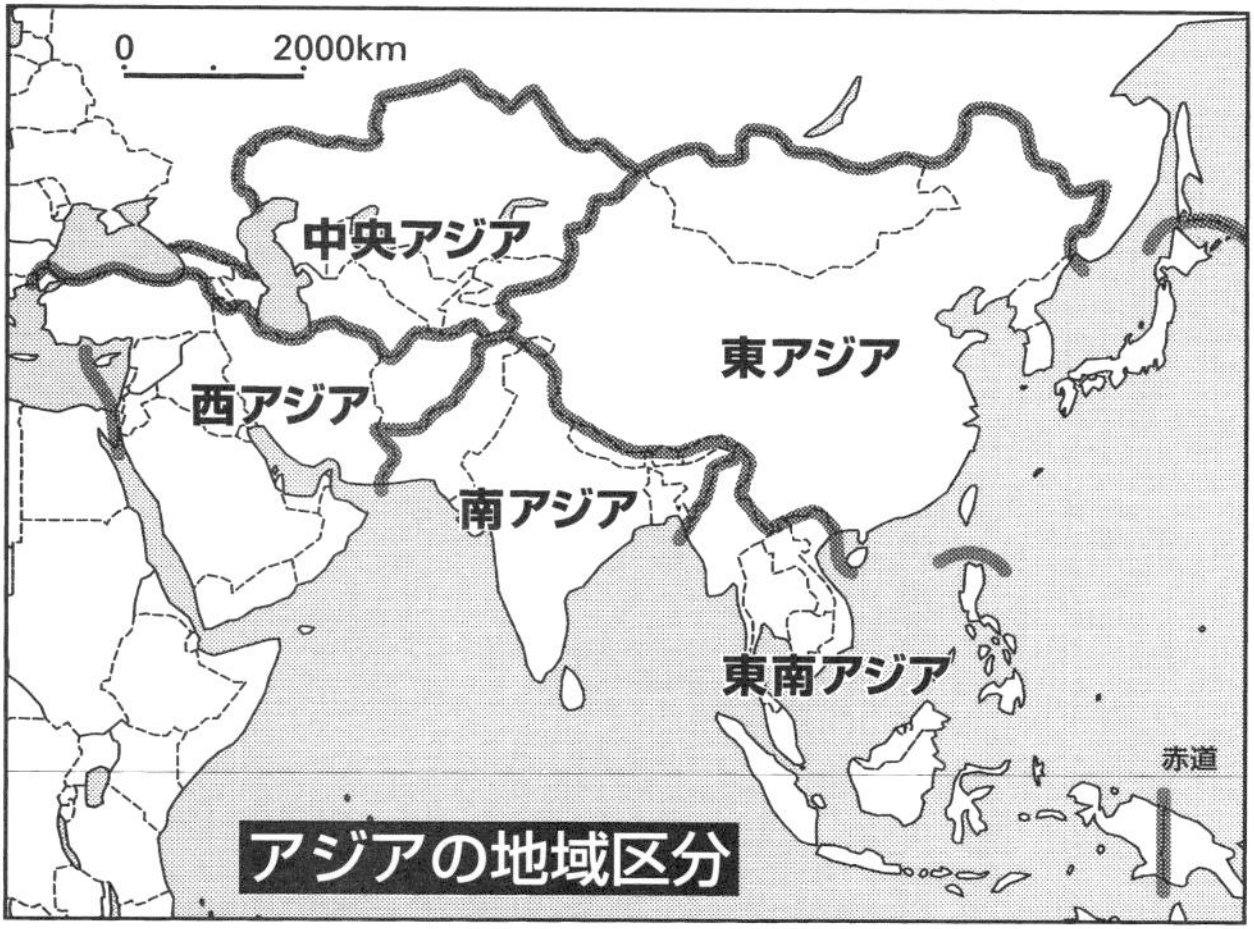

で、いずれもはっきりした地域を指すものではない。
　極東はFar East、ヨーロッパからみて東のはずれにある地域ということで、一般には、ロシア沿岸部から日本・韓国・北朝鮮・中国東部・インドネシアにかけての地域。近東はヨーロッパに近い東方諸国のことで、トルコからエジプトなど地中海沿岸を指す（イギリスではバルカン諸国をも含めた）。
　中東は極東と近東の中間の地で、アフガニスタン・イラン～アラビア半島にかけて。また、中近東という呼称を使うこともある。

標高六〇〇〇mの「世界の屋根」からみた広大な地形

アジアの地形は、多様性に富む。中央部には「世界の屋根」と呼ばれる標高約六〇〇〇mのパミール高原があり、ここからヒマラヤ山脈・クンルン山脈・カラコルム山脈などの険しい山脈が四方に伸び、その間にはチベット高原・タリム盆地、そのほかホワンツー（黄土《おうど》）高原・デカン高原・イラン高原などもみられる。

これらの山間地からは、黄河・長江・メコン川・ガンジス川・インダス川といった大河川が流れ、流域には大平野が広がる。また、インド半島や日本列島など、半島や島々で複雑な海岸線が発達する。

特に険しい山岳地帯は、中生代末期から新生代第三紀を中心に形成された造山帯で、二つに分類される。一つは、ヒンドゥークシ・ヒマラヤ山脈や大スンダ列島など、**ユーラシア大陸南部をほぼ東西に走るアルプス＝ヒマラヤ造山帯**である。もう一つは、日本列島・フィリピン諸島など、**太平洋の西側にみられる環太平洋造山帯**で、いずれも火山帯・地震帯と一致する地殻の不安定なところだ。

ところで、海抜三〇〇〇m級の日本列島は、日本海溝から眺めれば一万mを超える大山脈といえる。

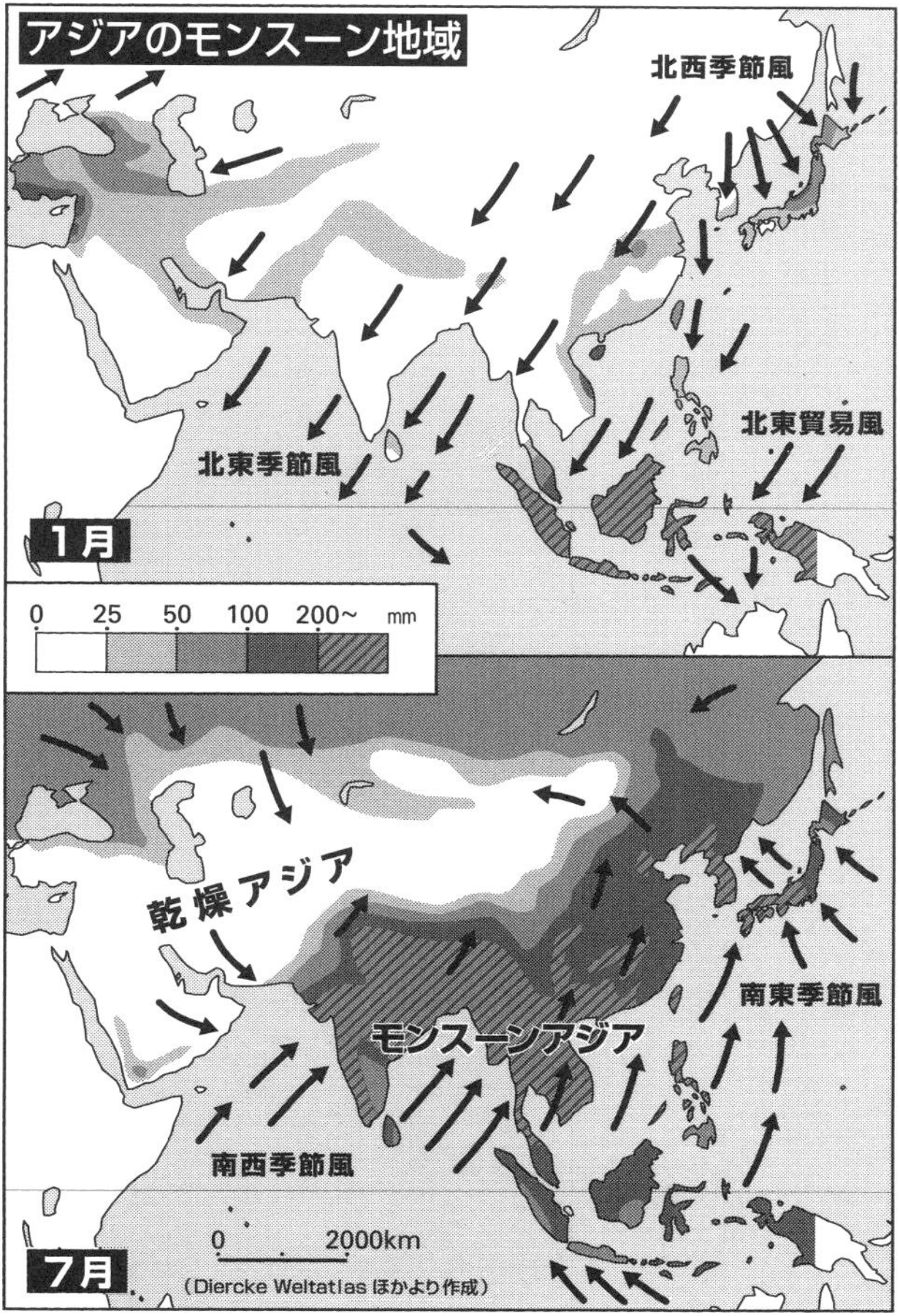
アジアのモンスーン地域
北西季節風
北東季節風
北東貿易風
1月
0
25
50
100
200~
mm
乾燥アジア
モンスーンアジア
南東季節風
南西季節風
0
2000km
7月
（Diercke Weltatlas ほかより作成）

なぜ東・南アジアに雨が多く、中央・西アジアに砂漠があるのか？

さまざまな気候が見られる広大なアジア大陸は、寒冷な北アジア、モンスーンの影響を受ける湿潤《しつじゅん》なモンスーンアジア、雨の少ない乾燥アジアと分けることもある。

東アジアから南アジアにかけてのモンスーンアジアは、夏は海洋から吹き込むモンスーン（季節風）の影響で高温・多雨な気候となる。**インドのアッサム地方は、年降水量が一万㎜を超える世界最多雨地帯の一つ**である。しかし、冬は逆に大陸から吹き出すモンスーンの影響を受けて降水量は少ない。風向は日本とインドでは異なる。この地域は、米作をはじめ農耕の盛んな地域である。

大陸内部にあたる中国内陸部・中央アジアの地域は、海岸からの湿った空気が十分に供給されず、降水量は少ない。

西アジアは回帰線上に位置し、亜熱帯（中緯度）高圧帯の支配を受け、赤道付近で上昇した大気がこの地域で下降するため、雨の原因となる上昇気流がみられない。一年中乾燥し、砂漠やステップ（乾燥帯の丈の短い草原）が続くので、乾燥アジアと呼ばれる。この地域は荒涼たる褐灰白色の世界であり、人びとは羊・ヤギの遊牧や、オアシスで農耕生活を送っている。また、イスラム教徒の多い地域でもある。

「人口・民族・宗教、そして経済地図」

「世界の総人口の六割」を支える米作

アジアには、世界の総人口七〇億の約六割の四二億人が居住している。

中国一三億五〇〇〇万人（台湾を含まない）、インド一二億四〇〇〇万人、両国だけでアジアの約六割を超える（国連人口白書二〇一一）。

また、アジアの人びとは、ほかの地域にみられないほど多数の民族に分かれている。民族とは、主として言語・宗教・風俗・習慣・社会制度など文化的な要素を基準に分類したものである。

アジアの民族を大きく分類すると、イラン～インドにかけてのアーリア系、アラビア半島のアラブ系、中国～タイにかけてのシナ＝チベット系、トルコ・中央アジア～モンゴル・朝鮮半島・日本のアルタイ系、東南アジアの諸島やマレーシアを中心にしたマレー系などである。

宗教も複雑である。ヨーロッパや新大陸ではキリスト教が多いが、アジアは仏教、

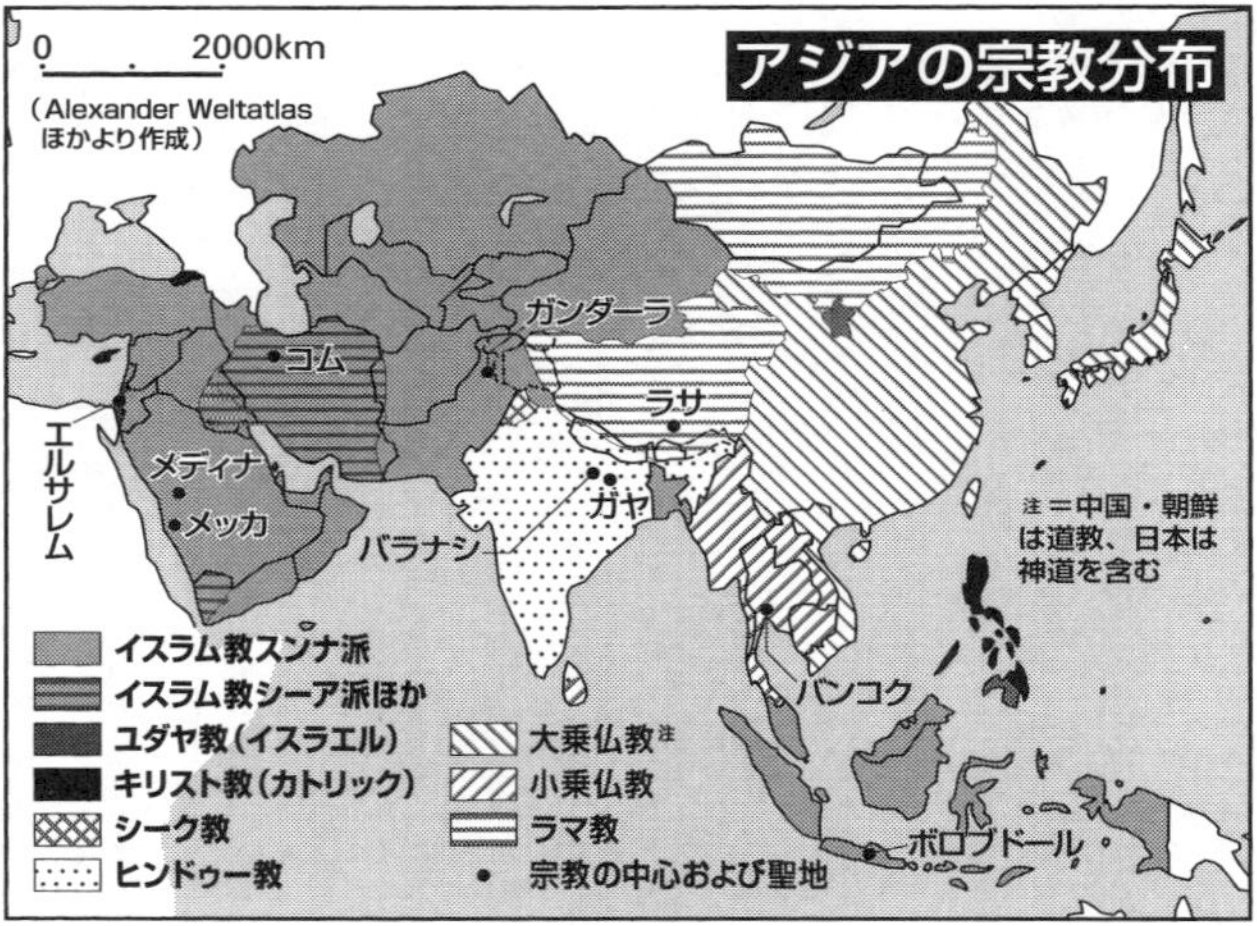

イスラム教、キリスト教の三大宗教のほかに、ヒンドゥー教・ユダヤ教・ラマ教・シーク教や道教・神道などさまざまな宗教がある。

アジアの巨大人口を支えるのが米作である。米はあらゆる穀物の中で、最も人口支持力（ある地域の一定の生活基準のもとにおける人口の扶《ふ》養《よう》能力）が高い作物である。

米作は単に生産活動の一部ではなく、日常生活の一部となり、祭りや生活様式にも関係している。

日本の祭りにも米作と関係したものが多く、春は豊作を祈《き》願《がん》し、秋は収穫を感謝するものである。

高い経済成長率の背景には？

アジアは長い間、欧米諸国の植民地という地位に置かれ、先進国の製品市場および原料・食糧供給地という役回りにあった。第二次世界大戦後、政治的独立は達成したが、経済的にはアメリカなどの援助のもとに回復を進めてきた。

日本は早い時期に経済復興を達成した。ほかのアジア諸国では、アラブ産油国が一九七〇年代の石油危機以降、豊富な石油資源を背景に高い経済成長を続け、一人当たりGNI（国民総所得）の高い国となっている。

韓国・台湾・香港・シンガポールの国・地域は、積極的に先進国の資本・技術を導入した結果、アジアNIEs（新興工業経済地域）と呼ばれるようになった。中でも韓国は九〇年代以降、自動車や電子機器などの先端産業の発達が著しく、先進国並みに発展してきた。

八〇年代になると、ASEAN諸国・中国は輸出指向型（外国の資本・技術を導入して輸出を振興する）工業の進展が著しく、高い経済成長率を示した。輸出の中心も、農産物・地下資源などの一次産品から、電気機器などの機械類となっていった。

また、インドも九〇年代以降、積極的に経済の自由化を進めた結果、高い経済成長によりＢＲＩＣｓ（ブラジル・ロシア・インド・中国）の一国として注目されてきた。

日本とアジアの関係はどう変化してきている？

日本の貿易は、一九六五年頃は輸出入とも貿易額の約三分の一がアジアだった。二〇一〇年には、日本の輸出額の約六〇％、輸入額の約六二％をアジアが占める。貿易相手国は、輸出入総額一位の中国をはじめ、上位一〇カ国のうち八カ国がアジアの国・地域である（日本国勢図会二〇一一／一二年）。

日本の輸出は、機械類・自動車などの付加価値の高い工業製品が多い。輸入は、原燃料・食料品や軽工業製品のほか、近年は機械類など工業製品が急増している。

八〇年代後半の円高や人件費の高騰《こうとう》などのため日本企業の海外進出が始まり、電気機械・繊維から自動車・電子産業などの企業が、中国や東南アジア諸国に工場を建設。製造業だけでなく、ホテルやデパートなどのサービス業も海外に進出した。

これにともない、社員が家族とともに赴任《ふにん》し、長期間アジア諸国で暮らすケースも増えている。主要都市には、日本人学校も設立されている。

一方短期滞在でも、日本からの海外渡航者は経済成長とともに増加し、一九八〇年代半ば以降に急増し、現在は一七〇〇万人近くになっている。約八割が観光目的で、主な行き先は中国・韓国・香港・タイ・台湾などの近隣地域やアメリカ合衆国などであるが、アジアが約三分の二を占める。

また、来日する外国人約八六〇万人のうち、韓国・中国をはじめアジアからの来訪者が約七割を占める（日本国勢図会二〇一一／二〇一二年）。

しかし、二〇一一年は、東日本大震災と福島原子力発電所事故の影響により、来日する外国人は、前年比約二八％減の約六二〇万人と過去最大の減少率となった。

経済大国となった日本は、サミットやOECD（経済協力開発機構）の一員として発展途上国への経済協力を行っている。主な援助先は、ベトナム・インド・アフガニスタン・中国などアジア諸国である。しかし、**ODA（政府開発援助）の金額は、二〇〇〇年までの一〇年間、世界最大であったが、二〇〇一年はアメリカ合衆国に次ぎ、二〇一〇年には第五位へと転落している。**

経済援助だけでなく、農業技術援助・保健・医療や教育などへの人的派遣として、JICA（国際協力事業団）を通しての青年海外協力隊や、NGO（非政府組織）のボランティアなどが、アジア・アフリカを中心に活動している。

このように日本とアジア諸国とのかかわりはあらゆる部門でみられ、今後もその重要性はますます深くなることだろう。

1 中華人民共和国

地理と経済――〝変貌し続ける〟国

「人口約一三億、その構成は？」

世界第三位の面積と緯度差約四〇度！

中国の国土面積はロシア・カナダに次いで世界第三位で、日本の約二五倍である。

中国の地形を大観すると、西から東へとヒマラヤ山脈・チンツァン（青蔵）高原・チベット高原などの山脈や高原地域、丘陵地域、平野と、三段の階段状となっているが、平地は約一割と少なく、山地と高原が約六割を占めている。

一方、**中国の緯度差は約四〇度もあり、熱帯から冷帯までの気候が分布する。**降水量は、東部の海岸地域で多く、西部の内陸に行くに従って少なく、西端にはタクラマカン砂漠、北部にはゴビ砂漠がある。降水は夏季に集中し、冬季にはきわめて少ない。

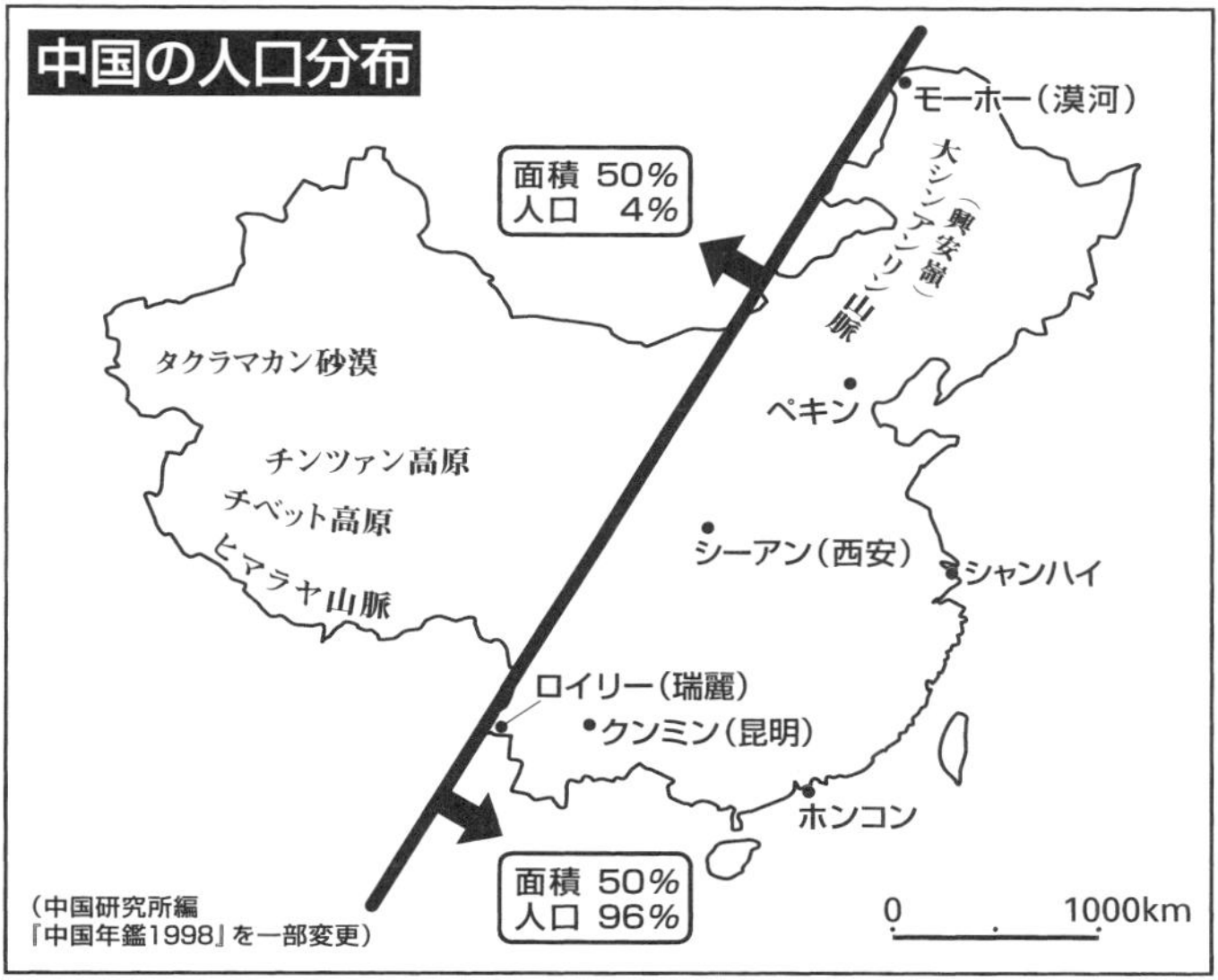
中国の人口分布
モーホー（漠河）
大シンアンリン（興安嶺）山脈
面積 50%
人口 4%
タクラマカン砂漠
ペキン
チンツァン高原
チベット高原
シーアン（西安）
シャンハイ
ヒマラヤ山脈
ロイリー（瑞麗）
クンミン（昆明）
ホンコン
面積 50%
人口 96%
（中国研究所編
『中国年鑑1998』を一部変更）
0
1000km

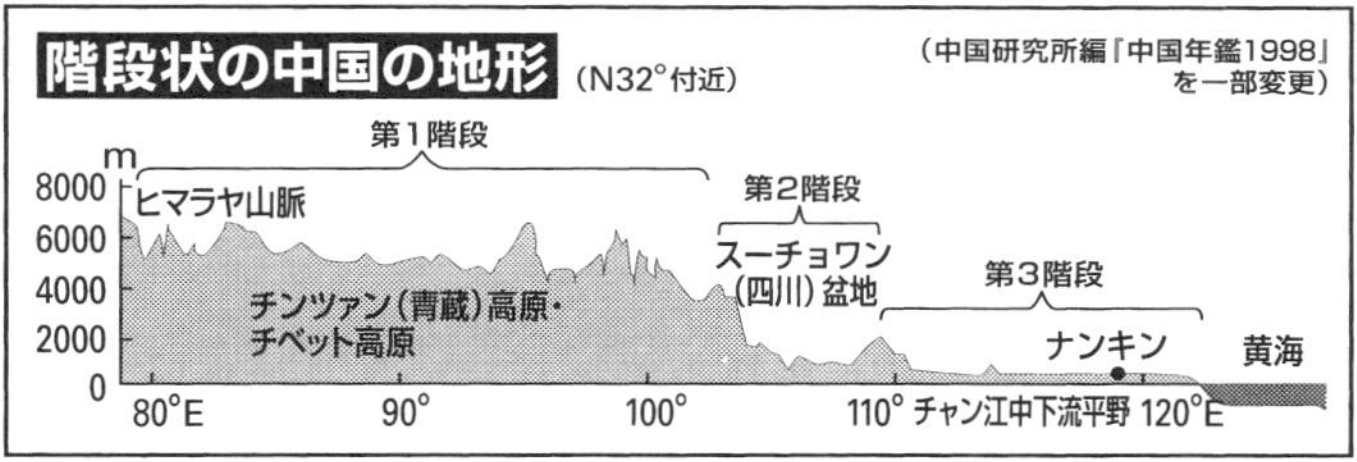
階段状の中国の地形
（N32°付近）
（中国研究所編『中国年鑑1998』
を一部変更）
第1階段
m
8000
6000
4000
2000
0
ヒマラヤ山脈
第2階段
スーチョワン
（四川）盆地
第3階段
チンツァン（青蔵）高原・
チベット高原
ナンキン
黄海
80°E
90°
100°
110°
チャン江中下流平野
120°E

多様な気候は、さまざまな動植物の分布を生み出している。天然ゴム・カカオ・胡椒やバナナ・レイシ（ライチ）などの熱帯作物から冷帯の針葉樹林帯までみられる。一方、ジャイアントパンダ、揚子江《ようすこう》（長江）カワイルカなど中国固有の動物も生息している。

中国の人口は約一三億五〇〇〇万で世界最大。世界人口の五人に一人が中国人である。しかし、その人口の約九割が前ページの図の線の東側、すなわち、盆地・丘陵と平野の地域で生活している。人口分布は、東部地域に非常に偏っている。

中国の人びとの約九割を漢民族が占め、残りの一割が約五五の少数民族である。主な少数民族は、ベトナム国境付近に住むチョワン族、北東部に住む満族、チベットに住むチベット族、西部に住むウイグル族、モンゴル国境に住むモンゴル族である。

一九四九年の中華人民共和国成立後、少数民族の居住地区に漢民族を送り込み、漢民族の文化への同化政策をとってきた。しかし、シンチャン・ウイグル自治区やチベット自治区、内モンゴル自治区では、少数民族が独立運動を展開している。

なぜ中国で爆発的な人口増加があった？

毛沢東は「人口が多いのは中国の武器である」と主張し、「人口は限りない創造力の源泉である」と考えて、政府は人口増加に対して楽観的であった。

しかし、一九六〇年代に入ると食糧・住宅・環境問題が発生した。そのため、七九年から本格的に漢民族に対して人口抑制政策を採用するようになる。その中心は、「晩婚」「晩産」「少生」「優生（優秀な子どもを産もう）」「稀（一人目と二人目の間をあける）」であり、とりわけ「少生」の具体策である「一人っ子政策」が人口抑制の基本政策となった。

「一人っ子政策」では、一夫婦に子ども一人を奨励している。これを実行した夫婦には奨励金が出され、学費・進学・住宅などで優遇されるが、二人以上子どもを出産した場合には罰金が科せられ、昇進停止などの罰が与えられる。この政策で、行政が産児制限の実施調査を強制的に行い、住民との間に衝突が生じて人権問題となった地域もあった。

田畑を人力で耕すことが多い中国の農村部では、子どもが貴重な労働力である。そのため、人目や行政の目が届かないところで子どもを産み、出生届を出さないことから戸籍をもたない子どもが増加している。

一方、「一人っ子政策」は、両親と祖父母の四人の中に子どもが一人という家庭を増やし、その結果、子どもは甘やかされて育ち、「小皇帝」と呼ばれるほどわがままになった。さらに、急激に進む老年人口(六十五歳以上)比率の増加や、男女比のアンバランスによる男性の結婚難などが問題となっている。このため、「一人っ子政策」は見直され始めている。

「社会主義国の〝経済〟はどうなっている?」

なぜ中国の市場経済化が成功したか?

中国は社会主義国である。現在でも土地所有は認めず、政治的には共産党の指導のもとにある。

中国の経済体制は、一九七〇年代後半までは、生産手段は公的所有で、行政が生産計画や資源配分を行う計画経済であった。しかし、世界に比較して農業や工業の生産効率が低かったため、七〇年代終わりから、一部に自由主義経済を取り入れた市場経済化が進められた。

中国の市場経済化は、政治的には「共産党の指導」のもとに、経済的には「公的所有制」という条件のもとで、市場メカニズムによって社会的に資源配分を進めようとするものである。

同じ計画経済から市場経済への道を進めた旧ソ連諸国や東欧諸国に比べ、中国は成功例といわれている。その原因は、個人企業や郷鎮《ごうちん》企業の発展、華僑《かきょう》・華人を通しての国際市場へのアプローチや投資の成功、共産党の強力な指導力などである。

九二年以降、国営企業は所有と経営が分離され、国有企業へと変化した。九八年以降は**国有企業の株式化などが進められ、「市場経済社会主義」を確立しつつある。**

農業は、中華人民共和国の成立以後、政府が農産物の種類・生産量・作付面積を決めて指令し、集団で営む「人民公社制」で行われていた。しかし、七〇年代後半に入ると、農民の生産意欲の向上がみられず生産性も上がらなかったため、食糧不足も生じた。

八〇年代からは、耕地を各農家に請け負《お》わせて家族単位で生産する「生産責任制」が導入され、一定量の農産物は国に納めるが、それ以外は農家が自由に処分できるようにした。

さらに自由市場が公認され、農産物の流通・販売に関して国家による直接統制が撤廃され、市場システムにゆだねる「市場化」が進められた。また、農家の企業経営や副業が奨励された。

「生産責任制」導入の結果、中国の食糧生産量は飛躍的に増加した。しかし、急激な人口増加や工業化・都市化による農地の減少や用水不足などから、一人当たりの耕地面積は減少傾向にある。

中国の人びとの食生活も大きく改善された。畜産物の消費量が増え、飼料穀物の需要も増え、日本とともに世界有数の穀物輸入国へと変化した。

二〇〇一年、中国はＷＴＯ（世界貿易機関）に加盟し、中国企業は保護的な扱いから、厳しい国際競争にさらされるようになったのだ。

郷鎮企業・三資企業とは？

中国の企業は、国有企業・集団企業・三資企業・私営企業・個人企業などからなっている。

国有企業は、銀行、石油や天然ガスなどの資源、電力・電信、鉄道、鉄鋼、自動車や家電など経済の重要部分を占めている。しかし、全般的には過剰人員をかかえ、設備の古さなどから生産効率が悪く、この改革が経済改革の課題である。

一方、中国経済の発展とともに、**ペトロチャイナや中国工商銀行など、国際競争力をもつ世界の有力企業が現れてきている。**

国有企業に次いで生産額が多いのが集団企業（私有化が進む前の集団所有の企業）で、そのうち都市にあるものを都市集団企業、農村にあるものを郷鎮《ごうちん》企業と呼ぶ。郷鎮企業は、人民公社が所有していた企業を町（＝郷）や村（＝鎮）が所有するようになったものと、農村の個人経営や共同経営の企業を含めたものである。

三資企業は、外資企業・華僑資本企業・合弁企業を一緒にしたときの呼び方である。

経済は地理を変える！

中国は、建国以後、重工業優先の工業化を進めた。工業製品の自給に努め、輸出は自給できない物資を輸入するための外貨調達を目的とし、「鎖国」状態に近かった。その結果、軽工業・消費財工業の発展が遅れ、生産効率の悪さなどで工業の国際競争力は弱かった。

工業における改革・開放は、アジアＮＩＥｓ（新興工業経済地域）を見習い、沿岸地域に経済特別区（＝経済特区）や経済技術開発区を設置することから始まった。そこでは、外国企業に特典を与え、国内のあり余る安い労働力を提供した。

日本の繊維工業や家電などの組み立て工業は、円高や国内人件費の高騰により、中国に進出する前から韓国・台湾や東南アジアに進出していた。

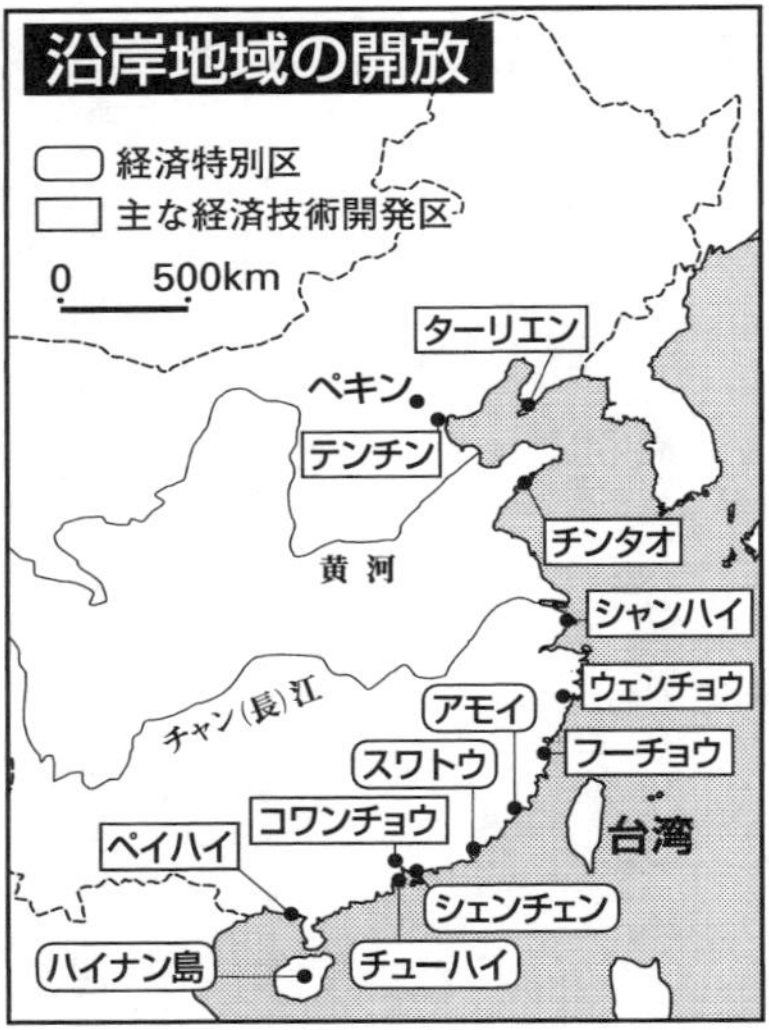

しかし、そういった地域の人件費の高騰などから、より安い労働力を求めて、中国の経済特別区や経済技術開発区に進出した。また、日本以外の外国企業も同じように経済特別区や経済技術開発区に進出した。

経済特別区は、外国資本・外国技術などの獲得のための拠点であり、管理線により国内と明確に分離され、安い税金、輸出入関税の免除、一〇〇％外資企業の認可などの優遇措置が与えられている。現在、**五地区が経済特別区に指定されている。**

シェンチェン（深圳）は、経済特区に指定された一九八〇年には人口約三〇万程度だったが、中国で初めて土地の使用権を外国企業に販売して大きく発展した。そのため、ほかの地域に戸籍をもつ暫定人口が急増した。多くの外国企業、特に電子関連企業が進出し、多数のビルが立ち並ぶ大都市へと変身し、金融センター、コンテナの取扱量の多い港湾都市として発展しつつある。

一方、**経済技術開発区は、八四年、対外開放政策として、一四の沿岸港湾都市が指定された。**経済特区並みの優遇措置を与える対外経済自主権を各都市にもたせ、国内との境界を設けず外国資本や技術の国内への波及を目的にしている。その後、さらに多くの都市が経済技術開発区に指定されている。

また、経済技術開発区の中には、特に技術・知識集約的産業の誘致をめざす経済技術開発区があり、その例であるテンチン（天津）経済技術開発区には、モトローラ、ネスレ、バイエルン（ＢＭＷ）などの多国籍企業が進出している。

現在、民間企業は、人件費の高騰やその他の費用の上昇もあり、より安い人件費を求めてカンボジアなど国外の工場へ移転するようになった。

また、二〇三〇年から始まる本格的な高齢社会への対応や、重厚長大産業からの脱出、貿易摩擦の解消やビジネスに関する法律の改正が課題となっている。

輸出規制される中国のレアメタル

中国は、レアメタル（パソコン・携帯電話・太陽電池パネルなどに使われる、微量だが不可欠な金属であるタングステン・マンガン・バナジウム・モリブデンなど）の世界的な産出国である。世界第一位の産出量を誇るタングステン鉱・マンガン鉱・バナジウム鉱などは、鉱石として輸出されていた。

しかし、中国の急速な経済成長は国内のレアメタル消費量を増加させ、アメリカは自国の資源を保護して中国などからレアメタル資源を輸入し、日本や韓国はレアメタルの備蓄を進めた。中国は二〇〇五年からレアアース（レアメタルのうちのスカンジウム・イットリウムなど一七元素）鉱の輸出を、二〇〇七年からはタングステンなどのレアメタル鉱の輸出を禁止した。また、レアメタル鉱の乱掘による枯渇や環境破壊から、二〇〇九年以降は採掘総量規制や新規の鉱山開発を停止するようになった。

中国のこれらの政策に対し、二〇一〇年、**EUとアメリカが、中国のレアメタル輸出規制に反対してWTOに提訴し、係争中である。**

「急激な都市の発展が生んだ〝ひずみ〟」

拡大する「沿岸と内陸」「都市と農村」の格差

改革・開放後、中国は、世界最高の経済成長を達成している。しかし、沿岸地域と都市が急激に発展し、都市と農村、沿岸地域と内陸地域の所得格差が拡大。**沿岸地域と内陸地域とでは、一人当たりGDP（国内総生産）に八倍以上の格差がある。**

これによって農村部から大都市へと出稼ぎ労働者が大量に移動するようになった。出稼ぎ労働者は、都市の労働力不足を補って経済の発展を支えている。一方、労働者が押し寄せる沿岸部の大都市では、住宅・上下水道・ゴミ処理施設などの建設が追いつかないなどの都市問題が生じている。

改革・開放政策は、経済活動の活発化をもたらした一方で、さまざまな社会的矛盾も引き出した。銀行強盗、麻薬売買、売春、国営企業や党の汚職や贈収賄《ぞうしゅうわい》などである。一九九六年からは全国的な犯罪撲滅運動が進められ、犯罪に対する処罰は厳しく、多くの死刑が執行された。

しかし最近、見せかけの犯罪撲滅運動、人権無視の捜査、権力闘争との関係などが問題となっている。

日本にも運ばれる中国の酸性雨

中国のエネルギー供給の中心は石炭であり、その産出量は世界一だ。しかし、石炭をエネルギー源とする多くの製鉄所や発電所には公害防止装置はなく、二酸化イオウが大量に排出されている。それは雨に溶けて酸性雨（中国では「空中死神」「空中鬼」と呼ばれる）となる。

特にスーチョワン（四川）省のチョンチン（重慶）は、この地域の石炭にイオウ分が多く、地形が盆地であることから汚染がひどく、ほとんどの雨が酸性雨である。

中国で排出された二酸化イオウは偏西風にのり、日本上空に運ばれて日本の酸性雨の要因の一つにもなっている。

そのほかにも、水質汚濁、廃棄物処理、森林破壊、砂漠化など多くの環境問題が発生している。

現在、**中国は、世界で最も大気汚染が深刻な国だ。**特に深刻なのは、長江デルタ地域（上海など）、チュー川デルタ地域（シェンチェン・香港など）、北京、スーチョワン盆地などである。多くの死者や入院患者が発生しており、二〇〇七年には、大気汚染が原因で約六六万人が死亡したとWHO（世界保健機関）は推測している。

香港・マカオの返還で一国二制度に！

香港は、一九九七年までイギリスの直轄植民地であり、資本主義経済体制のもとで中継貿易により発展した。また、工業化に成功して加工貿易が盛んになり、アジアN

ＩＥｓの一つとして一人当たりＧＤＰは先進国並みとなり、国際金融・物流・情報の一大センターに発展した。現在香港は、世界屈指のビジネス拠点となり、産業の中心はサービス業である。

九九年間の租借期限が切れた九七年、香港は中国へ返還された。中国国内法とは別に、資本主義・自由主義を五〇年間にわたって維持することを明示した基本法が適用されている。九九年に返還されたマカオも、同様に扱われている。

この結果、**中国は、一つの国の中に、社会主義と資本主義という二制度が並立することになった。**

しかし、二〇〇三年、「国家分裂」「反逆」「反乱扇動《せんどう》」などの行為を禁止する条例を成立させようとしたところ、自由や人権を脅かすとして民主派の大規模な反対デモが行われた。その後、民主派は、行政長選挙や立法会選挙での全面的普通選挙を要求したが、中国中央政府によりその導入は否定された。

マカオは、二〇〇二年にはカジノ経営権の国際入札が実施され、その後、ギャンブルなどの観光業が中心産業となっている。

二〇〇九年には、共産党批判などを禁止する「国家安全法」が施行され、香港などの民主派の入境が拒否された。

column

中国大地が生んだ四大料理

中国人は、机以外の四本足のものと、飛行機以外の空を飛ぶものは、何でも食べるといわれている。親しい人との挨拶は、「チーラメイヨウ？（食事はすみましたか？）」で、世界の食文化の一大中心地である。

中国の店では、メニューは漢字だが注意が必要。「煮」「蒸」「炒」は日本語とほぼ同じ。意味の違うものは、「肉」は豚肉、「龍」はヘビ、「虎」は猫である。高級素材をぜひという人は、燕窩＝燕の巣、魚翅＝フカヒレ、海参＝ナマコを覚えておこう。

広い中国では、地方ごと、季節ごとに名物料理がある。また、各地の食べ物は、風土や伝統・習慣によって異なっている。中国全土では一万種以上の料理があるというが、その中心は次の「四大名菜」である。

■シャントン（山東）料理（ペキン（北京）料理）

畑作地域であることから、麺類、パオツ（包子）、チャオツ（餃子）、マントウ（饅頭）など小麦粉を使った料理が多い。また、寒い地域であることから、油・ネギ・ニンニクなどを多く使い、味は味噌や醤油が勝り、濃いめの味付けである。素材は、豚・アヒル・羊が中心で、魚は黄河の鯉くらいである。

ペキン料理は、シャントン料理を基礎にして、宮廷で発達した。代表的料理に、丸焼きにしたアヒルの皮に甘味噌をつけ、千切りのネギとパオピン〔薄餅＝薄く焼いた小麦粉の皮〕とともに食べるペキンダックがある。

■チャンナン〔江南〕料理〔シャンハイ〔上海〕料理〕

チャンチャン〔長江〕流域に発達した料理である。「中国の穀倉」と呼ばれる稲作の中心地域であるので、ご飯に合う醤油味を中心とした煮物が多い。また、川魚・エビ・カニなどがよく使われる。味は抑えぎみで、刺激物は少ない。シャンハイ蟹が珍味であり、ワンタン・シャオロンポーもポピュラーである。

■スーチョワン〔四川〕料理

スーチョワン〔四川〕は盆地で湿度が高く、風土病防止のために「辣〔ラー〕……辣い〔主に唐辛子〕」と「麻〔マー〕……しびれる〔主に山椒〕」の料理が発達した。ポピュラーな料理に麻婆豆腐がある。

■カントン〔＝コワントン・広東〕料理

「食はコワンチョウ〔広州〕にあり」といわれる。広州は、カントン州の州都である。新鮮な海産物を使ってのあっさりした味が特色。フカヒレ・燕の巣・ヘビ料理は有名で、酢豚や八宝菜もカントン料理である。飲茶の習慣もカントンから広まった。

2 大韓民国

なぜ北緯三八度線で分断されたのか？

北朝鮮との「冷めた関係」

一九四五年、日本の敗戦で、朝鮮半島は約三五年におよぶ日本の植民地支配から解放された。しかし、その際、北緯三八度線以北を旧ソ連が、以南をアメリカが占領し、四八年、アメリカの占領地域に大韓民国（韓国）、旧ソ連の占領地域に朝鮮民主主義人民共和国（北朝鮮）が成立した。

その後、米ソの対立が深まるにつれ、五〇年に朝鮮戦争が勃発した。五三年、休戦協定が締結され、朝鮮半島には、北緯三八度線に沿って幅四㎞の暫定国境（軍事境界線）が設定され、現在もこれが国境となっている。

パンムンジョム（板門店）は、ソウルから北西にわずか約六〇㎞の位置にある。プレハブの建物が軍事境界線をまたいで建てられ、休戦会談や南北赤十字会談の場として使われ、南北接触と対立の象徴的な場所となっている。

二〇〇〇年には初めての南北首脳会談がピョンヤンで開催された。それに基づき、二〇〇七年には南北を結ぶ京義《キョンイ》線の連結・復旧工事が始まり、一部区間で貨物列車の運行が始まった。

しかし、二〇〇八年の北朝鮮による南北軍事境界線の通行制限、京義線の運行中止、二〇〇九年の北朝鮮による韓国漁船の拿捕《だほ》、二〇一〇年の北朝鮮による韓国・延坪島（ヨンピョンド）砲撃事件が発生し、さらに北朝鮮の核実験や弾道ミサイル発射などにより、冷めた関係が続いている。

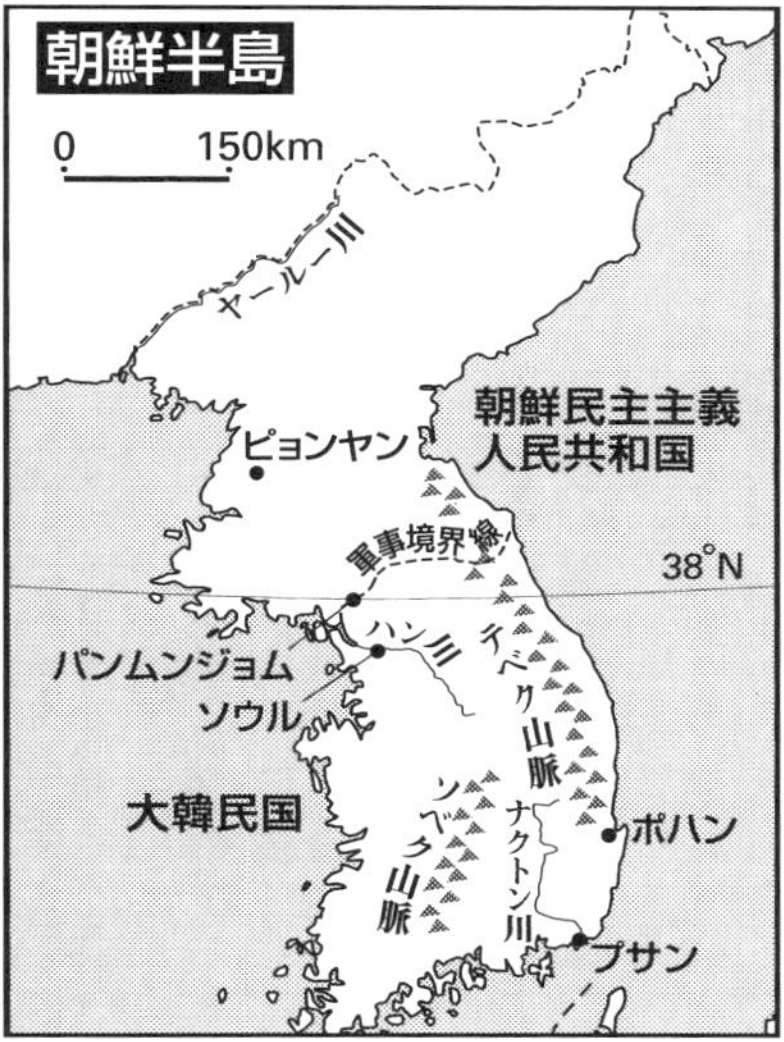

二〇一一年には北朝鮮の金正日《キムジョンイル》が死去し、金正恩《ジョンウン》が最高指導者となり、新たな韓国・北朝鮮の関係が注目されている。

韓国経済を育てた国土

日本海側にテベク（太白）山脈、中央部の南北方向にソベク（小白）山脈があり、中央部からソウルに向かいハン川（漢江《ハンガン》）、南にナクトン川が流れている。

韓国は、地下資源には恵まれていないが、労働力が豊富であった。そのため、政府主導で、主に日本とアメリカの資本と技術を積極的に導入し、外国市場に工業製品を売ることで工業化を進めた。

まず、重工業化を進め、日本の協力により、ポハン（浦項）に最新式の銑鋼《せんこう》一貫製鉄所を建設した。そして「勤勉」「自助」「協同」をスローガンに、安く質のよい労働力を活用して、鉄鋼・造船・自動車・石油化学などの工業を発達させた。

韓国の工業は、加工貿易で成り立ち、労働集約的な組み立て産業が中心である。韓国の輸入相手国の第一位は二〇〇〇年代後半より日本から中国に変わったが、日本や中国から部品や機械設備が輸入される。それらを使用して、加工し、組み立てて製品とする。そして、製品をアメリカに輸出する構造である。

韓国経済は、一九七〇年代以降、高い経済成長率を示し、**台湾・香港・シンガポールとともにアジアＮＩＥｓと呼ばれるようになった。**

そして、このようなめざましい成長を、首都ソウルを流れるハン川にちなみ、「ハンガンの奇跡」と呼んでいる。

その後、ＩＣなどの電子工業の成長も著しく、さまざまな工業分野で日本の競争相手となっている。さらに、液晶テレビ・携帯電話で知られるサムスン（三星）電子、白物家電のＬＧ電子、自動車の現代（ヒュンダイ）など、ウォン安と円高の影響もあり、日本企業を追い抜く状況もみられるようになった。

七〇年代からは、**農村の近代化をめざす「セマウル運動」が行われた。**道路整備、集会所の設置、農家を草葺《くさぶ》きからスレート葺きにするなど、農村での生活環境の改善が進んだ。

しかし、一農家の経営面積が小さいことや工業の発達により、農村から都市へ人口が移動した。その結果、ソウルには韓国の総人口約四八〇〇万の約四分の一が集中することになった。また、人口一〇〇万以上の都市が、ソウル・プサンなど七都市もあり、都市人口比率は高くなっている。

プサンで忘年会を開く北九州の人びと

日本の隣国である韓国は、対馬《つしま》とプサン間約六〇㎞、福岡とプサン間約二〇〇㎞である。

地理的に近い九州と韓国間では、九州の企業がプサンで忘年会を開催したり、九州の多くの高校が韓国に修学旅行を実施したり、ソウルから日帰り出張をしたり、また、リュックを背負って九州を旅する韓国学生が増加するなど強い結びつきがみられる。韓国は、九州との経済関係の強化に乗り出し、対馬海峡の魚類増加をめざす「日韓共同放流事業」、プサン市の青少年の北九州派遣事業などを実施している。

また、九州のテーマパークや温泉などでは、韓国人が重要な観光客となっている。そのため別府《べっぷ》では、道路標識にハングル文字を付記するなど受け入れ態勢の整備を進めている。

このような状況があり、一九九七年の日韓首脳会談は別府で開催された。韓国と日本の間には、竹島の領有や従軍慰安婦などさまざまな問題がある。一方、二〇〇二年には、日韓共催のＦＩＦＡワールドカップが開催され、草の根の交流が進んだ。

また韓国では、韓国併合の歴史による国民感情や自国文化の保護を理由に、日本のテレビ番組や音楽・映画の国内流入を規制してきた。しかし最近では、**日本映画や日本の音楽の開放が進んでいる。**

キムチとビビンバ――大陸性気候が生んだ独特の文化

大陸性気候の韓国は冬が厳しく、家庭ではオンドルと呼ばれる床暖房が普及している。寒さが厳しく野菜が不足する冬を乗り切るためには、キムチは必需品だ。

キムチに何をどのくらい混ぜるかは各家の秘伝で、母から娘へと伝えられる。晩秋にキムチづくりが始まり、サラリーマンには「キムチボーナス」が出る。しかし、最近では、かつて主婦の恥とされていたできあいキムチの購入も一般化してきている。

一方、韓国は肉食文化の国であり、牛肉をプルコギと呼ばれる焼肉にして食べる。

食事の際には、食器を手で持ち上げることはしない。汁はサジですくって飲む。韓国の箸《はし》は、おかずを取り分けるときに使う程度である。また、ご飯を汁に入れたり、グチャグチャかき混ぜるのは許される。

座敷では、食事の場合でも、男性はアグラ、女性は片膝を立てるのが正式である。韓国女性の民族衣装は、チョゴリという上着と、下はチマと呼ばれるスカートのようなものであり、その中で立て膝をする。

高度経済成長で崩れてきているとはいえ、韓国の日常生活では、儒教による礼儀作法が守られている。

例えば、酒を注ぐときは必ず年長者に先にすすめ、左手を右腕に添える。また、目上の人の前ではタバコを吸うのは無作法である。

男女の別と長幼の序が厳格であり、父親の権威が高く、家族の絆《きずな》が非常に強い。

3 シンガポール

"アジアの基地"となった小さな島国

東京二三区ほどの島に四つの公用語!?

シンガポールは、マレー半島の突端にあり、淡路島《あわじ》、あるいは東京二三区ほどの島国で、人口四八四万、人口密度は六八〇〇人／km²を超える超過密の都市国家である（日本国勢図会二〇一一／二〇一二年）。

十九世紀の初め、イギリス人ラッフルズがスルタン（首長）より買収し、インド・中国貿易への貿易港を建設したのが始まりである。

その後、イギリスの直轄植民地となり、アジア進出の基地となったシンガポールは、マレー半島のすず鉱の採掘や天然ゴムのプランテーション農業が始まるとともに、中国人労働者やインド人労働者の移入基地、またこれら産物の輸出港として、さらに二十世紀にはイギリスの軍事基地として発展した。

第二次世界大戦中は日本の占領下に入り「昭南島」と呼ばれていた。一九六三年にマレーシア連邦の一州として独立したが、マレー人優先主義をとるマレーシアと華人が多いシンガポールとの間で対立が深まり、六五年に分離独立した。

シンガポールには、先住民であるマレー人のほかに、支配国のイギリス人、移民労働力としての中国人・インド人が居住するようになった。現在では**中国系華人が四分の三を占める「華人国家」**として知られるが、マレー系・インド系・ヨーロッパ系からなる複合民族国家で、民族間の均衡《きんこう》をどのようにして保つかが課題となっている。

複雑な民族構成とともに言語も複雑である。各民族が使用する中国語・マレー語・タミル語（インド系）と英語が公用語として認められている。町中の看板が四つの言語で表示されるのもこのためである。第一言語としては英語、各民族の母国語は第二言語の地位に置かれており、学校でも英語が中心に使われている。

GNIを先進国以上に押し上げた理由とは?

地下資源が皆無《かいむ》のシンガポールは、植民地時代から東西海上交通の要衝《ようしょう》マラッカ海峡の出入口を占める地理的好位置を背景に、中継貿易地として発展してきた。

独立後は、植民地経済からの脱却をめざして、豊富な労働力を活用し、これまで輸入に依存してきたものの国産化を図って発展させる輸入代替型工業化が進んだ。

一九六七年の経済拡大奨励法により、外国資本と技術を積極的に導入して、輸出指向型工業への転換がなされた。その受け入れ地域としてジュロン工業団地が開設され、石油精製や造船・電機などの工業が急速に発達した。

失業者は減少したが、労働力不足が問題となった。七九年に高賃金政策を導入すると、電機・衣料などの労働集約型産業はほかのＡＳＥＡＮ諸国へ転出し、電子工業や情報産業など付加価値の高い産業が急成長した。結果、一人当たりＧＮＩ（国民総所得）も先進国と同等か、それ以上の水準である。

なお、シンガポールは、六七年に結成されたASEAN（東南アジア諸国連合）の原加盟国五カ国の一つである（現在一〇カ国）。

九二年に締結されたAFTA（ASEAN自由貿易地域）構想が進展し、二〇一五年までにはASEAN域内の関税率をほぼゼロに引き下げること、ASEANと中国など五カ国（中国・韓国・インド・オーストラリア・ニュージーランド）とのFTA（自由貿易協定）が二〇一二年に発効し、これらの国と分業関係が容易になったこと、などから、ASEANは国際社会への影響力を強めてきている。

アジアの国際金融・観光センター

国際金融センター・観光センターとしての発展も著しい。中継貿易港として繁栄してきたことにより、国際的なネットワークをもつ銀行が集中した。オイルマネー・ジャパンマネーの環流、ASEAN市場の発展などにより、アジアの資金調達市場へ発展、アジアの国際金融センターとしての地位を確立した。

また、国際観光都市としても知られる。**二〇〇五年にはカジノ合法化を決定し、二〇一〇年に二つのカジノリゾートがオープン。**その影響で、年間観光客数は前年の約二〇％増の一一六〇万人となり、金融サービスとともに重要な収入源となっている。

4 タイ

独立を維持できた〝地理的な事情〟とは？

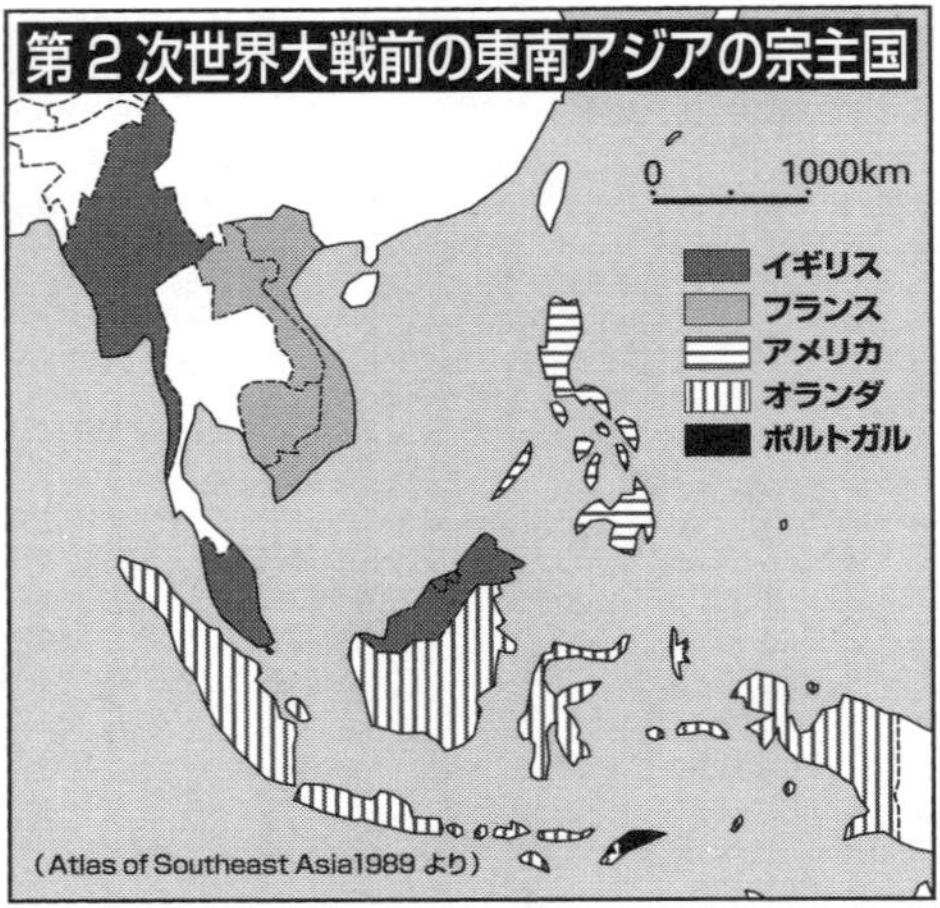

独立を維持したタイに米作が発展した理由

タイは十三世紀の建国以来、アユタヤ王朝や十八世紀末に成立した現王朝のもとで独立を守り通してきた。特に十九世紀後半、周辺諸国がイギリスやフランスなどの植民地とされていく中で、独立を維持してきたことは特異である。

タイは緩衝国《かんしょう》として知られる。タイの東側はフランス、西側はイギリスの植民地支配下に入ったため、両大国に挟まれてその衝突を防ぐ中立緩衝地帯として、かろうじて独立を保ってきたのである。

しかし、イギリス資本の流入を防ぐ力はなく、不平等条約、治外法権を取り除くのに長い年月を要した。一九三〇年代、絶対王政が倒れて立憲君主国となり、国名もシャムからタイ（自由の意）に改められた。

タイは独立国であったことからプランテーション農業は発達せず、チャオプラヤ川の広大な沖積平野を中心とした米作が盛んな国であった。

雨季が始まる前に種を直播《ま》きし、雨季に入ると河川や水路の水位が少しずつ上昇して水田に流れ込む。増水とともに稲の茎間が伸び、穂先を水面から出して生長する浮き稲の栽培が多かった。収穫は舟に乗って穂先だけを刈り取る粗放的栽培であった。

近年は、バンコク周辺を中心に灌漑《かんがい》・排水施設が整えられ、二期作の普及、化学肥料や農薬、高収量品種が導入され、浮き稲は少なくなり生産性も高くなってきた。

収穫した米は、華人によって買い集められ、精米所や問屋を通し、輸出業者の手を経て輸出される。**タイは世界最大の米の輸出国なのだ。**

浮き稲の成長模式図

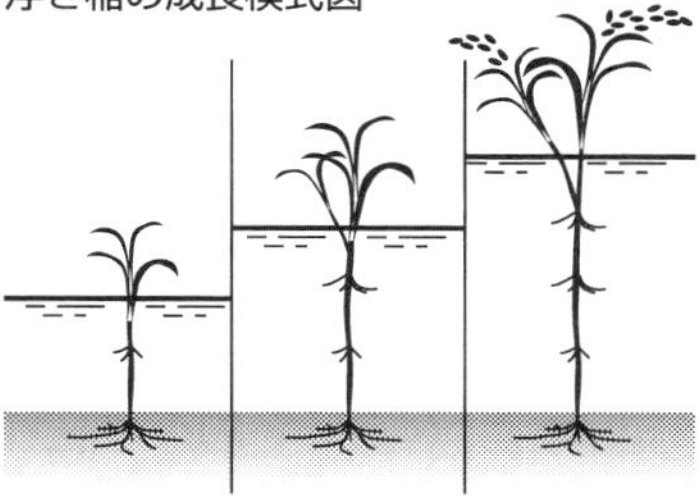

五〇年代までは、米が輸出総額の半分以上を占めるモノカルチャー経済であった。六〇年代以降の耕地の拡大により、トウモロコシ・キャッサバ・サトウキビ・天然ゴム・野菜など輸出用農作物の栽培が急速に増加し、農業の多角化が進められた。

しかし、農地の拡大は森林の激減をもたらした。戦前のタイは、豊かな熱帯林におおわれた国で、チーク材を輸出してきた。森林伐採と農地への転換が続き、現在では国土の四分の一まで減少、木材の輸入国となっている。特に北東部の森林荒廃が著しく、土壌の塩化など土地荒廃も問題となっている。

農業国から工業国へと変貌したタイを襲う大洪水

タイは、一九八〇年代以降の急速な工業化にともない、輸入代替型工業から輸出指向型工業へと大きく変貌し、ASEAN諸国の中でも高度経済成長をとげている国の一つである。

日本・韓国・台湾などから安い労働力を求めて企業が進出、繊維・電子・電気機械・自動車工業が発達し、現在では輸出品も工業製品の占める割合が高くなっている。

ASEAN諸国には多くの日系企業が進出しているが、タイはその拠点として位置づけられ、九〇年代以降、進出企業も特に多かった。

しかし、二〇一一年の大洪水では、バンコクの日系企業が浸水の被害を受けて操業ができなくなった。

もともとバンコク周辺からアユタヤにかけての地域は海抜が低い。ただ工場の周辺は洪水壁で囲まれており、普段は被害を受けることはあまりない。

山がちな日本では洪水といえば、上流に降った雨が一気に流れて堤防を決壊するイメージがあるが、タイを流れるチャオプラヤ川は全長一二〇〇km、傾斜はゆるやかで、五月から一〇月にかけての雨季は水位が徐々に上昇する。降水が少し多いと市街地に流れ込むことがあるが、雨季の通常の光景である。

二〇一一年の洪水で被害が大きかったのは、その規模が大きかったからである。雨季の降水が多かっただけでなく、三つの台風の影響も受けた。

原因はそれだけではない。昔は、森林・水田・沼地が水を吸って保水していたが、今は工場や宅地・道路などが整備され、土地の保水力がなくなっている。中流域のダムが早々に満杯になり、決壊を防ぐために放水され、川の水位はさらに上昇した。

こうして九月には中流域が湛水域《たんすい》となり、一〇月から一一月にバンコク・アユタヤなどの下流域へ湛水域が拡大していったのである。

5 マレーシア

マレー人、中国人……複雑な〝複合民族国家〟

マレー人・中国人・タミル人の住み分けは？

マレーシアは、マレー半島とカリマンタン（ボルネオ）島北部の一三州からなる連邦国家である。住民構成は複雑で、左ページの図のようになっている。これは、十九世紀後半からイギリスの植民地開発にともなって労働者が流入したことによる。

十九世紀後半からのすず鉱の開発には、多くの中国人労働者が導入された。また、鉄道・港湾・道路などの建設労働者や、二十世紀初頭より盛んになったゴムのプランテーション労働者として、南インドからタミル人が流入した。先住のマレー人は、農業を生業《なりわい》とし、高床式住居で生活を営んでいた。

マレーシアの住民

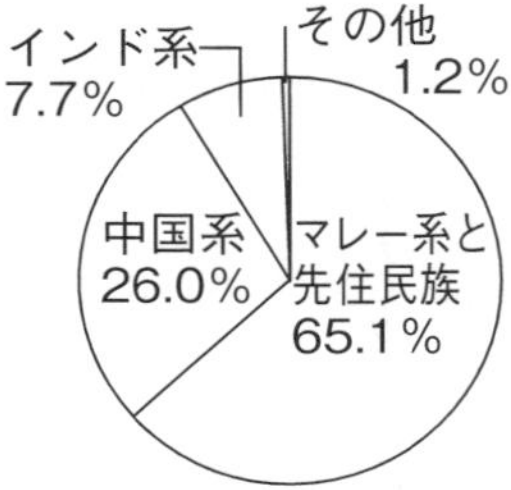

（『データブック』2012）

このようにマレーシアでは、**都市の中国人、プランテーション（農業地域）のタミル人、農村のマレー人という住み分けができあがった。**

言語はマレー語が国語・公用語に、英語が第二言語に定められているほか、中国人は中国語（福建語・広東語など）、インド人はタミル語を日常生活で使っている。

宗教は、イスラム教が国教となっているが、信仰の自由は認められ、中国人は仏教・道教、タミル人はヒンドゥー教が大半を占め、ほかにキリスト教・原始宗教もみられる。典型的な複合民族社会を形成しているのだ。

工業立国に向けた〝新経済政策〟

独立後のマレーシアは、マレー系民族を中心とした国づくりをめざした。しかし、中国人とマレー人の所得格差、都市と農村の地域格差は拡大した。

一九六九年には首都クアラルンプールで、マレー系住民と中国系住民による激しい民族暴動が勃発した。

政府はこの民族暴動を契機に、七一年より「NEP（新経済政策）」を推進した。これが「ブミプトラ政策」である。ブミプトラとは「土地の子」を意味するマレー語で、他民族に対して社会的・経済的に低い地位にあるマレー人を優遇する政策である。

ブミプトラ政策以降は、豊富な低賃金労働力を背景とした軽工業など、輸入代替型工業から輸出指向型工業へと変化した。

八〇年代に入ると、**日本や韓国に学ぼうという「ルック・イースト政策」を掲げ、工業立国への転換をめざした。**輸出加工区を設置し、加工組み立て型機械工業などの外国企業を積極的に誘致し、工業化は急速に進んだ。

近年は半導体をはじめとする電気・電子産業が急成長。それにともない、輸出構成も著しく異なってきた。原油・天然ゴム・木材などの一次産品の輸出から、電気機器など機械類の割合が非常に高くなったのだ（左ページの図参照）。ほかのASEAN主要国も同じように変化している。

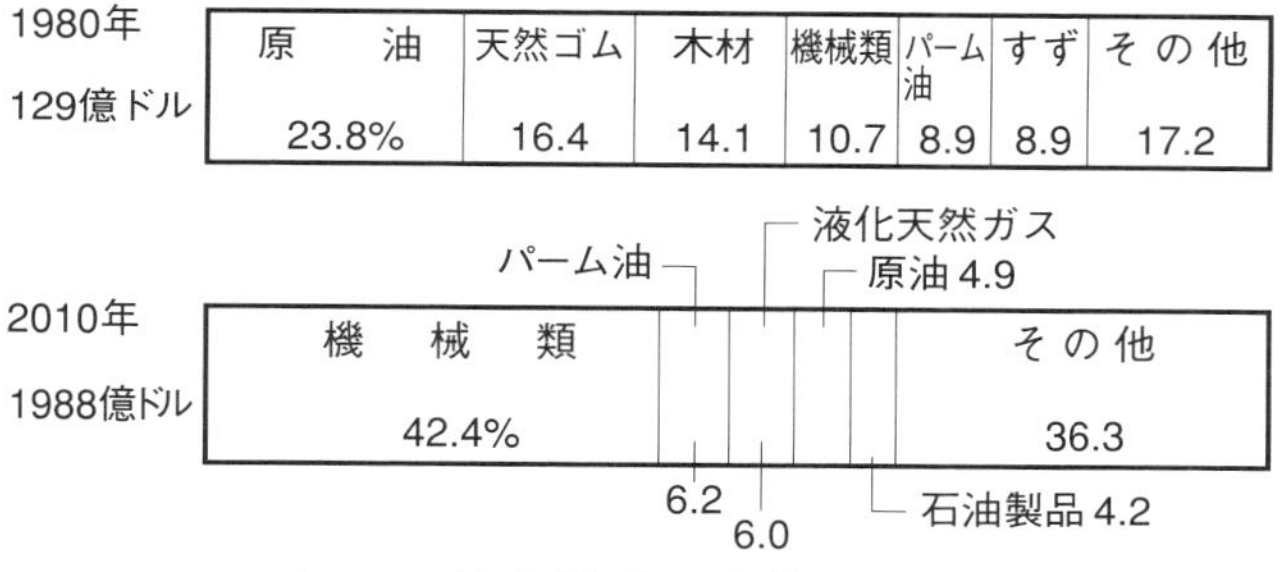

マレーシアの輸出構成の変化（日本国勢図会 2012/13他）

世界最大の天然ゴムは過去のもの？

マレーシアは、十九世紀末、イギリス人によってアマゾン原産のゴム樹が導入されて以来、西海岸や鉄道沿いにエステートと呼ばれる大規模なプランテーション農園が拡大していった。ゴムの需要は自動車工業の発達とともに増加し、世界最大の生産地として発展した。

しかし、長年依存してきた天然ゴムも一九六〇年代までで、合成ゴムに押され生産量は減少、油ヤシへの改植が進んだ。

油ヤシからとれるパーム油は、洗剤やマーガリン、バイオ燃料の原料として注目を集め、現在はゴム園よりヤシ園のほうが広くなっている。パーム油は、重要な輸出品である。

6 インドネシア

世界第四位の人口、世界最大のイスラム教国

一万八千余の島からなる森林・鉱産資源国

インドネシアとは、ギリシャ語の「インドの島々」という意味で、独立後に採用された新しい名称である。

一万八千余の島々からなるこの群島国家は、東西約五〇〇〇km、南北約二〇〇〇kmの広大な地域に広がる。総面積は約一九〇万km²（日本の約五倍）で、島国としては世界最大である。カリマンタン島など一部を除くと、アルプス＝ヒマラヤ造山帯と環太平洋造山帯の接合部にあたる。**複雑な地形で火山や地震も多く、地球上で最も不安定な地域となっている。**

スマトラ島とジャワ島の間にあるラカタ島のクラカタウ火山は、一八八三年、島の大部分が吹っ飛ぶほどの大爆発を起こした。火山灰が地球全体をおおったため、太陽光線は二〇％もさえぎられて異常気象となり、爆発で発生した巨大な津波により、三

万六千余人の死者を出すなど大被害を受けた。

二〇〇四年十二月には、スマトラ島北西沖を震源とするM9・1の地震が発生。動いた断層の長さは震源地から北に向かって一三〇〇㎞。地震の揺れによる直接の被災より、この地震が引き起こした津波がインド洋周辺各地に大きな被害をもたらした。津波はインドネシアだけでなく、インド・スリランカをはじめアフリカ諸国におよび、死者・行方不明者は二二万人を超えるといわれる。

太平洋岸各国には、津波観測所が設置され、国際的連絡網によりハワイにある太平洋津波警報センターに情報が伝わるようになっている。しかし、インド洋沿岸各国にはこのような情報システムがなく、地震発生の情報すら伝わらず、津波警報も出されなかった。そのため多くの死者・行方不明者を出した。また、住民の地震・津波に対する意識も低かったといわれる。

また、インドネシアは赤道をはさんで南北に広がり、しかも海洋に囲まれているため、気候は、ジャワ島東部以東は六～八月に乾燥したサバナ気候（樹木がまばらに生えた熱帯の草原サバナが分布する）になるが、全体として熱帯性の海洋性気候で、年中高温多雨のところが多い。多くの地域が熱帯雨林からなっている。

森林資源の保有国としては世界有数で、一九六〇年代後半から日本向けに開発されたラワン材やチーク材などがインドネシア経済の発展を支えてきた。

しかし、近年の熱帯林の過剰伐採《ばっさい》、熱帯林を切り開いての油ヤシの植林、さらに農地開発などで泥炭地の乾燥化が進み、焼畑や農地を広げるために放たれた火が延焼して森林と泥炭の火災が多くなるなど、熱帯林の減少が問題となっている。

また、インドネシアは、石炭・石油・天然ガス・すず鉱・ニッケル鉱・銅鉱など、豊かな鉱産資源に恵まれた国でもある。

複合民族国家の民族問題

インドネシアの人口は二億四〇〇〇万人を超え（データブック二〇一二）、世界第四位である。ジャワ族・スンダ族などマレー系の三〇〇種族以上と中国系華人などからなる複合民族国家である。

華人は、都市部を中心に七〇〇万とも八〇〇万ともいわれ、インドネシアは世界で最も多くの華人人口を抱える国である。

イスラム教は、十五世紀末からアラビア人商人によって伝えられた。現在では**住民の約八六％がイスラム教徒（マレー系中心）**で、**世界最大のイスラム教国であるが**、アラブ諸国のような戒律の厳しい信仰とは異なっている。

しかし、観光地として知られるバリ島は「神々の住む島」と呼ばれ、住民はヒンドゥー教を信仰している。民族舞踊、ヒンドゥー寺院のほか、海岸には高級ホテルが立ち並び、リゾート開発が進んでいる。

政治問題では東ティモール問題があった。東ティモールは、小スンダ列島東部のティモール島の東半分である。この地は十六世紀末にポルトガル領となり、オランダ領インドネシアとは異なる歴史を歩んだ。

一九七五年にポルトガル軍が撤退後、インドネシアは軍隊を派遣して制圧、二七番目の州として併合した。

スハルト政権の崩壊後、独立運動の機運が再び高まり、国連による暫定《ざんてい》統治の後、国連監視下で議会選挙を実施。**二〇〇二年五月二十日、グスマオ氏を初代大統領にして東ティモールの独立が達成された。**

政治的には、スマトラ沖地震は思わぬところに影響を及ぼした。スマトラ島北西部のアチェ特別州は、自由アチェ運動が独立を宣言して政府と紛争が続いていた。二〇〇二年には一時和平協定が結ばれたが、翌年すぐに破棄された。

しかし、二〇〇四年の地震・津波被害を契機に、政府と自由アチェ運動が歩み寄り、二〇〇五年に再び和平協定が結ばれた。約三〇年におよぶ紛争が解決したのである。

産業の中心はご存じジャワ島とバリ島だが……

インドネシア産業の中心は農業である。その主体は米作で、ジャワ島やバリ島を中心に、伝統的な水田耕作がみられる。

一九六〇年代末からの「緑の革命（品種改良や栽培技術の改善を行って高収量品種を栽培し、発展途上国の食糧問題の解消を図る技術革新のこと）」によって灌漑面積が倍増、二～三期作が普及して飛躍的な増収となり、米の自給率は高まった。

米作以外では、天然ゴム・ココヤシ・油ヤシ・コーヒー・茶などのプランテーション農業も盛んである。

一方、六〇年代末から輸入代替型工業の育成を中心に国家主導型の工業開発を進めてきたが、九〇年代以降は輸出指向型工業へと変化してきた。

近年は、ＡＳＥＡＮ最大の人口規模をもち、将来的に市場拡大が見込めること、ＡＳＥＡＮの中でも賃金が安いことから、**ジャカルタ郊外に工業団地を造り労働集約的な工業を誘致している。**日本の大手自動車工場や関連工場も進出し、タイとともに自動車生産の拠点となっている。

7 ベトナム

経済成長するこの国の「日本との共通点」とは？

企業進出を招く良質で豊富な労働力

第二次世界大戦後、二次にわたるベトナム戦争により南北に分断されていたベトナムは、一九七六年に南北統一選挙を経て、ハノイを首都とするベトナム社会主義共和国となった。その際、南の中心都市サイゴンは、ホーチミンと改称された。

それ以降ベトナムは、旧ソ連の援助を受けて社会主義経済化を進めてきた。しかし、華人の国外流出、旧ソ連の援助の激減と派遣労働者の帰国などにより経済は悪化していった。

政府は、中国型の社会主義市場経済への転換をめざして、八六年から「ドイモイ政策」を採用した。ドイモイとはペレストロイカのベトナム版で、「刷新《さっしん》」を意味する言葉である。農家請負《うけおい》制や企業の自主権拡大、対外開放政策すなわち外国資本の積極的な導入による経済再建策を取り入れた。

九〇年代に入って外資優遇の輸出加工区が設置されるとともに、九五年のＡＳＥＡＮへの加盟やアジア・太平洋諸国との友好関係の拡大、同じ九五年にアメリカ合衆国との国交正常化などがあり、日本・アジアＮＩＥｓ・欧米諸国の資本が導入され、活況を呈《てい》してきた。

ベトナムの最大の魅力は、石油・石炭資源の存在もさることながら、八九〇〇万人（二〇一〇年）を超える人口で、良質で豊富な低賃金労働力と潜在的な消費市場の存在である。労働賃金が高くなってきているアジアＮＩＥｓ・ＡＳＥＡＮ諸国に代わり、繊維産業など労働集約型産業（設備費など資本投下より労働力に依存した産業）を中心に発展を続けている。

近年、**ＩＴ産業のソフトウェアの開発拠点としても注目されている。**ベトナム政府は税制優遇をして、ソフトウェア産業を育成している。

ベトナムの魅力は、割安な人件費（インドの約三分の一）だけではない。例えばインド人は転職を繰り返す人が多いが、ベトナムでは企業・労働者とも、長期的な関係を重視する考えが日本と似ていることも魅力的だ。

メコンデルタ、トンキンデルタがもたらしたもの

ベトナムには、メコンデルタ、トンキンデルタがあり、米作農業の発達した国で、第二次世界大戦前は米の輸出国として知られた。

しかし、三十年余におよぶベトナム戦争とその後の混乱の中で、農業生産は停滞し、米の輸入国に転落した。

一九八六年からのドイモイ政策で、これまでの合作社（協同組合）の共有地を農家に分配し、一定量の生産を請け負わせるという生産物個人請負制を導入し、自由販売を認めた。

これによって農民の生産意欲は高まり、米の生産量は急速に回復した。現在では生産量では世界第五位、タイに次ぐ米の輸出国となっている。

米以外にもコーヒー・茶・天然ゴムなどの生産も伸びている。中でも**コーヒーは、生産・輸出ともブラジルに次ぐ世界第二位である。**

しかし、ベトナムのコーヒーというのはあまり知られていない。コーヒー栽培の歴史が浅く、しかも質のよいアラビカ種に対して質の劣るロブスタ種が多く、インスタントコーヒーや缶コーヒーなどの原料として使われるためである。

また、日本が長年インドネシアやタイから輸入していたエビも、二〇〇四年からベトナムが最大の輸入相手国となっている。

8 インド

砂漠、洪水、酷暑、降雪のすべてがそろった国

「州が変われば言葉が通じない――面積も人口も日本の九倍」

複雑きわまるインドの言語地図

デカン高原を走る列車に乗っていると、特に乾季にあたる四～五月頃では、車内が暑くて窓をあけると乾いた熱風が入り、いっそう暑くなるため、窓を閉めざるをえなくなる。このように、インドというと「暑い国」と連想する人も多いと思うが、暑いだけではない。北東部や南西部では降水量が多く、洪水の常襲地域もある。

他方、パキスタンの国境に近い北西部では、乾燥していて砂漠もある。

南部は熱帯地方で、HOT（暑い）、HOTTER（もっと暑い）、HOTTEST（どうしようもなく暑い）の季節しかないといわれる。一方、北部のヒマラヤ山脈にかかる地

域は、高山気候で降雪もある。

自然環境の多様なインドであるが、言語も多様である。インドでは、一九五六年以来、州の編成を言語別にすることとした。**公用語はヒンディー語で、準公用語の英語とともに、最も多くの人びとに話されている。**

イギリスの植民地であった頃、全

国的に英語が普及した。そのためインド全土で通じる言語として英語が使用されたが、政府はインドの言葉であるヒンディー語を公用語としたのである。ヒンディー語や英語（準公用語）を習得している高学歴の人びとの間では、インドのどこでもヒンディー語や英語が通じる。

しかし、各州では、それぞれの州の言語が話される。ヒンディー語を含め、憲法に記載された（公的に認められた）言語は二二に達する。これらのほかにも、**数百の言語が話されている**といわれる。

インドには、もともとドラビダ系の言語を使うドラビダ人が住んでいたが、紀元前一八〇〇年頃、北からアーリア人が侵入した。そのため現在でも、インドの北部ではアーリア系の言語が使われ、南部ではドラビダ諸語となっている。しかし、アーリア系とドラビダ系の言語はまったく異なるために、インド国内でも州が違うと言葉がまったく通じない、理解できない、ということが起こってくる。

アーリア系言語であるヒンディー語は、公用語とはいえ、ドラビダ言語圏の南部四州をはじめいくつかの州では普及しにくくなっている。それらの州では、中等教育でしかヒンディー語の学習を義務づけていないからである。

子どもを将来、全インド的に活躍させたいと親が考えれば、ヒンディー語の習得が必要だ。しかし、インド南東部のタミルナド州では、公立の小学校ではドラビダ系のタミル語と英語を学習させるため、早くからヒンディー語を習わせたい場合には、私立の小学校に通わせなければならない。

なお一九九〇年代に、**植民地時代につけられた地名を本来の地名に戻そうという動き**が起こった。インド最大の港湾都市ボンベイはムンバイ、インド南部の中心都市マドラスがチェンナイと改称されたのはその例である。

急増する人口と産業の関係

インドの面積は、日本の約九倍、三二九万㎢であり、そこに住む人びとの数は日本の九倍以上の一二億四〇〇〇万（世界人口白書二〇一一）である。**インドが中国の人口を追い越すのは二〇三〇年代と予想されている。**

そしてこの急激な人口増加にともない、さまざまな問題がみられる。

まず、都市問題である。農村からの人口の流入により、都市には人があふれ、失業者も多い。仕事に就けない人びとや低所得者により、多くのスラムが形成されている。古い建物群で人びとが暮らしているのはまだいいほうで、運河や川縁《かわべり》、空き地などに布をかけた小屋や土で固めた小屋が集積したスラムもある。このようなスラムから、コレラなどの伝染病が急速に拡大することも多い。

また、路上生活者も多く、夜、街を歩いていると、布を巻いた人びとが数多く横たわり、犬や牛とともに歩道にあふれていて、その人たちを避けながら歩くことになる。

南インドの都市では、夜は蒸し暑いので、家があっても外で寝る人びともいて、街の中は一晩中、人が絶えることはない。

農村部では、機械化や灌漑が進んでいないために、多くの労働者を必要とするところが多く、したがって、子どもを多く産むことにもなる。インドの労働人口の六割近くが、農業や漁業などに携わる第一次産業人口である。農業を継がない子どもは、都市に出て仕事を探すことになる。

農業を安定させる灌漑は、河川や井戸、地下水から水を供給するが、インダス文明の頃から行われていた。つまり、インドでの灌漑の歴史は古いのだが、資金などの理由もあり、普及には時間がかかっているのだ。

日本の農地は国土の一三％程度であるのに対して、インドは国土の実に五〇％以上が農地であるが、雨の少ない時期には、見た目には荒野と変わりがない。雨が降らないと農地として機能しないのだ。

しかし、面積が広大なだけあって、農産物の生産は世界的にみても多い。二〇〇八年では、**米や小麦の生産量は世界第二位、バナナの生産量は世界第一位を誇る。**

さらにインドの農業の生産性を上げるためには、灌漑施設の普及が大きな課題となる。

なぜ二〇〇〇以上ものカーストが生まれた？

巨大な人口をもつインドでは、生きるために家族の誰かがまず職に就かなければならない。そこで重要なのは、職業集団としてのカーストである。

カーストは、社会を保守的に膠着《こうちゃく》させ、差別意識を助長するといった弊害をもたらすが、世襲的に職業を確保するため、巨大な人口を支える一つの要因になっている。

カーストといえば、バラモン（司祭）、クシャトリヤ（王侯・武士）、ヴァイシャ（農牧商に従事する庶民）、シュードラ（隷属《れいぞく》民）の四身分を思い浮かべる人が多いと思われるが、これは身分・階級を示す「ヴァルナ」であり、家柄や職業を示す現実社会の集団「ジャーティ」とは区別される。しかし、各ジャーティは不可触《ふかしょく》民（アウトカースト）を除いて四ヴァルナのいずれかに属していることもあって、混同されて両者ともカーストといわれてきた。

インドで中心的なヒンドゥー教には、浄・不浄の概念がある。この概念がインドの階級社会の基礎となっている。つまり、人間にも浄・不浄があり、浄に位置する人間階級がバラモンである。不浄が多くなるごとに、クシャトリヤ、ヴァイシャ、シュードラへと低い階級となる。

不可触民は、不浄の人間として差別されてきた。現在の政策では、教育・雇用・議席などで優遇措置がとられている。

カースト（ジャーティ）は、さらにサブカーストに細分され、その数は二〇〇〇以上にのぼる。この細かいサブカーストが、洗濯屋・理髪屋といった職業などを規定している。農村の集落では、カーストにより住む区域が異なることもある。しかし、近年の社会変化により、世襲的な職業などは崩れつつある。

カースト（ジャーティ）の序列は、バラモンと不可触民を除いて固定したものではなく、地域や行いによって変動する。インド人に「このカーストとあのカーストではどちらが上なの」と聞いた際、時折「わからない」という答えが返ってくるが、それは数多いジャーティと、その順位が固定的でないことによる。

人とのつきあいにも浄・不浄はつきまとう。自分より低いカーストの人とは、食事をしない、肌を接しない、結婚しないなどさまざまな制約がある。特に上層のカーストではその規制が厳しい。自分より低いカーストの人から声をかけられただけで、家にもどり全身を沐浴《もくよく》で清めるほどだ。しかし、都市部では、満員の電車やバスで通勤・通学をするようになり、そのような規制を厳格には守れない社会状況になっている。

インドでは、一九九〇年代からIT産業が経済を引っ張ってきた。その背景には、ITといった新しい産業は、カースト（ジャーティ）に対応しないため、属しているカースト（ジャーティ）に関係なくIT関連の職を得られたことがあるといわれる。

しかし、現実的には、高等教育を受けることができるのは経済的に裕福な上層カーストの人であることから、下層カーストの人がIT関連の高いポストに就《つ》くことは難しいとされる。

インドでのカースト意識は根強く、上層カーストの人は、優越意識から固定的な観念をもち、革新を好まない。これがインド経済の発展を妨げているという指摘もある。

「領土問題から食生活まで――すべての背景にある宗教観」

イスラム対ヒンドゥー、カシミール問題はここから始まる

インドがイギリスから独立した際に、イスラム教徒の多い地域はパキスタンとして

独立し、ヒンドゥー教徒の多い地域はインドとして独立した。現在、**インドでは人口の八割がヒンドゥー教徒である。**

しかし、インド北部では、イスラム教徒とヒンドゥー教徒の衝突が起こり、北部の**カシミール地方では、領土問題をめぐってインドとパキスタンが武力衝突している。**これは、カシミール地方を治めていた藩主がヒンドゥー教徒であったため、藩主がインドへの帰属を決めたが、多数を占めるイスラム教徒住民がこれに反発したことに始まる。

ヒンドゥー教には多くの神がいる。インド全土に寺があって崇拝されている神が、ヴィシュヌ（宇宙の創造）とシヴァ（破壊）である。インドでは僧がひたいに模様をつけているが、それによってどの神をまつる寺の僧であるかが区別できる。そのほかにも、地域で信仰される神や牛や猿などの動物信仰もみられる。

人のゴミを牛が食べ、牛の糞が燃料になる

インドでは大都市でも、牛は街中を悠々《ゆうゆう》と闊歩《かっぽ》している。牛は神の対象ともなるが、神の使いとしてみなされることもある。しかし、牛はすべて神あるいは神の使いで自由に闊歩できるかというとそうでもなく、飼われていたり働かされている牛もいる。

神に願いをかけてそれがかなったときに、その願いをかけた人は神の使いである牛を買い、神に感謝の意を表すためにその牛を解き放つのだ。牛が向こうから歩いてくれば、けがをしないためにも人は道を譲る。

ヒンドゥー教徒は、神聖な牛の肉を食べないことはいうまでもない。街中を闊歩する牛は、ゴミ箱に頭を突っ込み餌をあさる。人間の出した生ゴミや紙類は、こうして牛やヤギなどの食料となるのである。

人間の出したゴミを食べた牛は、道路上に糞をする。その糞を集めて回る人びとがいる。牛の糞の入った桶《おけ》を頭にのせた女性をよくみる。彼女らは、それを丸く円形にこねて、川岸などに大量に干している。それは燃料として使われ、日本でいえば炭のような役割を果たしているのである。

スラムや路上生活者は、電気やガスが使えないことが多いので、彼らが食事のカレーをつくるのに最適の燃料となる。高級料理屋でも、燃料として使っているところもあるため、牛の糞は彼らの現金収入ともなる。

さらに、神聖な床を拭くためにも用いられるなど、牛の糞は、多くの低所得者や路上生活者にとって生活必需品になっているのである。

現在、先進諸国では、環境問題からリサイクルが推《お》し進められている。インドでの人間・ゴミ・牛の関係は、理想的なリサイクルということができる。ちなみに、インドの牛の頭数は多く、ブラジルとともに世界一、二位を競っている。

体にも食べ物にもある「浄・不浄」の区別

ヒンドゥー教の浄・不浄の概念は、人の体にも存在する。インドでは、食事は主として手で食べるが、浄である右手で米とカレーを混ぜながら口に運ぶ。

日本のカレーとは異なり、インドではスパイスで調理したものを「カレー」と称しているので、ドライなものから、汁気の多いもの、スープのようなものまである。**日本のカレーは、イギリスを経由して伝わったものなので、インドのカレーとは直接的には結びつかない。**

インドの米はインディカ米で、長細く、水分に乏《とぼ》しい。そのままだとポロポロしてつかみにくいが、汁の多いカレーと混ぜると、水分を吸って手でも食べやすくなる。

食べ物にも浄・不浄があり、水で煮た料理よりも油料理がより浄とされる。また、**豚肉は不浄なので食べない。**

ところで、排泄の後始末は、紙を用いるより水で洗うことが一般的である。水に濡らして排泄の後始末をする手は、不浄とされる左手である。

9 アフガニスタン

"シルクロードの中継地"は内戦多発地！

世界の九〇％以上を占めるアヘンの生産量

中国とヨーロッパを結んだシルクロードは、アジア大陸のほぼ中央に位置するアフガニスタンを通った。

陸路でヨーロッパ、特にローマから中国をめざすには、中央アジアでヒマラヤ山脈、カラコルム山脈、天山山脈といった険しい山岳地帯に阻まれる。

中国のタリム盆地に出るためには、山脈の鞍部《あんぶ》となる比較的越えやすいカラコルム峠《とうげ》などが利用されたが、それらの峠を越えるためにはアフガニスタンを経由することになる。そのため**シルクロードの中継地としても発展した。**

アフガニスタンは国土の四分の三が高山地帯であり、特に東部のヒンドゥークシ山脈は七〇〇〇m級の山々が連なっている。

さらに国土のほとんどが乾燥気候にあり、必ずしも条件がいいとはいえないが、主産業は、小麦・バレイショ・アーモンド・ブドウ栽培といった農業である。

また、**ケシ栽培が盛んであり、それを原料としたアヘンの生産量は、世界の九〇％以上を占める**と見積もられている。これはタリバンなど内戦にかかわる重要な資金源となる一方で、国内の麻薬常習者の増加といった問題が深刻化している。

勝利か死か——多民族国家のこれから

アフガニスタンは、干ばつや内戦、空爆などにより国土が荒廃し、最貧国の一国となっている。

アフガン戦争と呼ばれるものをみても、第一次（一八三八～一八四二）、第二次（一八七三～一八八〇）、第三次（一九一九）というように、紛争の絶えない地域である。

近年でも、七八年の社会主義政権の誕生と七九年の旧ソ連による軍事介入、九二年のゲリラによる社会主義体制の崩壊、その後の内戦、九八年のイスラム法を遵守するタリバン政権、二〇〇一年のタリバン政権の消滅と、それ以降のテロ……と続いている。

そうした中にあっても、国際支援により復興が顕著にみられる。

内戦が多い背景には、二〇以上の多民族国家であることが挙げられる。パシュトゥーン人が四割、タジク人が三割、ハザラ人、ウズベク人が一割を占める。言語も、公用語であるダリ語、パシュトゥー語をはじめ、いくつかの言語が話されている。

王政時代からの長い歴史の中での民族意識は薄れているとはいえ、民族間の対立は、どの民族出身者が政権をとっても内戦につながる。

さらに、アフガニスタンの民族には、戦いにおいては勝利か死しかないという考え方が強く、対外戦争においても内戦においても激しい戦いになる。

こうした多民族国家をまとめる一つの手段が、同じ宗教による帰属意識である。正式国名が、アフガニスタン・イスラム共和国というように、**国民のほぼすべてがイスラム教であり、その八〇%以上がスンナ派である。**

タリバン政権時の二〇〇一年に、貴重な古代の仏教遺跡であるバーミヤン遺跡が一部破壊された。これは、タリバンが、仏教遺跡を破壊することにより、イスラムとしての国民の団結を鼓舞した行為であったとみることもできる。

言い換えれば、アフガニスタンの多民族をどのように一つにまとめていくかが、この国の大きな課題であることを露呈《ろてい》した事件であったといえる。

10 イラン

「イスラム教徒は〝乾燥地帯〟の国に多い」

砂漠地域で人びとはどう生活しているのか？

イランの大部分の地域は乾燥し、特に広大な内陸部は高い山脈に囲まれ、海からの湿った風が遮断され、砂漠や半砂漠の内陸盆地が広がっている。

そのような自然環境の中で、人びとは地下室を造って酷暑を避けたり、夜間、砂漠から吹いてくる風を屋内にある水槽にあて、その気化熱で部屋を涼しくするなどの工夫を凝《こ》らしている。

北東部の山と砂漠に囲まれた地域はイランの農業中心地で、山からの地下水をゆるやかな傾斜の地下用水路（カナート）で運び、農業用水としている。

イランは、石油・天然ガスの世界有数の産出国である。石油の確認埋蔵量世界三位、生産量は世界四位（いずれも二〇一〇年）であり、天然ガスの確認埋蔵量は世界二位である。輸出の多くは石油関連である。

イランとイラクの間にある深い溝――シーア派対スンナ派

イスラム教は、乾燥地帯で信者を増やしていった。現在でもイスラム教徒の多い国は、乾燥地帯にあることが多い。

イスラム教の宗派として、大きいのはシーア派とスンナ派である。**イランでは、国民の九九%がイスラム教といわれ、しかもその多くがシーア派である。**シーア派には、神と信者の中間に宗教指導者が存在し、その権力は、政治的にも金権的にも大きい。

イランにシーア派が多い原因は、十六世紀にまでさかのぼる。十六世紀初めにこの地を支配したサファビー朝は、スンナ派のオスマントルコに対抗して、シーア派を国教としたのである。

他方、イラクは、十六世紀から二十世紀初めまで、オスマントルコの支配下に置かれていた。そのため**イラクでは、スンナ派とシーア派がほぼ半数ずつである。**

イランとイラクには、もともと長期にわたる国境問題が存在していた。その関係を一挙に悪化させたのが、一九七九年、イラン国内で起こったホメイニ師を中心とした「イスラム革命」であった。

これをイラクではシーア派革命とみなし、シーア派の拡大を恐れた。住民構成からいっても、イランではペルシャ人やトルコ系が多いのに対して、イラクではアラブ人が圧倒的に多い。

さらにイラクのフセイン大統領の思惑もからんで、八〇年に両国は泥沼化する長期戦争へと突入したのであるが、戦争は八八年に停戦となった。

なお、「イスラム革命」以降アメリカとの関係が悪化し、アメリカによるイランへの経済制裁が続いている。

八九年にホメイニ師が死去し、ハメネイ大統領（当時）が後継の最高指導者となった。その後大統領は代わるが、ハメネイ師は終身制で任期のない最高指導者（国家元首）として君臨する。なお、四年ごとの大統領選挙では、保守派と改革派が激しく争っている。

どれだけ暑くても女性がチャドルを身につける理由

イランのような乾燥と酷暑の中でも、女性は、手首から先と顔を除いた全身を包み込むチャドルという服を着用する。

革命以前は洋服を着る女性も多かったが、革命以降はイスラム化が強調され、肌を露出することが戒められ、チャドルとヘジャーブ（スカーフ）の着用が義務づけられた。

イランでは「女性は育児に励み、家庭を守るのが義務」というイスラムの原理への回帰が強調されるが、女性の社会進出を完全に否定しているわけではない。二〇〇九年には、革命後初の女性大臣（厚生大臣）が就任したことが、その証しである。

他方、イラクでは近代化政策をとっており、女性は洋服を着ることも多く、女性の職場進出も奨励されている。

イランにくすぶる核問題

二〇〇二年にイランの核活動の未申告が発覚した。その後、原子力開発は平和目的であるとし、その開発を続けているが、国連の安保理は、軍事利用の可能性があるとしてウラン濃縮活動の停止等を決議している。

イランが国連安保理の決議を無視したことに対し、アメリカだけでなく、二〇一二年、EUもイラン産原油の禁輸を決めた。これに対しイランは、ホルムズ海峡の封鎖を示唆するなど報復する態度をとったため、石油価格は世界的に高騰した。ホルムズ海峡付近は、緊張の続く地域の一つとなっている。

11 トルコ

地理的、歴史的に「アジアとヨーロッパの接点」に

アジア大陸とヨーロッパ大陸にまたがるイスタンブール

オスマントルコは、第一次世界大戦（一九一四〜一八年）の敗北とともに崩壊した。一九二三年、トルコ共和国が成立し、**首都はアンカラに移されたが、人口第一位の都市は、オスマントルコの首都として繁栄したイスタンブールである。**

もともとこの地は、紀元前七世紀にギリシャ人が入植し、ビザンティオンと名づけた。四世紀末には東ローマ帝国（ビ

ザンツ帝国）の首都となり、一四五三年まではコンスタンティノープルと呼ばれた。ヨーロッパの国が支配した際にも、オスマントルコが支配した際にも、ここは東西の交易地であった。

イスタンブールは、ボスポラス海峡をはさんで、アジア大陸とヨーロッパ大陸の両大陸にまたがる都市である。

ビザンツ帝国やオスマントルコ時代に繁栄した旧市街は、ヨーロッパ大陸側にある。ヨーロッパ大陸側がトルコ全域に占める面積は三％にすぎないが、ビザンツ帝国時代のギリシャ正教（オスマントルコ時代からイスラム教）の影響もあり、欧米化の波も早くから受け入れられていた。

イスタンブールは、歴史的にも地理的にも、アジアとヨーロッパの接点ということができる。

地中海性気候が生んだトルコの〝食糧産業〟

トルコは、国の周囲が地中海や黒海で、その沿岸地域は地中海性気候となっている。

ここの地中海性気候は、長くて暑い夏と雨の多い冬に特徴がある。そこでは、オリーブ・柑橘《かんきつ》類・ブドウ・ヘーゼルナッツ・綿花・葉タバコなどが多く生産される。

イスラム教徒が多いトルコでは、生産量の多いブドウは、ワインとせずに干しブドウとすることが多い。

内陸部は、乾燥地域で牧畜が盛んである。さらに、小麦・大麦・ライ麦・テンサイなどの生産も多い。

このように、**比較的肥沃な土壌や多様な気候のために、食糧が自給できる世界でも数少ない国となっている。**

食糧の生産が多いのは、自然環境の要因ばかりでなく、一九五〇年以降、開発政策により農業の近代化を促進したからである。農業の機械化が進み、化学肥料が投入されるようになり、この地域に適した改良種の導入が図られた。

しかし、国内では経済格差が生じている。少数の高所得者の存在と内陸部の低所得者、さらに、比較的裕福な東部と西部の経済格差などが指摘されている。

また、この格差を背景に、ドイツ・サウジアラビア・フランスなどへ向けて労働者を送り出している。

クルド人問題・キプロス問題とは？

第一次世界大戦および、その後のギリシャの侵略などで辛苦を味わったトルコは、第二次世界大戦では中立を守った。そのために、トルコには親日家も多いといわれる。

トルコ・イラン・イラクの三国にまたがった国境地帯に多く住んでいるクルド人は、トルコ内に一千万人以上いる。クルド勢力は独立を主張し、テロやトルコ軍との衝突を繰り返し、クルド人問題が深刻化したこともあった。

しかし、二〇〇四年にクルド語の放送や出版が解禁され、クルド人問題は緩和されつつある。

他方、一九六〇年に独立したキプロスでは、ギリシャ系とトルコ系の住民が対立し、トルコとギリシャがしばしば介入した。七四年にはクーデターをきっかけに、ギリシャ系のキプロス共和国である南部と、トルコ系住民が分離独立を主張する北部に分断した。

二〇〇六年、トルコは、ほとんどがトルコ系住民である北キプロス・トルコ共和国を国家承認したことで、キプロスとの関係はよくない。

一方、**トルコはEUへの加盟を望んでいるが、EU内でのトルコ系移民、トルコ内での人権問題などが障壁となり、加盟までにはまだ時間がかかるとみられている。**

12 サウジアラビア

石油の富が「経済の九割」を支える！

世界の四分の一の石油埋蔵量を誇る盟主国

アラビア半島の四分の三を占めているのがサウジアラビアである。夏は気温が四〇℃を超え、冬は内陸部や山岳部に霜《しも》や雪があり、ほとんどが砂漠である国土に富がもたらされたのは、一九三八年のことであった。ペルシャ湾で油田が発見されたのである。

首都リヤドの東部およびペルシャ湾沿岸に膨大な石油埋蔵地がある。サウジアラビアの石油埋蔵量は世界の二〇％に達すると見積もられている。

アメリカやヨーロッパの石油会社がもっていた石油価格の主導権も、六〇年にOPEC（石油輸出国機構）を設立することにより、石油産出国が大きな影響力をもつようになる。サウジアラビアはその盟主国となった。

石油がサウジアラビアにもたらした恩恵は多大である。石油関連事業の国有化が進んだこともあり、国家財政の九割が石油関連収入で占められ、その額も膨大である。輸出では九割が原油・石油製品と天然ガスである。**原油の埋蔵量は世界一位（二〇一〇年）であり、輸出量、産出量とも世界一、二位を競う。**

石油よりも水のほうが金のかかる不思議な国

この石油による経済力を背景に、国民に対しての教育には力を入れ、小学校から大学まで授業料は無料である。

しかし、将来的に有限な石油の輸出ばかりに依存していられないので、石油で得た富で国土開発が進められている。

一九七〇年から開発計画が実施され、石油化学・鉄鋼・セメント・加工食品・衣料などの工業が促進された。ペルシャ湾沿いには、石油化学工場を中心とする工業団地も造成された。

このような工業には、電力や工業用水が必要不可欠である。電力は、この国で豊富に採れる天然ガスを燃料とする火力発電所から得られ、工業用水は、海水を蒸留して真水を製造する海水淡水化プラントから供給される。

さらに、農業開発事業にも力を入れ、農家に対して国が農地を提供し、多額の補助金を出し、さらに高い価格で農産物を買い取っている。

乾燥地帯のため、年間を通して利用できる川や湖がないために地下水を汲《く》み上げ、センターピボット方式といわれる巨大なアームをもったスプリンクラーなどにより、円形の大規模な灌漑を行っている。

こうしてサウジアラビアは、八一年には小麦の輸出国となり、乳製品や野菜の生産量も増えた。しかし、**農地は国土の二％に満たない**。

乾燥地帯では水の確保が課題で、湧水《わきみず》のあるオアシスに町や村はつくられた。都市では水売りの姿もみられる。資金力のあるサウジアラビアといえども水は貴重で、生活用水を地下水だけでは賄《まかな》いきれず、膨大な投資をした海水淡水化プラントからも供給されている。

なお、井戸水の取りすぎによる水位の低下や、地下水の汲み上げによる地盤沈下が深刻化している。

ラクダとともに砂漠を遊牧する民ベドウィン

サウジアラビアの九割はアラブ人である。油田の採掘や、工場、建築現場で働く、南アジア・西アジア・北アフリカから来る外国人労働者は少なくない。

厳格なイスラムの国であるサウジアラビアでは、飲酒は許されず、女性は男性のみだらな視線にさらされないために、外出時には黒いベールを着用することが義務づけられ、男女別学が徹底している。結婚においても、結婚式まで、新郎および新婦は顔を合わせることもできない。

サウジアラビアには、**イスラムの預言者ムハンマド（マホメット）の生地メッカとその墓があるメディナがあり、世界のイスラム教徒の巡礼地となっている。**年に一度の巡礼月には、世界中から二〇〇万人の巡礼者がメッカに集まる。

砂漠の牧草を求めて移動する、アラブ系の遊牧民ベドウィンは、古くからこの地に住んでいた。

ベドウィンは、ラクダを中心に羊、ヤギを飼い、彼らの情報網の中で降雨があった地域がわかるとそこへ移動が始まる。砂漠で暮らすベドウィンの視力はよく、かなり遠方のサソリなども見極めることができる。

サウジアラビア政府は、遊牧民の定着化を図ったが、都市に出るベドウィンも多く、牧畜に携わるベドウィンは減少している。

13 アラブ首長国連邦

急速な経済発展による「光」と「影」とは？

砂漠の国を変貌させた石油マネー

アラブ首長国連邦は、**全土が高温で乾燥した砂漠気候であり、北海道ほどの面積の国土のほぼ九割が砂漠である。**しかし、ペルシャ湾、オマーン湾に面しているため、湿度が高く、気温の一日の変動は少ない。

もともとは遊牧を行っていたが、一九五〇年代に石油が発見され、六二年から本格的な石油生産が始まると世界有数の産油国となり、一人当たりの国民総所得は世界の一〇位以内に入る。

石油が国に富をもたらしたが、現在は産業の多角化をめざし、対外投資や、アルミニウムをはじめとする工業、商業、観光にも力を入れている。

アラブ首長国連邦は、アブダビ、ドバイ、シャルジャ、アジューマン、ウンム＝ル＝カイワイン、フジャイラ、ラアス＝ル＝ハイマの七つの首長国から構成され、それぞれの首都は国名と同じである。

各首長国は自立意識が強いが、最大の首長国であるアブダビの首都が、連邦全体の首都となっている。七つの首長国のうち石油を産出するのはアブダビ、ドバイなどで、産出しない国もある。

一首長国ドバイがなぜ世界的な金融センターになったのか

石油マネーにより経済的に発展し、政治・経済・軍事で大きな力をもつアブダビに対し、石油の少ないドバイでは、貿易や工業、金融などで経済力を高めてきた。

日本からエミレーツ航空がドバイに、エティハ航空がアブダビに直行便を飛ばしている（二〇一二年現在）のは、アブダビとドバイが経済の中心となっていることを示すものである。

さらに、この二国は観光都市として開発され、海外から旅客が集まるようになった。ここはまた日本などアジアからヨーロッパ、アフリカへ行く乗客の中継地（ハブ空港）としての役割も担っている。

このように**アブダビやドバイは発展していくが、このような首長国と、石油を産出しない首長国との経済格差が顕著にみられるようになった。**首長国間の格差を是正するために、裕福な首長国が他を支援するなどの方策も取られている。

住民の割合を見ると、アラブ首長国連邦の国籍をもつものは二割程度である。なぜ自国の国籍をもつ人が少ないのだろうか。

それはこの国の急速な発展と関連している。

ほとんどが砂漠だった国に、石油マネーにより道路網が整備され、工場、ビルといった多くの建設物が建てられるようになった。

しかし、労働者が不足していたため、多くの外国人労働者が出稼ぎのために流入した。インド・パキスタンからの住民は人口の五割に達し、エジプトやスーダンなどのアラブ系の労働者も二割以上を占める。

このような外国人労働者の待遇は厳しく、国籍をもっている裕福な住民との格差は大きい。

急速な経済発展を遂げた「光」がある一方で、厳しい待遇で働く外国人労働者によって支えられた発展であることから、この面をアラブ首長国連邦の「影」ということもある。

14 イスラエル

三宗教の聖地が集まるユダヤ人国家

聖墳墓教会　イエスが十字架にかけられた場所
岩のドーム　イスラム教の聖地
嘆きの壁　ユダヤ人にとって最も聖なる場所
シオンの丘　ダビデの墓や、イエスの最後の晩餐の部屋などがある

エルサレムはなぜ三つの宗教の聖地になったか？

イスラエルでのテロ事件は後を絶たない。

ユダヤ人とアラブ人の確執がその大きな要因であるが、多くのユダヤ人は、安定した平和を望んでいる。

一九六九年まで東エルサレムはヨルダンの領地であり、西エルサレムはイスラエル統治下にあった。しかし、第三次中東戦争で東エルサレムはイスラエルに併合された。

現在でも東エルサレムにあった**旧市街は、ユダヤ教徒・キリスト教徒・イスラム教徒がそれぞれ多く住む地区に分けられる。**

三つの宗教の人びとが住んでいるのは、エルサレムが三つの宗教のそれぞれの聖地となっているからである。

紀元前十一世紀、エルサレムはイスラエル王国の首都となった。ユダヤ教が紀元前六世紀に成立し、紀元前二世紀頃から、エルサレムはユダヤ教徒の巡礼地となった。しかし、紀元二世紀には、ローマ帝国によりユダヤ人はこの地を追放され、離散の民となる。

キリスト教徒にとってのエルサレムは、イエス・キリストが地上での最後の日々を過ごし、十字架にかけられた場所である。聖墳墓《せいふんぼ》教会にはキリストの墓があるとされている。そのため、二世紀以降にはキリスト教の巡礼者が多くなった。

七世紀には、ここはイスラム教の地となる。エルサレムは、イスラム教の預言者ムハンマドが夜の天国の旅に出た地とされ、メッカ、メディナに次ぐ第三の巡礼地とされた。

その後、十一世紀にはキリスト教の十字軍の手にわたり、十三世紀にはイスラム世界の支配下となる。

十六世紀にこの地を支配したオスマントルコは、エルサレムを三宗教に開いた。ユダヤ教徒は、残されたユダヤ人の神殿の一部である「嘆きの壁」の前で深い思いを込めて、ダビデの国の再興を願うためにこの地に巡礼した。

このように、エルサレムは、歴史と宗教の複雑な絡み合いをみせる美しい都市である。

死海では体が沈まない水の秘密

現在のイスラエルの国土は、不毛地帯が多く、地中海性気候の北部海岸などが農耕地帯となり、南部は雨の少ないステップ気候である。

しかし、最初のイスラエル王国時代は「乳と蜜《みつ》の国」といわれた豊潤な地域であったと考えられている。

現在の農業地帯では、科学調査に基づいて開墾《かいこん》や灌漑がなされ、さらに先端技術を導入することにより、耕地面積を増加させ、多くの農作物を収穫できるようになった。農耕地は国土のおよそ二〇％を占める。

大地溝帯の一部である**死海は、美しい湖である。水面が海面下四〇〇ｍなので、周**

囲から流入する河川はあっても、この湖から流出する河川はない。つまり、水の蒸発量が多いということになる。それは塩分が高くなる要因となり、水に浸《つ》かると自然に体が浮く理由はここにある。湖水からは、塩や臭素などが生産される。

ユダヤ人とアラブ人の戦いに火がついた理由

イスラエルの人口の四分の三がユダヤ人である。

ユダヤ人の定義の一つに、ユダヤ人ないしユダヤ教の改宗者を母として生まれた者とするというものがあるが、ユダヤ人の民族的共同体としての意識は、ユダヤ教を精神の糧《かて》としてすこぶる強い。

ユダヤ人の祖国復興の動きは、欧米のユダヤ人の援助を受けて、一八九七年からシオニズム運動として強まった。強い民族意識が、二〇〇〇年の離散した状態にもかかわらず、一九四八年にパレスチナの地にイスラエルを建国させたのである。

一方、**アラブ人も人口の二割ほどを占め、イスラエルの公用語は、ヘブライ語とアラビア語である。**

一九一七年からイギリスが支配および委任統治していたパレスチナの地をめぐり、イギリスは、ユダヤ人とアラブ人に対して、まったく矛盾したことを示した。

というのも、第一次世界大戦中に、パレスチナにユダヤ人国家の成立を認める代わりに欧米のユダヤ人から援助を受けておきながら、アラブ人に対しては、対トルコ反乱を鎮圧させる代償として、アラブ人によるパレスチナの独立を約束した。

これが、ユダヤ人とアラブ人の戦いに火をつけることになったのである。

この問題に関して、九三年にイスラエルのラビン首相とＰＬＯ（パレスチナ解放機構）のアラファト議長との間で和平が成立し、九四年にガザ地区と西岸地区でのパレスチナ人の自治が開始された。

こうして一時は安定化がみえたパレスチナであるが、ガザ地区をめぐって、イスラム原理主義組織ハマスとイスラエルの戦闘が続く。さらに、自爆テロや報復攻撃は、イスラエルだけでなく、世界各地に及んでいる。

イスラエルの国家財政に占める軍備の割合はきわめて大きい。イスラエルでは、ダイヤモンドの原石を輸入し、加工したダイヤを輸出するなどで外貨を得ているが、外国に住むユダヤ人からの収入や、ユダヤ人が多く住み、財政などの実権を握っているアメリカの援助が大きい。

↗ との対立から本格的な26年に及ぶ内戦を経て、2009年、シンハラ人を中心とする政府側が制圧。

パキスタン　首都イスラマバード。英領インドが独立する際、イスラム教徒居住地域がパキスタンとして独立。カシミール地方の帰属をめぐってインドと対立。

カザフスタン　首都アスタナ。世界最大の内陸国だが、砂漠や乾燥地帯が多く人口は偏在する。ロシアの宇宙基地がある南部のバイコヌールは、ロシアの租借地《そしゃくち》。

グルジア　同国は英語読みの「ジョージア」表記を求めている。首都トビリシ。アルメニア、アゼルバイジャンと共に旧ソ連の構成国。独立後は民族問題が表面化、アブハジア、南オセチアは事実上の独立状態。茶やブドウの生産が多くワインの発祥地。

イラク　首都バグダッド。古代メソポタミア文明の地。原油生産量は世界有数。イラクの呼びかけで1960年OPECが設立された。2003年フセイン政権崩壊。スンニ派、シーア派、クルド人の三大勢力が対立。

シリア　首都ダマスカス。第三次中東戦争でゴラン高原を奪われ、反イスラエル、反米のアラブ最強硬派路線をとる。2011年より民主化を求める反政府運動が激化。

カタール　首都ドーハ。1971年に独立。世界最大級の天然ガス油田を抱え、輸出の大半を天然ガスと石油が占める。一人当たりGDPは世界トップクラス。衛星テレビ局アルジャジーラは、カタール首長の出資によりドーハに設立された。

アジアのその他のおもな国々

モンゴル　首都ウランバートル。モンゴル民族が居住するモンゴル高原のうちゴビ砂漠以北周辺（外モンゴル）がモンゴル国となり、南部の内モンゴルは中国領に。ソ連に次ぐ社会主義国だったが、1992年に社会主義を放棄した。

フィリピン　首都マニラ。7000以上の島からなる。1521年マゼラン来航後、スペインの植民地となり、国名は国王フェリペの名にちなむ。農業国だが、自給率は低く、世界最大の米輸入国。外貨獲得源は1000万人にも及ぶ海外出稼ぎによるところが大きい。

ミャンマー　首都ネーピード（2006年までヤンゴン）。1989年軍事政権が国名をビルマからミャンマーに改称。約7割がビルマ族だが、カレン、シャンなどの少数民族が分離独立を求めている。2011年、民政に移管したが、経済は遅れている。

ブータン　首都ティンプー。唯一チベット仏教を国教とする国。中国と国交がなく、インドと関係が深い。3割以上を占めるネパール系住民が反発し一部難民化。

ネパール　首都カトマンズ。ヒマラヤ登山の玄関口で、主な産業は農業と観光業。約8割がヒンドゥー教徒である多民族国家。2008年に王制が廃止された。

スリランカ　首都スリジャヤワルダナプラコッテ。セイロン島を主たる島とし、1972年、国名をセイロンからスリランカに改称。多数派シンハラ人と少数派タミル人 ↗

グリーンランド
ヌナブット
ニューブランズウィック
ノバスコシア
プリンスエドワードアイランド
ニューファンドランド
マニトバ
ケベック
オンタリオ
モントリオール
トロント
ノースダコタ
ミネソタ
ウィスコンシン
サウスダコタ
ミシガン
ニューヨーク
アイオワ
ネブラスカ
イリノイ
オハイオ
カンザス
バージニア
ミズーリ
ケンタッキー
テネシー
ノースカロライナ
オクラホマ
アーカンソー
ミシシッピ
サウスカロライナ
アラバマ
ジョージア
テキサス
ルイジアナ
フロリダ
①メーン
②ニューハンプシャー
③バーモント
④マサチューセッツ
⑤ロードアイランド
⑥コネティカット
⑦ニュージャージー
⑧ペンシルベニア
⑨メリーランド
⑩デラウェア
⑪コロンビア特別区（ワシントン）
⑫ウェストバージニア
⑬インディアナ

2章
アングロアメリカの
国々が面白いほどわかる！

アングロアメリカの概観
「大国の条件」がなぜここに集まったのか？

人種の「サラダボウル」――移民の国アメリカ

新大陸アメリカを「発見」したのがクリストファー・コロンブスであることは有名である。彼に遅れること数年、アメリゴ・ヴェスプッチはベネズエラを探検し、さらに、ポルトガルの探検隊とともにブラジルへ。この探検についてヨーロッパ各地で講演した彼の名にちなんで、「アメリカ」という呼称が定着したのである。

一方、「アングロ」は、イギリスの主要な民族であるアングロサクソン人からとられた。すなわち、現在のアメリカ合衆国とカナダは、アングロサクソン人によって開発された地域という意味である。

実際、合衆国にしろカナダにしろ、**つい最近まで社会・経済の中核をなしていたのは、WASP（ワスプ）と呼ばれる、白人・アングロサクソン系・プロテスタントの人びとであった。**

ニューヨークの人種地図

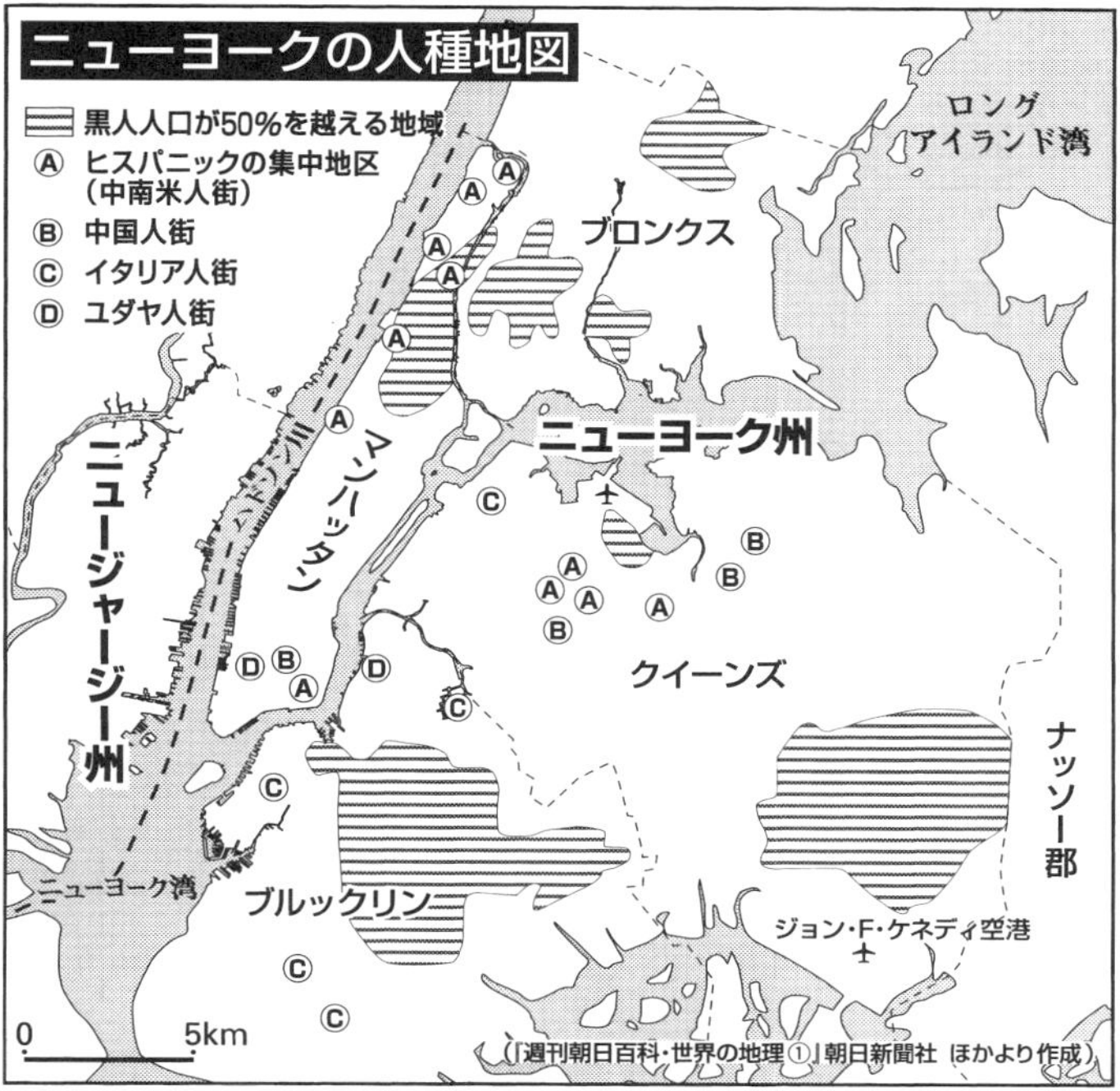

（「週刊朝日百科・世界の地理①」朝日新聞社 ほかより作成）

しかし、これには別の意見もある。

例えば、カナダのケベック州などは、フランス系住民が大多数を占め、合衆国南西部やニューヨークなどの大都市には、スペイン語系の住民、すなわちヒスパニックが多数居住している。

そのほか黒人は人口の約一二%を占めているし、アジア系住民も倍増している。

このような状況下で「アングロ」はふさわしくないというのである。

かつてアメリカに移民してきた人びとは、自らの民族性を捨てて、アメリカ社会に融合していくものとされてきた。そして、アメリカはそのための、巨大な「るつぼ」（メルティングポット）であった。

しかし、今日の状況は異なる。多数の人種・民族が独自性を保ちながらアメリカという社会で生活している様相は、サラダボウルにたとえられる。サラダボウルは、さまざまな野菜や果物から成り立ち、しかもトマトはトマト、レタスはレタスとしての原形を保ちながら、ドレッシングをかけられて、一つの料理を構成する。

同様に、アメリカは多くの人種・民族が「アメリカ建国の精神」というドレッシングをかけられて、調和のとれたアメリカを構成すべきだという主張である。

アメリカは今日でも「移民の国」としての模索を続けているのである。

日本の二五倍もの面積をもつカナダと合衆国

アメリカ合衆国もカナダも、大陸的スケールをもつ国である。**合衆国の面積は九六三万㎢で日本の約二五倍、カナダは九九八万㎢で約二六倍にもなる。**こうした広大な空間であるがゆえに、自然環境もきわめて多様である。

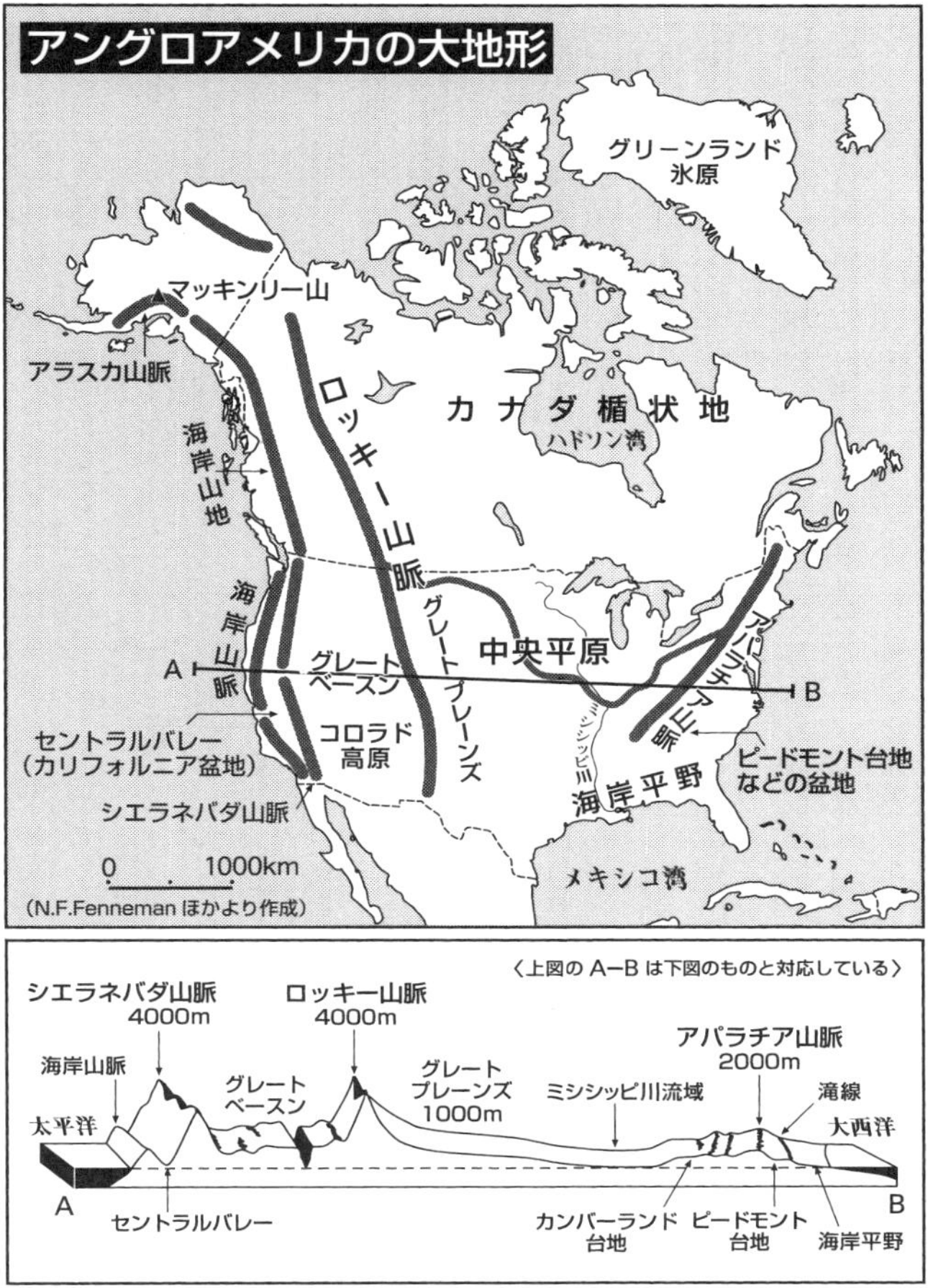
アングロアメリカの大地形
グリーンランド
氷原
マッキンリー山
アラスカ山脈
ロッキー山脈
カナダ楯状地
ハドソン湾
海岸山地
海岸山脈
グレートプレーンズ
中央平原
グレート
ベースン
A
B
アパラチア山脈
コロラド
高原
ミシシッピ川
セントラルバレー
（カリフォルニア盆地）
ピードモント台地
などの盆地
海岸平野
シエラネバダ山脈
0
1000km
メキシコ湾
（N.F.Fenneman ほかより作成）
〈上図の A―B は下図のものと対応している〉
シエラネバダ山脈
4000m
ロッキー山脈
4000m
アパラチア山脈
2000m
海岸山脈
グレート
ベースン
グレート
プレーンズ
1000m
ミシシッピ川流域
滝線
太平洋
大西洋
A
B
セントラルバレー
カンバーランド
台地
ピードモント
台地
海岸平野

試みに西経九〇度線に沿って北からみると、まず北極海諸島からハドソン湾にかけてツンドラ気候の地域が広がる。ここでは当然、農耕は不可能で、伝統的に狩猟に頼る極北民族のイヌイットが居住している。

ハドソン湾南部は冷帯気候で広大な針葉樹林が広がる。合衆国とカナダの国境スペリオル湖周辺には鉄山（鉄鉱を採掘できる山）が多く、工業地帯発達の基盤となった。

さらに南下すると気候は温暖になり、ミシシッピ川流域の大平原は世界有数の大農業地帯だ。これを背景に、シカゴの穀物相場は世界経済に影響を与える。

この大農業地帯も気候によって主要な栽培作物は異なる。北部はコーンベルトと呼ばれる巨大な混合農業地域であり、南部は亜熱帯の気候で、かつては黒人を利用した綿花栽培が盛んであったが、現在では大豆など多角的経営が行われている。

二〇〇五年にはハリケーンカトリーナがこの地域を襲い、メキシコ湾岸の地域に大きな被害をもたらした。特にミシシッピ川河口の都市ニューオーリンズは、面積の約八割が水没した。

次に北緯四〇度付近を東から西へみる。大西洋の海岸に沿って巨大な都市が連なる。

次いで、古期造山帯に属するアパラチア山脈がある。山容はなだらかで、山は高くても二〇〇〇m程度である。しかし、谷が深く、かつて移住者はここを越えるのに苦労し、現在でも山脈地域は開発から取り残されている。さらに西に行くと広大な平原地帯で、ミシシッピ川がゆったりと流れている。西に行くにしたがって降水量は少なくなり、西経一〇〇度以西では乾燥気候となる。

急峻なロッキー山脈は、新期造山帯である環太平洋造山帯の一部で、日本列島もこれに属している。ここは地震が多く、一九九四年には、ロサンゼルスをマグニチュード六・七の大地震が襲い、大きな被害をもたらした。

ベストもワーストも……「世界一」が世界一多い国

アメリカ合衆国は世界唯一の超大国だ。近年は中国の台頭が目立つとはいえ、経済の総合力を示すＧＤＰは世界一であるし、国民生活は世界最高水準にある。

しかし、世界一であるのは、こうした「良い」指標ばかりではない。国際経済からみると対外債務「世界一」の〝借金大国〟で、貿易でも赤字を続けている。国民生活では、**億万長者の数が「世界一」なのに対して、貧しい人の割合も先進国中トップクラス**である。世界的な大学・研究機関がいくつもあるが、ほかの先進諸国と比較して、初等中等教育のレベルが低いことはしばしば指摘されてきた。

これが、「世界一」が世界一ある国アメリカ合衆国の実情である。

世界におけるアメリカの地位［2010年］（『世界国勢図会2012/2013』より作成）

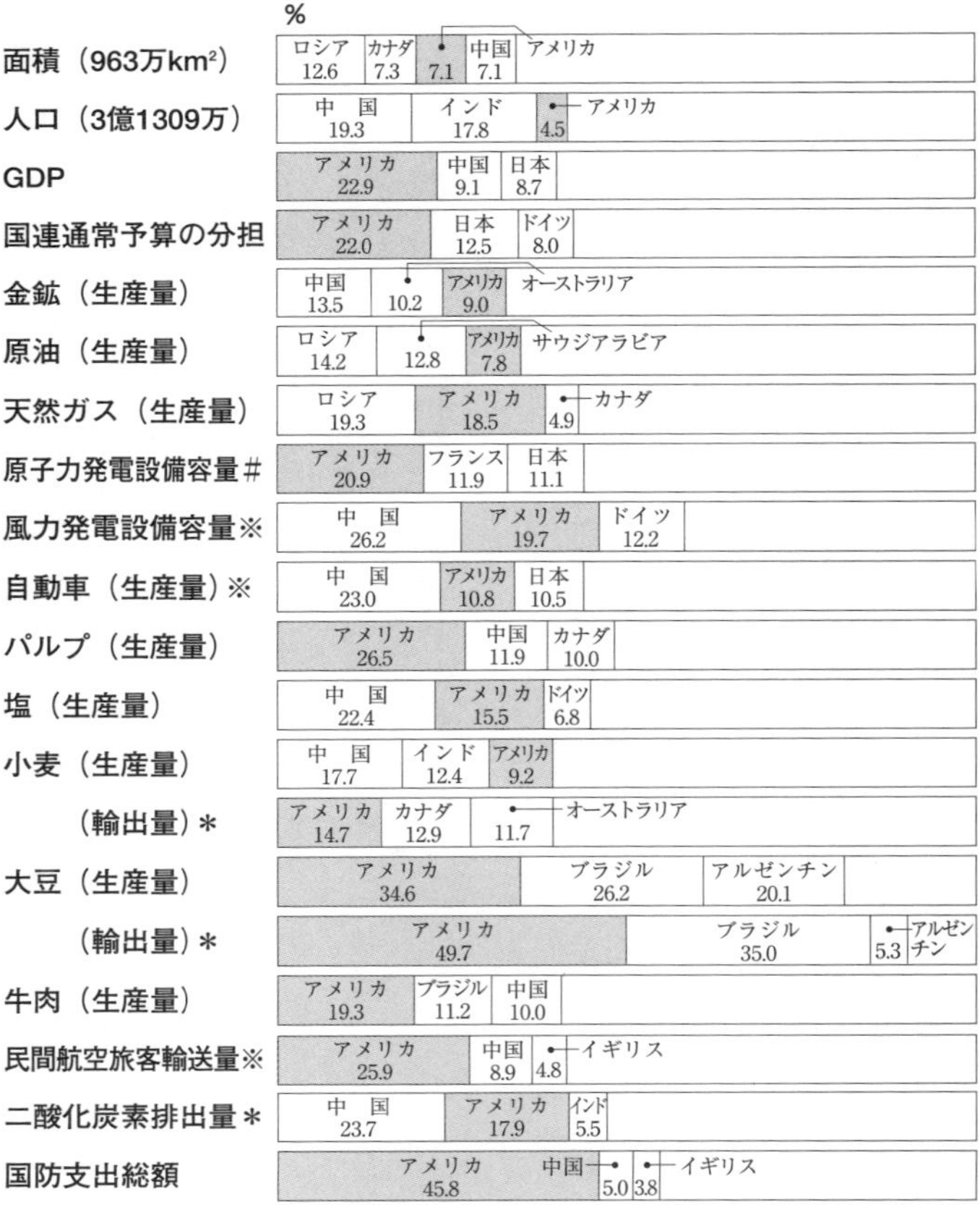

（＊は2009年、※は2011年、＃は2012年1月1日現在）

1 アメリカ合衆国

移民がつくった〝世界の超大国〟のゆくえ

「北東部――ジェームズタウンからメガロポリスへの道」

それはジェームズ川下流「ジェームズタウン」から始まった！

一六〇七年五月、イギリス人一〇五人が植民地をつくり、当時のイギリス国王ジェームス一世にちなんで「ジェームズタウン」と名づけた。現在のバージニア州ジェームズ川下流の川中島である。

ジェームズタウンの建設からやや遅れた一六二〇年十二月、マサチューセッツ州プリマスに、イギリスから信教の自由を求めて清教徒が渡ってくる。彼らは上陸に際し、人びとの同意による新しい政府をめざすことを誓った。

その後、西ヨーロッパから植民者が次々に移住し、一三の植民地（州）が成立した。

それぞれ代議制の植民地議会が設けられ、また、独立宣言には、当時のヨーロッパの思想を反映した天賦《てんぷ》人権論や社会契約論が明確に示されていた。

こうしたことから、日本では「合衆国」、すなわち民衆の合議による国という訳が与えられたのである。

しかし、独立時においては、イギリスに対しての「独立」を求めることでは一致していたものの、各州（State）は、植民地の性格を反映して、異なる道を歩んでいた。さまざまな妥協の結果、基本的には各州の自治の上での連合、すなわち「合州国（United States）」が成立したのである。

現在、外交や国防のほか、広範囲にわたって連邦の権限が強められている。しかし、教育などは各州の権限に属しており、州の力は日本の都道府県の比ではない。

ハドソン川が育てた世界都市ニューヨーク

二〇〇一年九月十一日、世界を震撼《しんかん》させた自爆テロ事件が発生した。ハイジャックされた二機の旅客機が相次いで世界貿易センタービルに突入したのである。

なぜ、ニューヨークの、そして世界貿易センターが標的になったのか。

世界経済の中心ウォール街、世界中の高級専門店が軒を連ねる五番街、ショービジネスの頂点ブロードウェー、そして国連本部。ニューヨークは、現代資本主義社会の頂点に位置する。世界貿易センターの二棟の超高層ビルは、その象徴であった。

世界の多くの大都市は、水と陸の接点に位置しているが、ニューヨークも例外ではない。大西洋とハドソン川がその発展を支えてきた。大西洋をはさんで、ヨーロッパに最も近い都市の一つであり、良港としての条件を備えていた。

北アメリカの大西洋岸は、チェサピーク湾を境に南は隆起、北は沈降している。したがって、南は遠浅で良港になりにくいのに対し、北には河口がラッパ状に開いたエスチュアリー（入江）が発達し、天然の良港が並ぶ。

その中でもニューヨークは、スタテン島が自然の防波堤となり、優れた港となっているのである。

一方、**ハドソン川の存在は、内陸部との結びつきを強めた。**十九世紀前半、ハドソン川と五大湖を結ぶエリー運河（ニューヨーク州バージ運河）の開通によって、ニューヨークは広大な内陸地への玄関となった。旧世界からの移民労働者はまずニューヨークに上陸し、アメリカ各地へと散っていったのである。

貧しい移民たちによるスラム街など、大きな社会問題も生み出したが、さまざまな人種・文化の混入が、この街に魅力と活力を与えたのである。

「メガロポリス」はどのように誕生したか

アメリカ合衆国は連邦制を敷いたこともあって、**日本やフランスのように、一つの都市にあらゆる機能が集中するということはない。**

ニューヨークは世界都市の一つだが、同じ東海岸には、ボストン・フィラデルフィア・ボルティモア・ワシントンといった巨大都市が連なる。これらの都市は高速交通網で結ばれ、それぞれの郊外が重なり巨大な都市化地帯をつくっている。夜、この地域の人工衛星からの画像は、まるで宇宙の中の星雲のようである。

晩年オックスフォード大学教授となった故ジャン・ゴットマン博士は、この地域の地誌を著したが、その本のタイトルが『メガロポリス』であった。古代ギリシャの都市国家の名をとったもので、「メガ」はギリシャ語で巨大という意味である。

メガロポリス内には多くの畑や森林があるが、レクリエーションの場として都市と有機的に結びつき、機能を補完している。また、畑や森林の中に整然とした住宅街が広がるが、自動車交通が発達し、「低密度」なアメリカならではの風景である。

一方、都市中心部では高層化が進み、超高層ビルが立ち並ぶ。いわゆる「摩天楼《まてんろう》（スカイスクレーパー）」である。

いずれにせよメガロポリスは、最もアメリカらしい地域であることには間違いない。

「中西部――二十世紀の発展を支えた工業・農業の中心地」

五大湖沿岸の工業都市はなぜフロストベルトと呼ばれる？

二十世紀の工業文明を象徴する自動車産業。一九〇八年、ヘンリー・フォードが発売を始めた乗用車「モデルT」は、爆発的な売れ行きを示した。自動車の出現は、アメリカ人の生活を変えたばかりでなく、アメリカを一体化させる役割も果たした。

この自動車産業の中心地が、ミシガン州デトロイト。ビッグ3のGM、フォード、クライスラーは本社または重要な拠点を、デトロイトないしはその郊外においた。

今日、デトロイトは揺れている。二〇〇九年には、GMとクライスラーが経営破綻。政府の関与のもとで不良債権の切り離しと再生が模索されている。

広大な国土を自由に移動できる交通手段である自動車は、アメリカン・ウェイ・オブ・ライフ（アメリカ人の生活様式）の象徴であり、自動車産業は最もアメリカらしい産業であった。一九八〇年代、日本製自動車のアメリカへの大量流入によってビッグ３は経営不振に陥り、貿易摩擦の主要なテーマとなった。その後一時は持ち直すものの、二〇〇〇年代になると、ビッグ３の凋落《ちょうらく》は一層顕著になった。

凋落の原因はさまざまあるが、環境への関心と自動車産業の国際化が要因の一つであることは確かだ。

かつてアメリカ合衆国では、燃料効率は悪くても快適な乗り心地の大型車が好まれていた。しかし、近年になると燃料の高騰と地球環境問題への関心が高まり、環境に優しい自動車を求めるようになる。これに応えたのは、日本、韓国の自動車会社であった。一方、アメリカの企業は相変わらずピックアップトラックやＳＵＶ（スポーツ用多目的車）を中心とした大きな自動車にこだわっていたのだ。

しかし、二〇〇七年のサブプライムローン問題に端《たん》を発する世界金融危機の影響をうけ、これらの自動車の販売の落ち込みは激しく、債務超過に陥ったのである。

自動車産業だけではない。**経済のグローバル化は五大湖沿岸の工業地域を変化させている。**

五大湖沿岸にはデトロイトのほかにいくつもの工業都市がある。沿岸の鉄鉱や石炭などの資源が五大湖の水運で結びつけられたことが立地基盤となった。しかし、資源が少なくなり海外から輸入するようになったため、この地域の優位性は失われた。

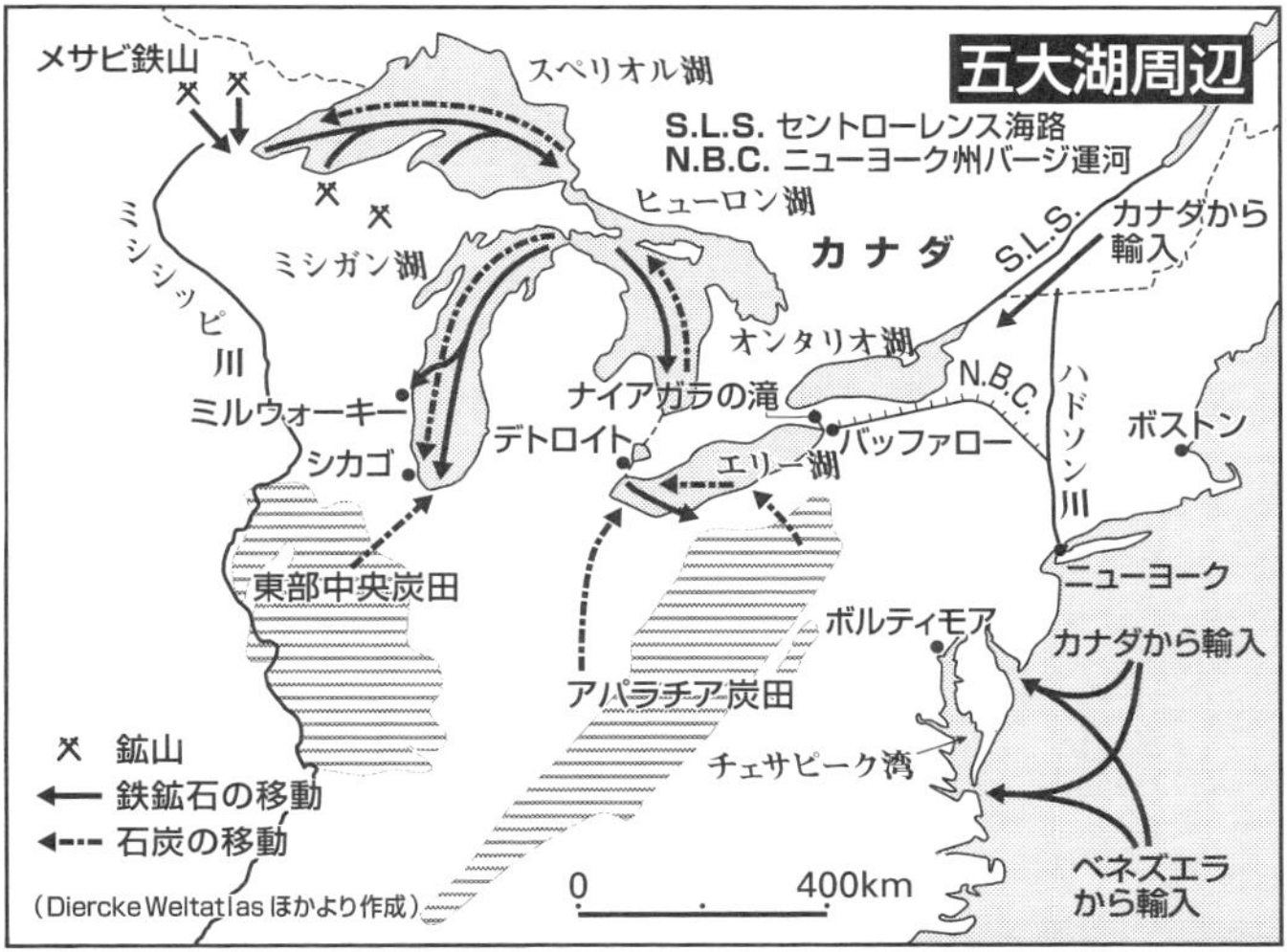

また、古い工場や機械の生産性は低く、人件費も高い。一方、新興の工業国では、人件費は安いうえ、最新の設備を備えた工場が建設されたので、この地域の工場は次々に閉鎖されることとなったのである。

もちろん、一部には再生に成功し、輝きを取り戻した都市もあるが、多くの都市では、工業の撤退によって商業・サービス業も縮小、活気が失われつつある。

このような**経済の衰退と冷帯に属するこの地域の気候から、「フロストベルト」と呼ばれるようになった。**

世界のパンかご――カンザス州・ノースダコタ州の想像を絶する広さ

プレーリーと呼ばれるかつての大草原地域、雨が少なく堅い土壌で、南北戦争以前はアメリカ大砂漠と記された地域が、今日でははるか地平線まで続く小麦畑となっている。日本の、そして世界のパンかごである。

小麦の生産で全米一、二位を争うカンザス州に小麦の栽培を導入したのは、帝政ロシアの厳しい統治から逃れてきたロシア移民である。

降水量が少なく、干ばつ・ダストボウル・竜巻などの自然災害に苦しんだが、豊かな地下水を利用できるようになってから、生産は安定した。さらに、二十世紀の機械化技術によって著しく発展した。

ノースダコタ州は、カンザス州と並ぶアメリカ有数の小麦生産州である。カナダに接するこの州は、北米大陸の地理的な中心に位置している。面積は北海道の二倍に対して人口は約六七万に過ぎない。人口密度はわずか三・六人／㎢、まさしく「人影のない大平原」である。冷涼であるが陽光に恵まれているため、製パンに適した小麦が大規模に生産されているのである。

日本で「麦秋《ばくしゅう》」といえば、日本の麦の収穫時期、すなわち初夏をあらわす季語である。温暖なカンザス州では、日本と同様、冬に種をまき初夏に収穫する冬小麦を生産するが、冬にはきわめて寒冷なノースダコタ州では、春に種をまき秋に収穫する春小麦が栽培の中心となっている。

西部開拓を進めた「タウンシップ制」とは？

アメリカの中西部。まっすぐな道が東西・南北に続いている。これは、先住民の少ない、ほとんど人手の加わっていない土地を開拓するための計画道路で、一般に「タウンシップ制」と呼ばれる土地区画に基づく。

現在、**アラスカ、ハワイを除くアメリカ合衆国の約七割が、タウンシップによる区画だといわれている**。タウンシップは、連邦政府土地局が西部の広大な公有地を開拓するにあたって、一七八五年に制定した条令による。

まず、主経線と基線を定め、六マイル四方の正方形をつくることから始まる。これがタウンシップである。その中の一マイル四方がセクションと呼ばれ、さらにそれを四分割して一つの基本単位とした。

一八六二年に制定されたホームステッド法では、西部の開発を促進するために、開拓農家一戸あたり四分の一セクションの土地、つまり面積にすると一六〇エーカー（六

アメリカの土地区画とタウンシップ制

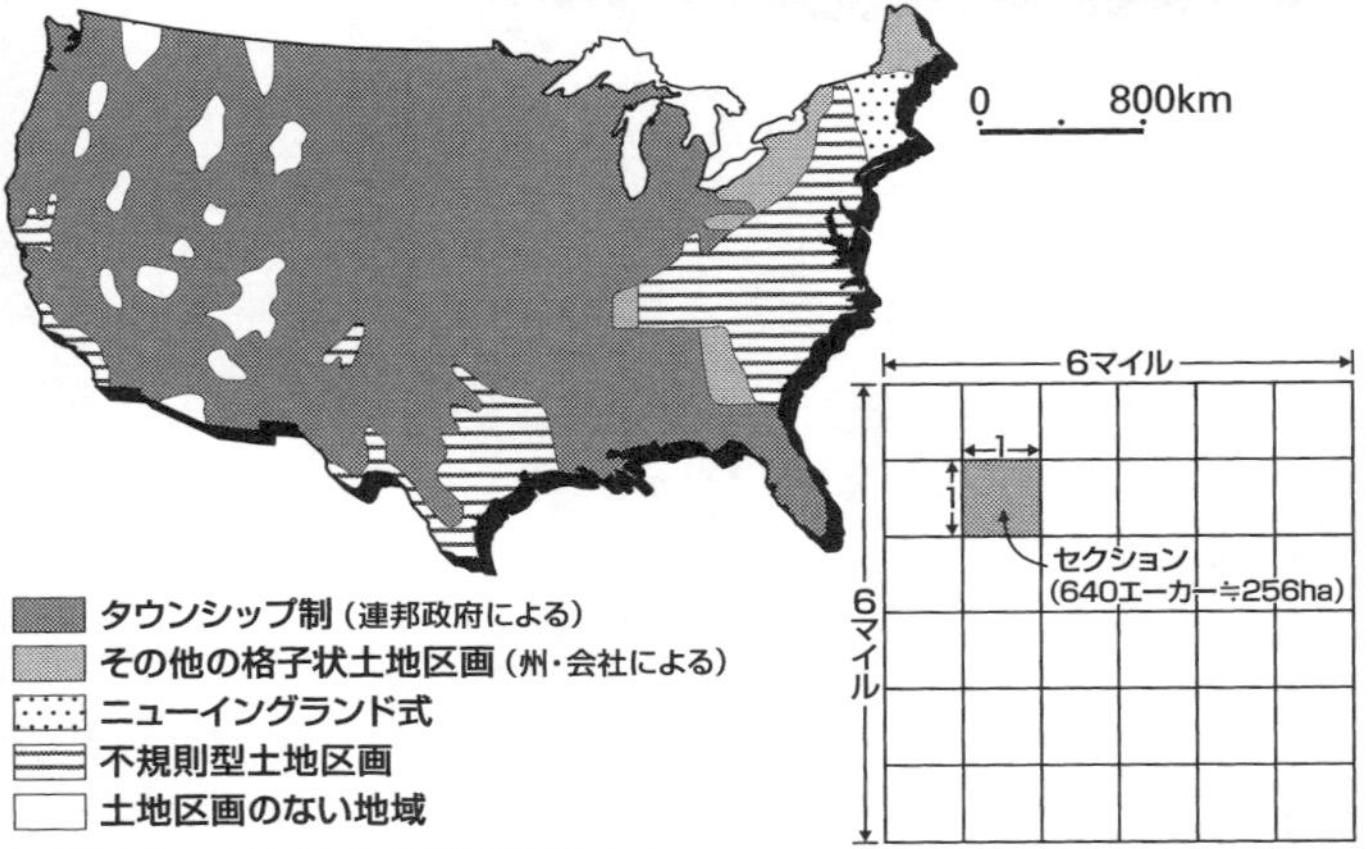

（正井泰夫『アメリカとカナダの風土』二宮書店 より）

（1マイル≒1.6km、1エーカー≒0.4ha）

四ha）を無料で与えたのである。

西に行けばいくほど、降水量が減るなど自然環境は厳しくなる。そのため、農家一戸当たりさらに広大な耕地が必要となる。ちなみに今日のアメリカの農家の平均耕地面積は、四三〇エーカー（一七〇ha）である。現代の大型機械を用いた農業経営には、このように面積が広く直線的な土地区画は、たいへん便利であった。

一般に歴史の古い集落は、水利や地形など自然環境の優れた場所に集中するため、その形態は不規則になりがちである。

アメリカ合衆国でもニューイン

グランドなどでは不規則な耕地区画がみられる。

一方、開拓地は計画に基づくために、土地区画は規則的である。日本の新田集落、ヨーロッパの林地村は、短冊状に土地区画がなされている。

タウンシップと同じように碁盤目状の区画をもつ事例としては、わが国の古代の土地区画である条里制や、北海道の土地区画があげられる。条里制は当時の唐《とう》の土地区画システムを導入したもので、北海道の土地区画は、タウンシップ制を参考にしたものといわれている。

「サンベルト――〝貧困の南部〟諸州はなぜこれほど発展した？」

宇宙開発基地が南部に集まる理由

これまでに八人の日本人宇宙飛行士を乗せたスペースシャトルが、フロリダ州ケープカナベラルのケネディ宇宙センターから打ち上げられた。これに代表されるように、アメリカ合衆国の力は、今日、南部から世界に発信されることが多くなった。

かつて「貧困」「人種差別」といった言葉で語られてきた南部は、今では輝かしい

「サンベルト」と呼ばれている。

北緯三七度線以南の諸州、すなわち、サンベルトの発展を、政策・資源の二つの面からみると次のようになろう。

まず、貧困に悩む南部諸州の州政府が、この状況を改善するため、ハイウェーの整備や優遇税制など企業誘致政策をとってきたことがある。

また連邦政府も、一九三〇年代になってＴＶＡ（テネシー川流域開発公社）を設立し、南部の開発を始めた。それ以前は南北戦争の影響もあって、連邦の資金投下は北部に集中していたのである。

第二次世界大戦とその後の冷戦によって、軍事関連産業が南部に集中した。例えば、原爆製造工場は、ＴＶＡの電力が利用可能なオークリッジに建設された。

また、旧ソ連のスプートニク打ち上げに触発された航空宇宙産業も、フロリダ州ケープカナベラルやアラバマ州ハンツビル、テキサス州ヒューストンに設置された基地周辺に集積した。

これらの産業は先端科学技術産業の頂点に立つものであり、エレクトロニクス産業などが発達することになった。

資源の面では、石油や天然ガスなどの資源に恵まれていたことも重要であろう。と

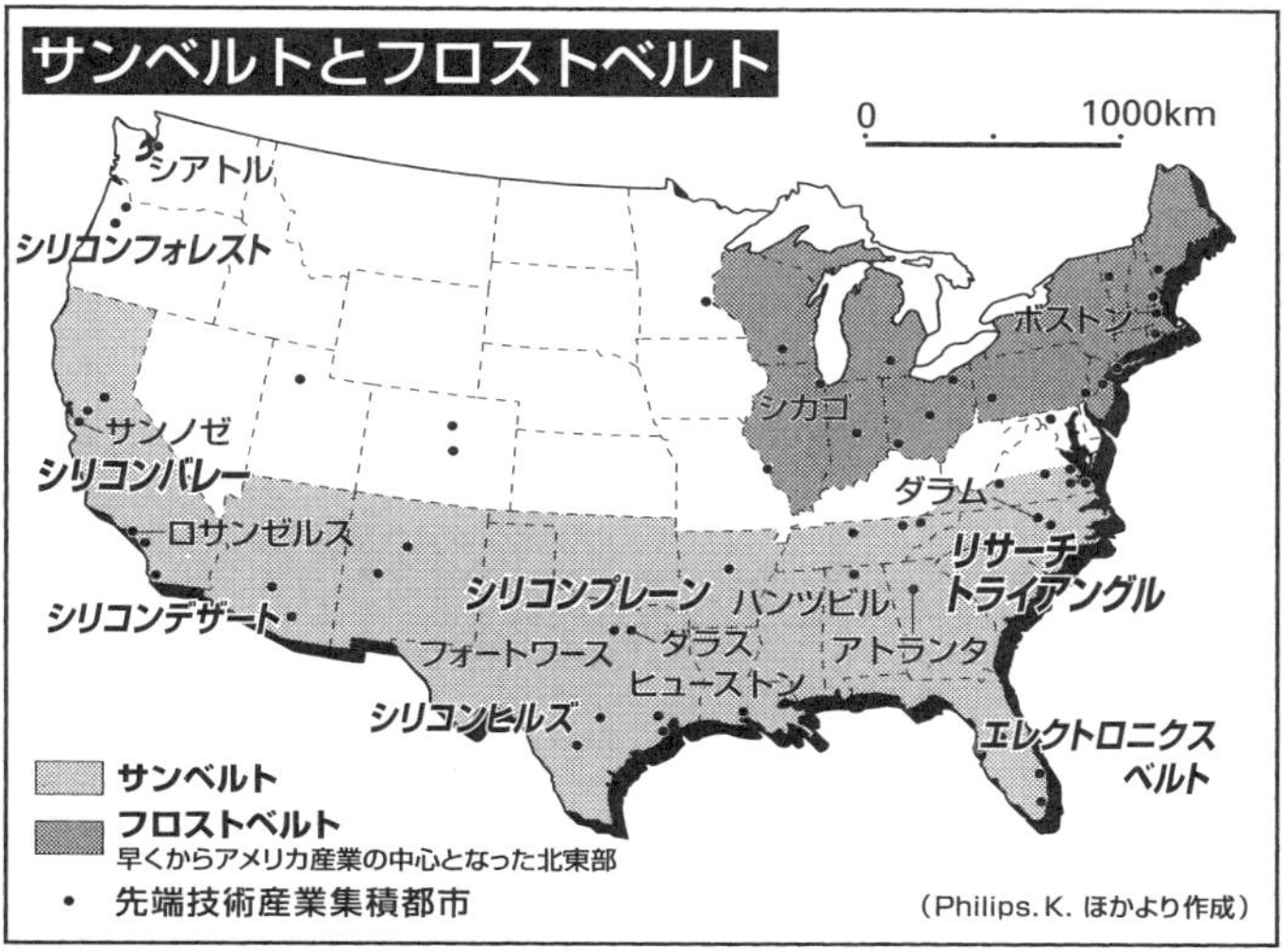

（Philips.K. ほかより作成）

りわけオイルショック以降は、それが決定的な意味をもつようになった。

気候環境も重要な資源だ。南部の温暖な気候は、冬でも戸外生活を楽しむことができ、夏の暑さは冷房の普及によって緩和された。しかも生活費は比較的安いので、人びとを南部に引き寄せることになった。

アメリカの下院は、国勢調査の結果に基づいて各州に議席が割り当てられるため、南部諸州は代表数を増やしている。つまり、人口の増加と経済の発展にともない政治的発言力も増してきたのである。

モータリゼーションが変えた都市の構造

近年、わが国においてもバイパスに沿って、大きな駐車場を備えたレストランやパチンコ店・スーパーマーケットなどが出店するようになった。自動車が人びとの足として普及しているアメリカでは、こうした傾向は日本以上に顕著である。

しかし、自動車が急速に普及したのは二十世紀になってからのことで、それ以前は、馬車や船、鉄道が重要な交通手段であった。多くの都市は川沿い、あるいは鉄道の駅を中心に発展した。

日本に比べて道路が広く設計されていたが、それは馬車がよく利用されたためであり、今日の自動車交通の発展を予測したものではなかった。

交通手段として自動車が普及するにつれて、都市は次第に変わっていく。自動車の普及は広い国土を効率的に結びつけ、経済活動を活発化させた。

経済活動が活発になると都市は拡大していく。都心部には商業・サービス業などが集まり、住宅地は郊外に広がる。ファミリー層は郊外に広い庭のある一戸建ての住宅を購入し、自動車で都心の職場に通勤するようになる。こうした状況が進展するに従って、都心部の道路は手狭になり、交通渋滞を引き起こした。

また、自動車の普及とともに、東西、南北に主要都市を結ぶインターステートハイウェイの建設が進められた。インターステートハイウェイが交わる主要な都市では、渋滞を防ぐために、都心部を迂回《うかい》する環状バイパスが建設された。

さらに、空港のような広大な敷地を必要とする施設も郊外につくられる。居住人口が増加し、交通の便が整った郊外に、今度は都心部にあった商業・サービス業が移動するようになる。すると、郊外は職と住の機能をもって自立的に発展していく。

一方、**都心部の地位は低下、老朽化した建物が増え、低所得者がそこに取り残される。治安も悪化し、活力も失われていく。これをインナーシティ問題という。**こうした問題が発生すると、地価はますます低下する。しかし、都心部はもともと条件の良い場所なので、地価が低下すると、そこを再開発しようという動きが始まる。

モータリゼーションの進展は、都市と都市圏の構造をも変えているのである。

新しいアメリカは〝南部諸州〟から生まれる!?

オリンピックやプロ野球やプロバスケットボール、そしてゴルフでは、多くの黒人が活躍している。二〇〇九年、第四四代大統領に就任したバラク・オバマ氏が黒人の血をひくことからもわかるように、活躍の場は政治の世界にも広がっている。

長年アメリカ合衆国を悩ませてきた人種問題は解決したのであろうか。

人種別に貧困率をみてみると、黒人は白人の約二倍、大学卒業者の比率でも、白人では二割弱なのに対して、黒人は一割強と明らかに差がある。社会・経済的指標からみる限り、まだまだ途上にあるといってよい。

この問題が一層明確に表れるのが、南部諸州である。**人口に占める黒人の比率は、全米平均では一二%ほどなのに対し、南部のミシシッピ州、ルイジアナ州では三〇%を超えている。そして、これらの州では、他州に比べて貧困率が高い**のである。

南部諸州では、奴隷解放宣言以降もさまざまな人種分離政策がとられていた。しかし、公民権運動の広がりの中で、一九五四年、白人と黒人の人種分離教育を違憲とする連邦最高裁の判決がなされ、六四年には公民権法が成立した。その結果、日常生活における人種差別は禁止され、むしろ、社会的・経済的に低い状況におかれた黒人の待遇を改善するためのさまざまな施策がとられるようになった。

こうして徐々に黒人の活躍の場は広がってきたのである。とはいえ、統計データが示すように、社会的・経済的格差はまだまだ解消されていないのも事実である。

差別や貧困、これらは乗り越えなければならない課題ではある。しかし、差別や貧困を克服しようとするエネルギーは、時に優れた芸術・文化を生み出す。ジャズは白人文化と黒人文化のぶつかり合いの中でこの地で生まれた、アメリカを代表する音楽の一分野である。

差別や格差を超えて、白人と黒人さらにヒスパニックの融合が進んだ新しいアメリカは、この地から生まれてくるかもしれない。

「西部と太平洋岸――なぜ今、注目を集めるのか？」

カリフォルニア州――アメリカの象徴・夢がここにある！

「あなたが住みたい場所はどこですか？」このような調査はアメリカではよくなされている。調査年による違いや調査対象による違いがあるが、カリフォルニア州のサンフランシスコ、サンディエゴなどはしばしば上位にランクされている。

カリフォルニア州は、製造品生産額・農業生産額ともに全米一位で、アメリカ合衆国のGDPの一〇％以上を占めている。

しかし、開拓の歴史は比較的新しい。州民は自由で開放的な社会風土の中で、アメリカそして世界の先駆けをなす産業や生活様式をつくり出してきた。シリコンバレー、ハリウッド、ディズニーランド、そしてブルージーンズ。アメリカの象徴・夢がこの地にあるといってよいかもしれない。

新しい開拓地は新しい血を求める。地理的に近く、かつてはその領土だったこともあるメキシコからの多くの移民がいる。また、アジア諸国からの移民も多い。

日系人は、一九二四年に日系移民が制限される以前は、毎年一万人以上が移民していた。第二次世界大戦中は多くの苦労をしたが、今日、約三〇万人の日系人は、カリフォルニア社会の中で確固たる地位を築いている。

古くからの移民の歴史がある中国系住民、フィリピン系住民は一〇〇万人を超える。近年増加した韓国系住民も四〇万人を数える。

アメリカの重心は〝大西洋岸〟から〝太平洋岸〟へ！

太平洋は広大な海である。その広大さに加え、その真ん中に日付変更線が通っていることで、心理的距離はいっそう増幅されてきた。そして長い間、アジアとアメリカは無関係に存在していたのである。

アメリカで一般に用いられる世界地図は、大西洋を中心に描くので、アジアや日本は実際以上に遠い存在と思われている。

しかし、状況は変わりつつある。アメリカ合衆国の人口重心をみると、大西洋岸から徐々に太平洋岸へと移動していることがわかる。

今日、太平洋岸の代表的な都市ロサンゼルスの人口は三八〇万を超え、ニューヨークに次いで全米二位の都市になった。そのロサンゼルス市が誕生二〇〇年を迎えた際の合言葉は、「太平洋は川だ」。

太平洋岸は今日でも「アメリカン・ドリーム」を達成できる可能性を秘め、それは太平洋を越えてアジア諸国にも、目が向けられているのである。元駐日大使であった故マンスフィールド氏は「二十一世紀は太平洋の時代」だといった。この言葉の通り、**アメリカ合衆国はアジア太平洋地域との連携を強めている。**

一九八九年にはアメリカ合衆国、オーストラリア、日本、韓国など一二カ国でAPEC（アジア太平洋経済協力）を発足させた（二〇一二年現在二一の国と地域が参加している）。TPP（環太平洋パートナーシップ）は、シンガポール、ブルネイ、ニュージーランド、チリの四カ国で発足したが、アメリカ合衆国もオーストラリア、ベトナム、マレーシア、ペルーとともに加盟することで大枠合意がなされている。そのほか、韓国との間でもFTA（自由貿易協定）が締結されている。

中国との貿易の拡大も見逃せない。二〇一〇年の統計では、中国からの輸入は隣国のカナダ、メキシコを抑えてトップである。

日米関係は強固であり、たがいに最も重要なパートナーという認識で一致している。アメリカ合衆国は、伝統的な「大西洋国家」から、大きく一歩踏み出そうとしている。その目線はアジア・太平洋を向いており、その拠点としてカリフォルニアをはじめ太平洋岸諸州は発展しているのである。

「〝隔てられた国土〟――アラスカとハワイの大きな意義」

アラスカはわずか七二〇万ドルでロシアから買収した土地

日本の約四倍の面積をもつアラスカは、もともとアメリカ合衆国の領土ではなかった。一八六七年にロシアからわずか七二〇万ドルで買収したのである。

当時の国務長官ウィリアム・ヘンリー・シュワードは、この買収に熱心に取り組んだ。しかし、これは「シュワードの愚行」とまでいわれた。というのは、当時、寒いだけのこの土地は、毛皮の取り引き以外に目立った産業がなく、ロシアが植民地経営にゆきづまった地域だったからである。

ところが、毛皮の取り引き以外にも、漁業、林業など、アラスカの生み出す富は計り知れないものがあった。特に地下資源は豊富であった。

二十世紀の初め、ノーム・フェアバンクスで金鉱がみつかるとゴールドラッシュにわき、多くの移民を引き付けた。一九六八年にはプルドーベイで油田がみつかった。気候条件などから開発は困難であったが、その後、延長約一三〇〇㎞のアラスカ横断パイプラインも建設され、現在アラスカの主要産業の一つになっている。

しかし、より重要なのはその位置。国連旗にも描かれる北極を中心とした地図でみると、その理由は一目瞭然。**アラスカは、成長著しい東アジアとアメリカ社会経済の中心地東海岸との中間にある。**

また冷戦時代は、東アジアとヨーロッパを結ぶ航空輸送の結節点になっていた。冷戦の終結と航空機の性能の向上によって、アラスカの空港に着陸する国際旅客航空便は激減した。しかし、戦略的な位置が変わったわけではなく、潜在的な価値は非常に大きい。

太平洋と地球のビューポイント――ハワイ

太平洋上にポツンと浮かぶハワイ諸島。ピーク時よりやや減少しているとはいえ、毎年多くの日本人がハワイを訪れる。――「常夏《とこなつ》の島・美しいビーチ」ハワイの自然は魅力が多い。また、外国語（とりわけ英語）に対してコンプレックスをもつ多くの日本人にとって、〝とりあえず日本語の通じる外国〟として安心して出かけることができるからであろう。

アメリカ本土の人にとっても、美しい自然とならんで、東洋やポリネシアの文化に触れることができ、異国情緒を味わうことのできる場所である。ハワイは魅惑的な観光地なのである。

しかし、ハワイの価値は観光のみではない。太平洋全域を、そして地球全体さらには宇宙を見渡すには最もふさわしい場所に位置している。**アメリカ合衆国統合軍の中で最大規模の太平洋軍の総司令部が置かれている**のもそのためである。

また、環太平洋地域の津波に対する二十四時間監視・情報収集ならびに提供を行う太平洋津波警報センターや、温室効果ガスの長期的な観測を行っているマウナロア観測所、火山を通じて地球内部を探るための火山観測所もある。

日本の国立天文台もハワイ観測所を置き、すばる望遠鏡などを使って宇宙を観測している。

2 カナダ
「自然」「資源」「観光」の大国

「フランス系・イギリス系・アジア系……多文化の葛藤」

フランスが入植し、イギリスが支配した国

一六〇〇年代の初め、この地に豊富にあるビーバーの毛皮の買い付けにフランス人が入植し、ケベックに植民地を形成した。フランス人の買い付けの相手は、いうまでもなく先住民である。

当時、フランスをはじめとするヨーロッパの上流社会では、化粧や服装などの「おしゃれ」がはやり、男性のおしゃれとしては、フェルト帽が注目を浴びていた。ビーバーの毛皮は、帽子用の優秀なフェルトとして用いられ、そのため西ヨーロッパのビーバーは、十六世紀までにほぼ全滅してしまった。したがって、カナダでビーバー

の毛皮を交易できることは、フランス人にとって好都合であった。

フランスの北米への興味は「ニューフランス」と呼ばれた。ニューフランス植民地はケベックを核として拡大し、同時にフランスは毛皮交易を拡大させる。

この頃、イギリスもカナダの植民地化に興味をもちはじめ、一六七〇年に交易独占権をもつハドソン湾交易会社を設立し、この地での領土を主張した。

イギリスとフランスは、世界各地で植民地の取り合いで対立を深めたが、北米でも両国の軍が衝突した。

一七五〇年代から北米でイギリスとフランスの武力衝突が始まり、初めのフランス軍優勢からイギリス軍が盛り返し、一七六三年のパリ条約で、フランスは北米より撤退、北米はイギリスの植民地となったのである。

その後、一八六七年から連邦が結成され、カナダ自治領として承認され、一九四九年には完全な独立国となる。

「フランス人でもイギリス人でもない、私はケベック人」

カナダでは、カナダ人としてのアイデンティティをもっている人も多いが、イングランド系、スコットランド系、フランス系といった出身国のアイデンティティをもつ人も少なくない。カナダの人口の一六％（二〇〇六年）を占めるフランス系の住民は、ケベック州やオンタリオ州、ニューブランズウィック州といった東部の州に集中している。

一九五七年からカナダにおけるフランス系ナショナリズムの復活がみられるようになった。六九年には、英語とともにフランス語も連邦政府の公用語として認められた。カナダで国内線の飛行機に搭乗すると、機内のアナウンスは英語とフランス語でされる。カナダ最大の都市トロントでは、博物館の案内板や説明板は、英語とフランス語の両言語で書かれている。

なお、**ケベック州ではフランス語のみが公用語となっている。**しかし、フランス系ナショナリズムはそれではおさまらず、ケベック州のカナダからの分離独立を求める声が強い。八〇年に続き九五年にも、分離独立を問う州民投票が行われたが、独立反対票が五〇・六％とかろうじて分離独立票を上回った。

ケベック州のフランス系住民は、フランス人としてのアイデンティティがあるわけではなく、かといってすべてのフランス系住民がカナダ人として統合されることを望んでいるわけでもない。

分離独立を推進するフランス系住民は、「フランス人でもないし、カナダ人でもない、私はケベック人」ということになる。

なお、「州による連邦からの一方的な離脱は違憲である」との判断が、最高裁から九七年に下された。これによりケベック州のカナダからの分離独立は、法的には難しいことが明確になった。

かつてカナダの心臓部は、オンタリオ州のトロントとケベック州のモントリオールであるといわれ、カナダはこの二都市を核とする二極構造であった。しかし、ケベック州においてカナダからの分離独立を求める声が強くなったことから、企業がモントリオールからトロントに移動するようになった。

さらに西部の発展などの要素が絡み、**相対的にモントリオールの地位が低下して、トロントを中心とする単極構造に変化した。**

先住民イヌイットの自治州が誕生！

カナダの文化の葛藤《かっとう》の問題は、イギリス系とフランス系だけの問題ではない。フランス系の住民は東部に集中する傾向があるが、人口の一〇％ほどを占めるアジアからの移民は、オンタリオ州と西海岸のブリティッシュコロンビア州に集中している。いいかえれば、東海岸ではフランス系住民の割合が高いのに対して、西海岸ではアジア系住民の割合が相対的に高くなるのである。

さらに、人口の四％に満たない、先住民であるネーティブ・ピープル（ファースト・ネーションズ）やイヌイットが住んでおり、彼らの文化も尊重しなければならない。イヌイットは以前イグルーという氷雪でつくられた家に住み、アザラシなどを糧《かて》とする狩猟活動をしていた。しかし、現在では政府の援助により居住地が提供され、生活の近代化が急速に進んでいる。

また、ネーティブ・ピープルも観光用のトーテムポールや集落はあるが、都市で職を得たり、政府の援助した居住地に住むようになっている。彼らの伝統的生活や文化が、ヨーロッパ文化に同化してきたのである。

しかし、彼らにも、伝統的生活や文化を維持しようという動きが出てきた。

カナダでは一九七一年に、英語とフランス語の枠組みの中でと限定されていたものの、**世界で初めて多文化主義が国策として導入された。**

八八年には、多文化主義法が採択された。この法の主旨は、すべてのカナダ人、特にイギリス系やフランス系以外のマイノリティーが、民族的・文化的背景にかかわらず、社会・政治などで同等の機会を享受できるようにすることである。

そのような背景から、九九年、イヌイットの自治が認められたヌナブットが準州として発足した。ヌナブットとは、イヌイットの言葉で「わが土地」を意味する。

「アメリカに寄りかかるカナダ」

国境地帯に集中する人口と産業

イギリスの自治領となってからのカナダは、アメリカの影響を強く受けるようになった。アメリカは、カナダに対して大規模な工業投資をし、天然資源開発の融資も行った。それによって、一九四〇年代にアルバータ州で石油が発見され、ケベック州での鉱産資源、オンタリオ州でのウラン開発が始まった。

五〇年代の第二次中東戦争で、カナダのイギリス離れに拍車がかかり、ますますアメリカとの関係が密接になった。しかし、六〇年代に入ると、アメリカの経済的な進出に抵抗して、自国の経済を強化するようになる。

アメリカとの関係が強いことは、人口や都市の分布からもわかる。**カナダの人口の四分の三は、アメリカとの国境沿いの狭い地域に集中している。**都市の分布をみても同じことがいえる。カナダの国土はほとんどが冷帯に属し、農地に適した地域が南の

カナダの都市の分布
（島崎博文『カナダの土地と人々』より）

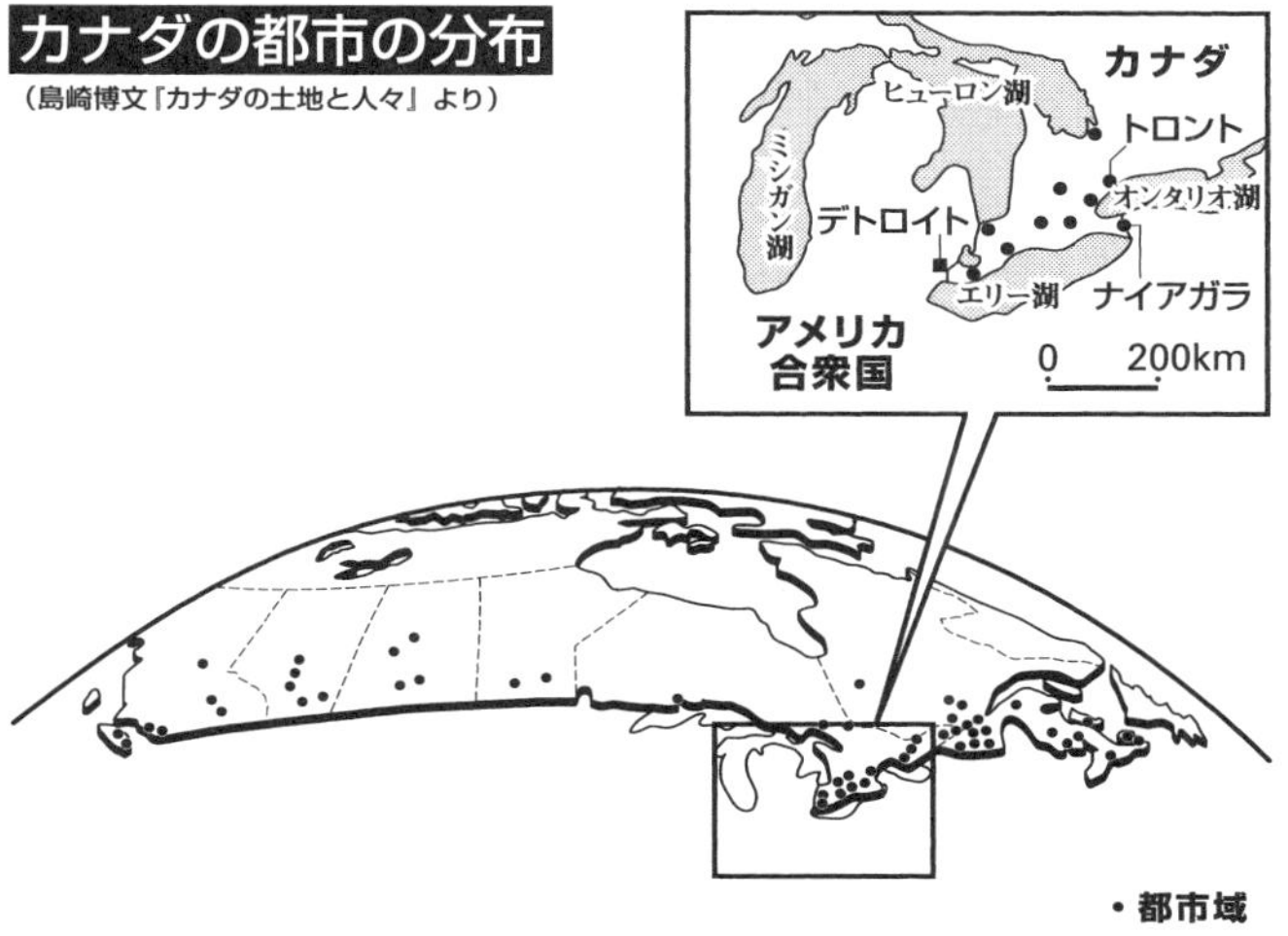

国境沿いに偏っていることも、国境付近に人口が集中している一つの要因ではある。

さらに、人口の四割近くが集中するオンタリオ州と二割強のケベック州で、工業が盛んである。

自動車関連部品をはじめアメリカとの交易は大きく、輸出額の四分の三、輸入額の半分はアメリカである。

アメリカと交流がないのは「銃」だけ

観光業はカナダの主要産業となっているが、外国からの観光客の九割はアメリカ人である。

カナダは、さまざまな資源に恵まれている。漁場にも恵まれ、ニシン・タラ・サケ・ロブスター・カニなどが獲れるが、漁獲高の四分の三は、アメリカ・日本・ヨーロッパ諸国に輸出されている。

さらに、森林資源に恵まれ、新聞用紙の生産量が世界一であるが、それもアメリカに輸出されている。

カナダでの自動車生産台数は着実に増加しているが、その多くはアメリカの自動車メーカーが進出して生産したものである。

このように、物資・人ともアメリカとの結びつきは強い。しかし、大きな相違点がある。**カナダでは銃の所有が制限されている。**カナダ人が「アメリカと違って、カナダは安全だよ」という背景には、銃の所有についての考え方の違いがある。

「プリンスエドワード島からロッキー山脈まで——豊富な観光名所」

定番はメープルシロップと赤毛のアンの島

カナダの国旗は、赤いカエデの葉を一枚配したものだが、この国旗は一九六五年に制定されたもので比較的新しい。

観光土産で有名なメープルシロップは、この国の国花でもあるサトウカエデの樹液を煮詰めたものである。ケベック州およびオンタリオ州での生産が多いが、特にケベック州の割合が大きい。

カナダには魅力的な観光地が多い。まずは、東部のエリー湖とオンタリオ湖の間にあるナイアガラの滝である。豊富な水量に恵まれた滝は迫力があり、世界各地からの観光客が集まる。この周辺はカナダ最大の果樹地帯であり、ブドウやリンゴなどの果樹園が広がっている。

トロントやケベックなども都市型の観光地である。冬の寒さが厳しく降雪もみられるカナダの都市では、ドームにおおわれたモールなどと呼ばれる商店街がよくみられる。外は冬の寒さや雪が厳しくても、ドームの中の商店街で快適に買い物をすることができる。そこには広い駐車場も併設されている。

また、トロントの郊外では、広々としたトウモロコシなどの畑が広がっている。**オンタリオ州とケベック州では酪農も盛んで、カナダの乳牛の七割はこの二州で飼育される。**

カナダの東海岸に浮かぶプリンスエドワード島に飛んでみよう。ジャガイモが広く耕作されているこの島は一つの州になっており、カナダの一〇州の中で最も小さい。ここは、カナダの自治領について討議した場として有名であるが、『赤毛のアン』の舞台としても観光客を集めている。

ロッキー山脈の国立公園は〝熊の国〟!?

トロントから西海岸に向かう飛行機の窓からは、大小の湖が目につく。国土の半分は、楯状地《たてじょう》といわれる、氷河の影響を強く受けた低い丘陵と浅い谷、多くの湖からなる台地性の地形である。

そのような景観が、中西部に入ると麦畑に変わってくる。

アメリカから続くプレーリー、グレートプレーンズといわれる平原で、カナダでは春小麦地帯になっている。広い区画の畑やセンターピボットといわれる円形に灌漑《かんがい》された畑もみられる。そんな景色をみているうちに、ロッキー山脈の東山麓《さんろく》カルガリーに到着する。

カルガリーは石油の町といわれ、石油会社が多い。この周辺で石油や天然ガスが採掘され、郊外では、小麦畑の中に石油の採掘機械をみることができる。ここは冬季オリンピックの開催地でもあり、日本のオリンピック選手もよく練習にくる。また、カルガリーに近いバッドランドは恐竜の化石の宝庫として世界的に有名で、世界遺産にもなっている。

カルガリーはロッキー山脈観光の玄関口でもある。ロッキー山脈を訪れる観光客は、カルガリーまで飛行機で来て、ここからバスや乗用車でロッキーへと向かう。

ロッキー山脈の観光地は、バンフ国立公園やジャスパー国立公園などの国立公園となっており、公園の入口のゲートでは入園料を徴収される。この入園料は、国立公園の環境保全のための財源となる。

そこで渡されるパンフレットには、動物との共存のための注意が書かれている。その一つに、「あなた方は、熊の国にいます」というのがある。熊の国の中に人間が入っていくという発想だ。「人間の居住地に熊が入ってきたので、人間にとって害となる熊を殺す」という考え方はとっていない。そこでは、熊と共存するための人間の生活の仕方、産業も図られなければならない。

ここには人間と熊との共存の考え方、つまりカナダの自然環境に対する考え方が具現化されているのである。

column

故郷ヨーロッパから海を渡ったアメリカ・カナダの地名

ロンドン、パリ、ローマ、アテネ、モスクワ、アムステルダム……みんな有名なヨーロッパの都市である。しかし、これと同じ名前の都市が、アメリカやカナダにもあることを知っているだろうか。

「ロンドン」はカナダのオンタリオ州南部にあり、ごていねいにもこの街を流れる川はテムズ川。「パリ」、これもオンタリオ州南部にある。「ローマ」はアメリカ合衆国ニューヨーク州に、「アテネ」はオハイオ州、「モスクワ」はアイダホ州にある。街の呼び方はいずれも英語読みに代わって、それぞれ「パリス」「ローム」「アセンス」「モスコー」になってはいるが。

「アムステルダム」。かつてニューヨークがオランダの植民地であったときは「ニューアムステルダム」と呼ばれていた。今、「アムステルダム」はニューヨーク州の州都オールバニーの北西に位置する小さな町だ。

アメリカへは多くの人がヨーロッパから渡って街をつくった。故郷は、彼ら移民にとっては決して暮らしやすかったわけではなかろうが、遠く異郷の地で故郷への思いは断ちがたかったのだろう。

ヨーロッパだけではない。アフリカの地名もある。例えばミシシッピ川中下流にある「メンフィス」。さらにオハイオ川との合流地点には「ケイロ（カイロ）」。ミシシッピ川をナイル川に見立てたのであろうか。

アメリカには、実に多くの言語の地名がある。

英語はやはり多く、「ニューイングランド」などはその代表。その北には「ノバスコシア」（ニュースコットランドのラテン語読み）がある。

フランス語の地名はカナダのケベック州に多い。一例を挙げれば、「モンレアル（モントリオール）」。アメリカのセントローレンス川沿いには「セントルイス」「ニューオーリンズ」。今は英語読みだが、もともとは、それぞれ「サン・ルイ」「ヌーベルオルレアン」だ。

また、サンフランシスコ（聖フランシスコ）やロサンゼルス（天使たち）、ラスベガス（荒野）はスペイン語だ。

もちろん、ネーティブ・ピープルの地名もたくさんある。ミシシッピ川（偉大なる水）、マサチューセッツ（大きな丘の麓《ふもと》）、カンザス（南風）、テキサス（友達）などだ。

地図帳を見ながら、移民の、そして先住民ネーティブ・ピープルの土地に寄せた思いを想像したくなる。

バハマ
キューバ
ドミニカ共和国
①
②
③
ハイチ
ジャマイカ
④
⑥
⑦
⑤
パナマ
⑧
ガイアナ
ベネズエラ
スリナム
（仏領ギアナ）
コロンビア
赤 道
エクアドル
ペルー
ブラジル
ボリビア
パラグアイ
南 回 帰 線
チリ
アルゼンチン
ウルグアイ

①セントクリストファー・ネイビス
②アンティグア・バーブーダ
③ドミニカ国
④セントルシア
⑤バルバドス
⑥セントビンセント・グレナディーン諸島
⑦グレナダ
⑧トリニダード・トバゴ

3章 ラテンアメリカの国々が面白いほどわかる！

0　1000km

(国名) 本文でとりあげた国

ラテンアメリカの概観

大自然がもたらした様々な格差とは？

日本とラテンアメリカ——地球の反対側同士の意外な結びつき

地球上で最も遠い点・地球の裏側、それが対蹠点《たいせきてん》である。

福岡市は北緯三三度三五分、東経一三〇度二三分にあるが、その対蹠点は南緯三三度三五分、西経四九度三七分、南アメリカ大陸からわずか約一〇〇㎞沖合いの大西洋上にある。

ラテンアメリカと日本の距離は遠い。南アメリカ大陸への直行便はなく、途中ヨーロッパやアメリカ合衆国などの都市を経由して、約一日の時間がかかる。季節が反対になることや時差なども考えると、心理的な距離はもっと遠くなるだろう。

しかし、遠距離にもかかわらず、日本との関係は深い。最近では、サッカーのJリーグで多くの南アメリカからの選手の活躍をみることができる。また、ペルーのフジモリ元大統領もその一人であるが、多くの日系人が居住している。

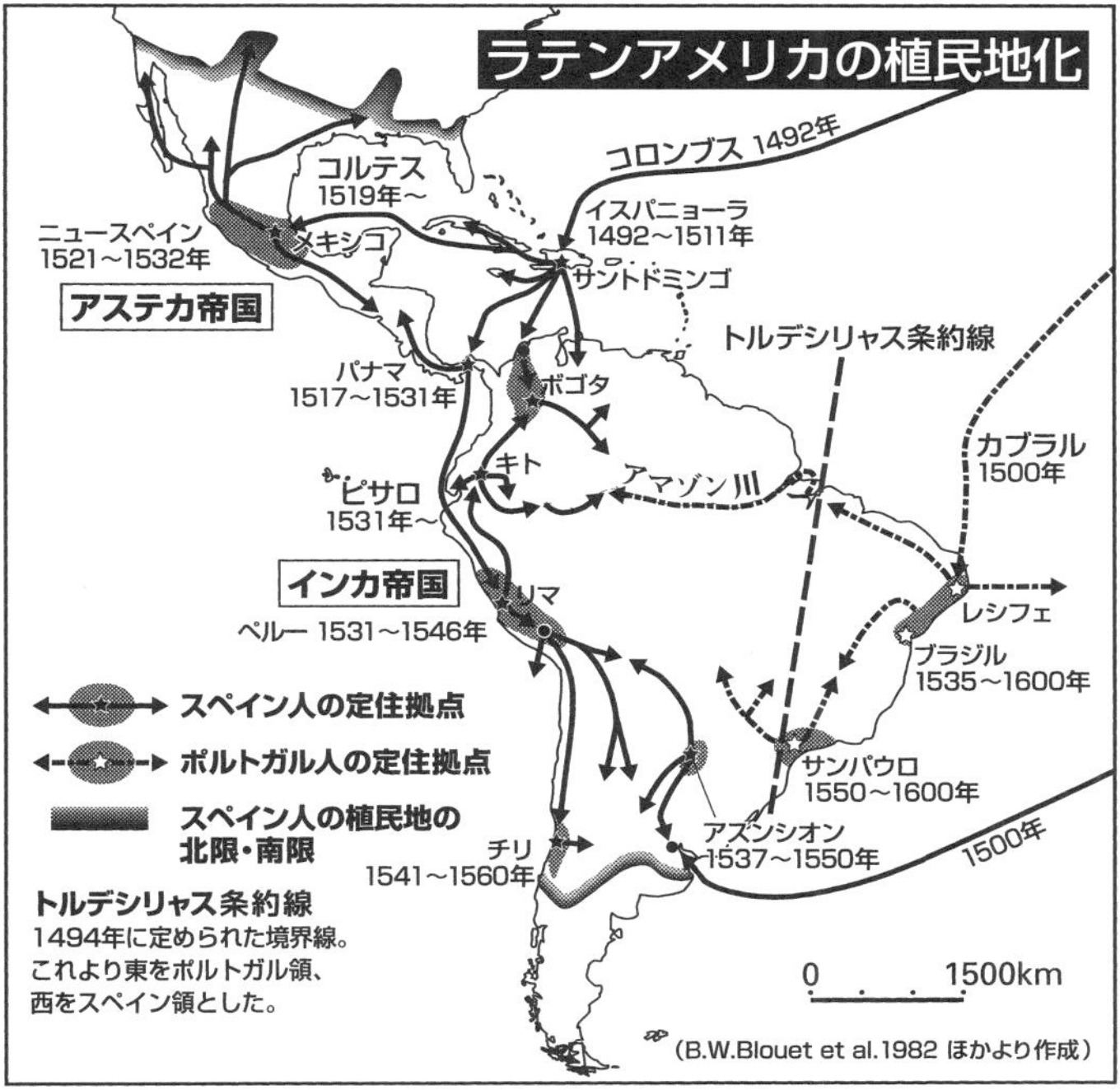

(B.W.Blouet et al.1982 ほかより作成)

貿易では、鉄鉱石や銅鉱など地下資源、コーヒーや大豆などの重要な輸入元である。

自然環境からみても共通点がある。南アメリカ大陸の西側を南北に走るアンデス山脈は、日本列島と同じ環太平洋造山帯に属し、火山が多く、地震などの被害も日本と同様である。

一九六〇年五月、チリ中部のコンセプ

シオン付近で起こった地震による津波が日本を襲い、三陸海岸で大きな被害を出したこともあった。

〝平均的〟がない大陸——自然・人口・社会のコントラスト

日本人は、「平均」が好きな国民で、国民性の調査をすると、過半数の人が自分自身の暮らしを「中」と評価する。ところが、ラテンアメリカでは「平均」、すなわち「中」は限られている。「上」と「下」がほとんど。そのコントラストは大きい。

都会に大邸宅を構え、レジャーはヨーロッパの別荘で過ごす大農場主。一方、都市域内とその周辺に広がるスラムで、その日の暮らしもままならない人びと。

こうしたコントラストは、社会・経済面だけではない。自然環境にも見出せる。

赤道直下、アマゾン川流域の大密林地帯セルバ。高温で多雨な自然は、長い間、人の侵入を拒んできた。最南部はチリとアルゼンチンにまたがるフエゴ島。南緯五五度にまで達する。この付近では多数の氷河が低所にまで流下している。チリの海岸は、氷食作用でできた複雑な入江をもつフィヨルド海岸になっている。

また、アンデス山脈では、南端部を除くと山頂はほとんど三〇〇〇mを超え、五〇〇〇mを超える高山も多い。このため高度差が大きく、垂直的な気候変化がみられる。

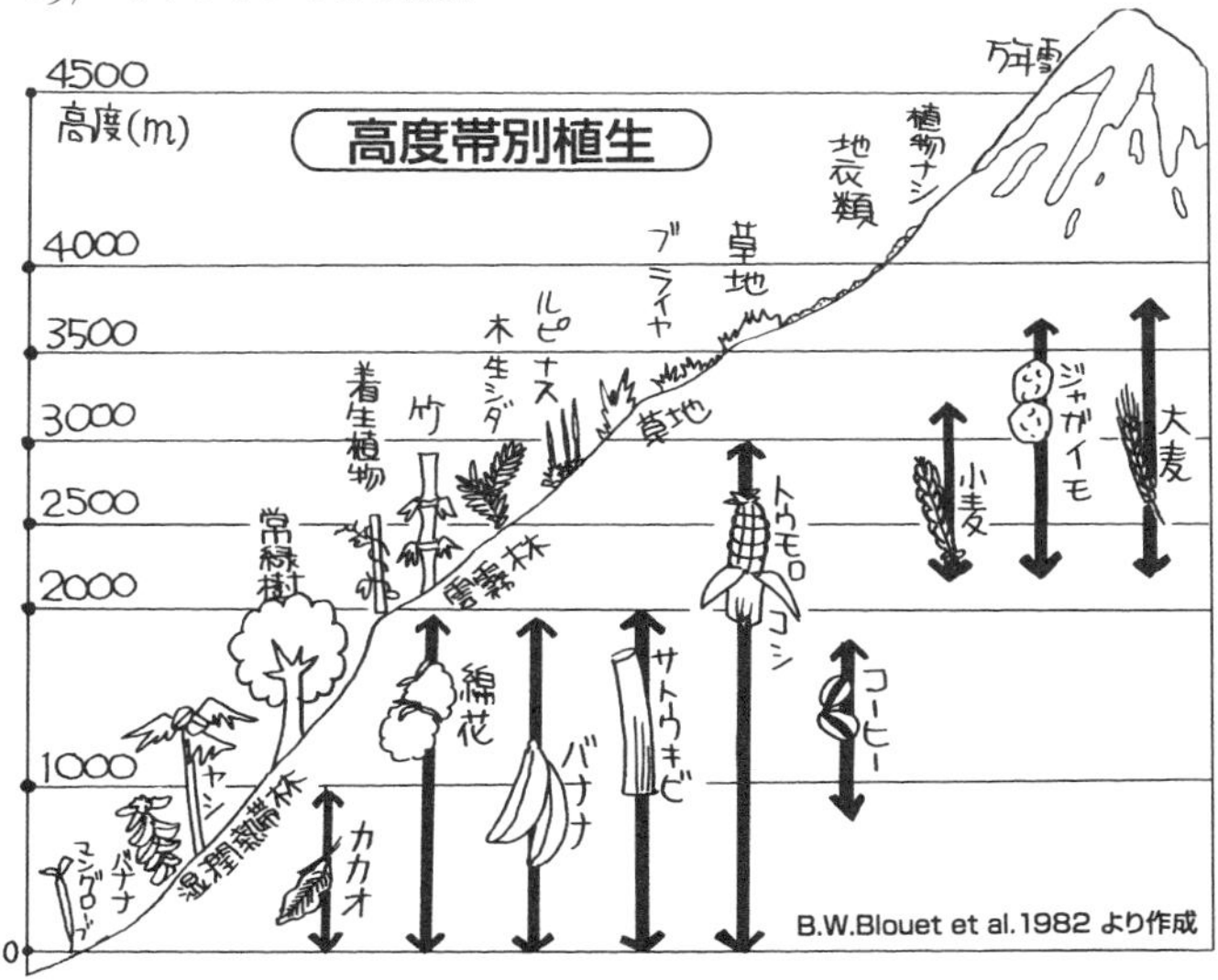

B.W.Blouet et al.1982 より作成

低地は熱帯であっても、一〇〇〇mを超えると涼しくなり、二〇〇〇mくらいでは常春の気温になる。さらに四〇〇〇mを超えると万年雪がみられる。こうした垂直的な変化に対応して、農牧業や人びとの生活も差異が大きい。

　また、アンデス山脈は東西方向の大気の流れを断ち切るため、東側と西側のコントラストも大きい。

　南緯一〇度付近では、東側は比較的降雨も多く、熱帯雨林やサバナが広がる。一方、西側には世界で最も降水量が少ないといわれる海岸砂漠が広がっている。これは、太平洋沿岸を流れる寒流のペルー（フンボルト）海流の影響で、高気圧ができることにもよる。

人口分布のコントラストも顕著だ。**海岸部には多くの都市があるのに対し、内陸部の都市は限られる。**開発当初からヨーロッパとの結びつきが強く、海岸沿いは開発が進んでいるのに対して、アマゾン低地など内陸部には未開発の部分があまりに多い。

気候・風土の違いが人びとの生活にまでコントラストをつくり出しているといったらいいすぎであろうか。

先住民・奴隷・移民……なぜ「世界の人種の標本室」に？

ブラジルなどの大都市では、街ゆく人びとはさまざまな顔をもち、「世界の人種の標本室」とまでいわれている。このような多民族社会は、どのように形成されたのであろうか。

ラテンアメリカで人種の基層構造をなすのは、インディオ、ヨーロッパ（主にスペイン・ポルトガル）からの植民者、そしてアフリカから連行された黒人である。

インディオは、ラテンアメリカ先住民の総称である。人種的にはモンゴロイドに属している。インディオにはさまざまな部族集団があった。中には、アステカ・マヤ・インカなどの高度な文明を形成していた部族もあった。

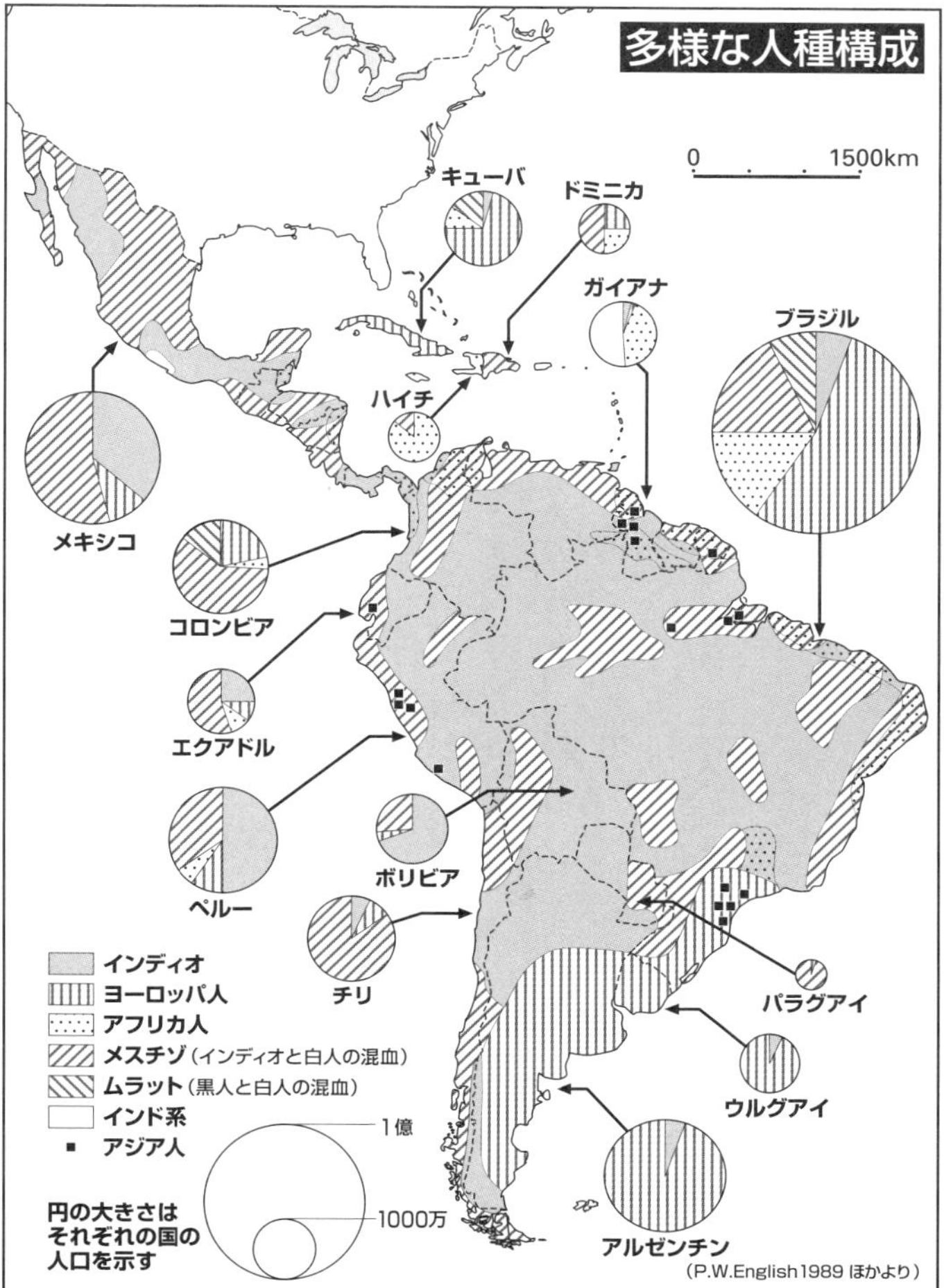
多様な人種構成
0 1500km
キューバ
ドミニカ
ガイアナ
ブラジル
ハイチ
メキシコ
コロンビア
エクアドル
ペルー
ボリビア
チリ
パラグアイ
ウルグアイ
アルゼンチン
インディオ
ヨーロッパ人
アフリカ人
メスチゾ（インディオと白人の混血）
ムラット（黒人と白人の混血）
インド系
アジア人
1億
1000万
円の大きさはそれぞれの国の人口を示す
（P.W.English 1989 ほかより）

スペイン人やポルトガル人がやってくると、インディオは、数の少ないところでは奥地に追いやられた。インカ帝国の栄えていたアンデスの地では、鉱山や農耕に酷使されるようになる。今日に至るまで、彼らの大半は社会の底辺に抑えつけられたままである。

ヨーロッパの征服者がインディオを絶滅させたところやインディオがもともと少数だった地には、アフリカの黒人が労働力として連れてこられた。プランテーションの経営には、廉価な労働力が不可欠だったためである。

黒人問題というとアメリカ合衆国をすぐ思い浮かべるが、プランテーションに適した地の多かったラテンアメリカのほうが、はるかに多くの黒人がいる。また、奴隷制廃止以降、プランテーションの労働力には契約労働者としてインド人が多く使われたので、インド系が国民の半数近くを占める国もある。

十九世紀中頃以降はヨーロッパから大量の移民が流入した。数の上ではイタリア人が最も多いが、スペイン人やドイツ人、フランス人が流入し、南部諸国では白人の割合が最も高い。

時間の経過は、これらの人種の間の混血をうながした。今日では、メスチゾ（白人とインディオの混血）に代表される混血が、最大の人口を示す国も少なくない。

1 メキシコ

隣国アメリカから自立しきれない国

農地改革・資源ナショナリズムがつくり上げた基盤

意外に思われるかもしれないが、**メキシコは世界最初の社会主義革命が起こった国といわれている**。年は一九一〇年。ロシア革命の七年前のことである。ただ、社会主義革命というと、一定の綱領のもとに特定の革命組織が指導したものと考えられがちだが、メキシコ革命はそうではなかった。

当時メキシコは、ポルフィリオ・ディアスが三〇年以上の長期にわたって独裁制を敷いていた。長期安定政権のもと、メキシコは高度経済成長を達成し、中間層が台頭。その一部は、独裁政権に対して政治的権利を求める行動を起こした。これが政権内部の内紛と結びつき、さらに農民や地方住民の反乱も加わり、さまざまな衝突が繰り返された。そして一七年の憲法制定で、メキシコ革命は終結した。

この過程で、ポルフィリオ・ディアス派が多かった大土地所有者が没落した。加えて、新たな政権で実施された農地改革によって、植民地時代からの大土地所有制は次第に解体していった。

また、今日でいう資源ナショナリズム（鉄道や鉱山を握る外国資本に対する民族的権利の主張）も強まる。革命当時、多くの鉱山がアメリカ合衆国の支配下にあったが、一七年に制定された憲法では、地下資源もメキシコ国家の主権に属することが明示された。また、この憲法では、労働者に対する福祉向上にも関心を示している。具体的には団結権・争議権や八時間労働制など基本的権利を保障。さらに、文化的にもインディオ的要素の見直しが進められた。

貧富の差が激しいラテンアメリカの中では、**メキシコは比較的中間層が多く、政治的・経済的に安定している**といわれるが、その基盤はこうしてつくられたのである。

都市圏人口二〇〇〇万、メキシコシティの危機

メキシコシティは、大都市圏人口約二〇〇〇万の世界最大級の都市である。

この都市は、十六世紀のスペイン人征服以前から、アステカ帝国の都、テノチティトランとして栄えていた。テスココ湖という湖の中央に浮かぶ島がその中心で、湖岸とは数本の道で結ばれていたという。

一五一八年、スペインのコルテス将軍は、この大都市と緑の水辺をみて繁栄ぶりに目を疑ったという。スペイン支配下でこの街はさらに発展。湖を排水し、その上に街を広げた。メキシコシティの都心部は、テスココ湖の上に建設されたのである。

もともと湖床であったために地盤は弱く、そのうえ都市住民の水需要を賄《まかな》うために地下水が汲《く》み上げられてきたので、旧市街地では地盤の沈下が著しい。植民地時代に建てられたグアダルーペ寺院は傾き、二十世紀初頭に造られたベジャス・アルテス宮殿も大理石の重みで地に沈み込んでいる。雨季になると、いたるところで浸水騒ぎも起こっている。まさに、沈みゆく都市なのである。

問題はこれだけではない。国連によると、大気汚染は「世界一」だという。メキシコシティには工場が集中し、交通量も急増している。**排ガスが多いうえ、標高約二三〇〇mに位置するため平地より酸素が薄く、不完全燃焼を起こしやすい。**盆地の底に位置する市域は、こうして発生したスモッグにおおわれやすいのである。

また、郊外には広大なスラム街が広がる。賃金が安くて不安定な農村部から、人びとは職を求めて都市へ流入する。しかし、都市でも職があるわけではない。スラムの住民の多くは、路上の行商や車の窓ふきなどをしてその日暮らしをする。ストリートチルドレンといわれる子どもたちも同様だ。こうした状況下では犯罪も多発する。メキシコシティは、発展途上国の巨大都市がかかえる問題の縮図といえよう。

マキラドーラからNAFTAそして――結びつく二つの合衆国

アメリカ合衆国とメキシコ合衆国、二つの合衆国の国境を地図でみてみよう。ブラウンズヴィルとマタモロス、ラレドとヌエボラレドなど国境を挟んで二つの都市が並んでいる。これらの都市がツインシティ（双子都市）である。これをつくり出したのが「マキラドーラ」というシステムであった。その仕組みは次のようになる。

アメリカから原材料を運び、メキシコの工場で加工してからアメリカに持ち帰る。通常、国境を越えて原材料や製品を移動させることは貿易行為となり、関税や通関手続きが必要となる。メキシコ政府はこれに特例を与えた。つまり、製品をアメリカ合衆国に輸出する場合には原材料の輸入を無税にし、通関手続きも簡略化したのである。メキシコ政府はアメリカの企業を誘致することで、国内の産業不振や失業者の増大を解決しようとしたのである。

一方、アメリカ企業の経営者は、人件費のアップなどに頭を悩ませてきた。アメリカ政府もこれに成功すれば、メキシコからの密入国者を減らすことができる。アメリカとメキシコ両国の利害は一致したのである。

「マキラドーラ」の成功は、両国の結びつきを一層強めることになり、一九九四年NAFTA（北アメリカ自由貿易協定）が成立した。

従来、自由貿易協定は同じ経済レベルの国同士で結ばれることが多かった。経済力世界一のアメリカ合衆国と、まだ発展途上のメキシコ合衆国の自由貿易協定は、どのような結果をもたらしたのだろうか。

締結後一〇年が経過した。両国間の貿易は増大しており、双方に利益があったようにみえる。

しかし、メキシコの工業生産は伸び、雇用も増加したが、期待された農産物輸出は多くはなく、逆に大量生産されたアメリカ産のトウモロコシなどが流入、価格の低迷によって農村部の経済に悪影響を与えている。

一方、アメリカの期待したメキシコからの不法移民の減少はほとんど達成されていないし、工業の空洞化も歯止めがかからない——そんなに問題は単純ではない。

2　キューバ

スペインに領有され、アメリカと対立し……

「アフロアメリカ」――原住民はなぜいなくなった？

一四九二年、コロンブスが新大陸を発見したが、その最初の上陸地は、現在のバハマ諸島のサンサルバドル（ワットリング）島である。これ以降、この地の激動の歴史が始まる。

カリブ海地域は無人の地であったわけではない。最初にこの地を領有したスペイン人は、この地で貴金属を探し当てようとした。そのために原住民を働かせたが、過酷な労働とヨーロッパ人がもたらしたインフルエンザなどの病気で、わずか数十年でほとんどいなくなってしまった。

貴金属はなかったが、この地域はヨーロッパ人にとって魅力的であった。暑い気候と豊かな土壌。サトウキビ・コーヒーそしてタバコ。プランテーション経営には最適な条件を備えていた。

労働力は、アフリカから連れて来た黒人の奴隷である。一五五一年から一八七〇年の間に、カリブ海地域にはアメリカ合衆国の一〇倍近く、三七〇万人もの黒人奴隷が運び込まれた。そのため、カリブ海地域は、別名「アフロアメリカ」ともいわれる（「アフロ」は「アフリカ」という意味のラテン語）。

ラテンアメリカの大陸部のほとんどがスペインの植民地であったのに対し、カリブ海地域の領有関係は複雑だった。スペイン・イギリス・フランス・オランダ、そして後にアメリカ合衆国。島ごとに異なるといった具合である。イスパニョーラ島のように、島が二分されているところもあった。

当然、話される言語も多様である。意思を通じさせる手段として、共通の言葉もつくり出した。クレオール語である。言葉だけでなく、文化もさまざまに混じり合い、独自の文化が生み出された。

マイアミが「北のハバナ」といわれる背景には？

キューバはカリブ海の島の中で最大の面積をもち、アメリカ合衆国の目の前にある。一八九八年、米西戦争の結果、スペインは植民地キューバを放棄、アメリカの援助で独立を達成した。アメリカの国民は、この島に盛んに投資をした。サトウキビやタバコのプランテーション。そして、異国情緒あふれる街、青い海、白い砂浜。観光客も多数やって来た。

アメリカの巨大な影響のもとで、キューバ経済は潤《うるお》った。当時のバティスタ政権も、公共事業を興し、軽工業を奨励した。その結果、国民一人当たりGDPでは、ラテンアメリカ最高になった。しかし、富は一部の富裕層にのみ集まり、一般大衆は極貧の状態であった。大衆の不満に、バティスタ政権は強圧的な引き締め政策をとったが、これが大衆の怒りを買った。

この時期に登場したのがフィデル・カストロである。カストロは、ゲリラを組織して戦い、ついにバティスタを亡命させ、政権の座についた。彼は、アメリカと対立し、ソ連の援助を受けつつ社会主義への道を歩みはじめ、**一九五九年、キューバはラテンアメリカ初の社会主義国家となった。**

カストロの改革で、経済は以前より豊かになり、教育水準も上がった。さらに医療体制を充実させるなど大変な成果をあげた。

一方、社会主義体制のもと、個人の自由は制限されている。そのため、アメリカに向けて国外脱出をはかる人も絶えない。おかげで、アメリカ・フロリダ州マイアミ市は「北のハバナ」（ハバナはキューバの首都）といわれるほどだ。

3 ブラジル

砂糖、金、コーヒー……〝ブーム〟を繰り返す国

「日系移民と日系ブラジル人」

世界最大級の日系人社会

日系人は全世界で三〇〇万人と推定されるが、その半分はブラジル人である。**一九〇八年、笠戸丸《かさとまる》で七八一人の日本人がブラジルに渡った。**はじめはコーヒー農園などで過酷な労働にたずさわったが、やがて土地を購入、自作農として成功する者が現れた。胡椒《こしょう》や茶、さまざまな野菜。現在のブラジルで栽培されている農産物では、日系人が持ち込み、品種改良などを行いブラジルに定着させたものが多い。

日系二世・三世になると、経済界や教育界など幅広い範囲で活躍するようになる。今日、ブラジルにおいて日系人は高い地位を占めている。

群馬県大泉町――人口の一割が日系ブラジル人!?

群馬県大泉町《おおいずみまち》。人口約四万のこの町に約六〇〇〇の日系ブラジル人が住んでいる。日本では、単純労働を目的とした外国人の滞在は制限されてきたが、一九九〇年以降、日系人に限って自由に働けるようになった。その結果、人手不足に悩む企業は、日系人の雇用に注目したのだ。

大泉町と隣接する太田市には、自動車・機械・電機などの大手企業の工場とその下請け工場が数多くある。日系ブラジル人は、これらの工場の労働者として、サンパウロの斡旋《あっせん》業者の募集に応じて来日したのである。

逆風となったのは、二〇〇八年のリーマンショック以降の不況。一方、本国ブラジルの経済は好調だ。出稼ぎ目的のブラジル人は帰国、大泉町の外国人人口も約一〇〇〇人減少した。日本に生活の基盤を築いた日系ブラジル人は、日本に残ることを選択したが、派遣労働者が多い彼らの生活は厳しい。

しかし、明るい日差しもある。この街では、カルナバル（カーニバル）にブラジルタウンと、遠くのブラジルに行かなくてもブラジル観光気分が味わえる。ブラジル人が多く居住していること自体が町の資源になりつつあるのだ。

「緑の地獄？——アマゾン開発の功罪」

世界最大の熱帯雨林はオーストラリア大陸と同じ広さ⁉

アマゾン川流域の熱帯雨林を「セルバ」と呼ぶ。面積はオーストラリア大陸と同じくらい、世界最大の熱帯雨林で、何百万種類もの動植物や昆虫が生息している。

熱帯雨林地域では、気温が高く、降水量も多い。例えば、アマゾン川中流にあるマナウスの年平均気温は二六℃を超え、年降水量は約二三〇〇㎜にもなる。空からみると緑の絨毯《じゅうたん》のように生い茂る木々を支えているのは、こんな自然条件なのである。

アマゾン地帯は、長い間人間が入り込むことを拒んできた。少数のインディオが何千年もの間、焼畑耕作を営みながら生活をしてきたが、彼らの生活も決して安定したものではなかった。

アマゾンの熱帯雨林はまた、無数の病原生物の温床であったのだ。マラリア・住血《じゅうけつ》吸虫《きゅうちゅう》病など、森の民の活動力を奪う病気は非常に多く、五十～六十歳まで生きる人は少ない。また、乳幼児の死亡率もきわめて高い。

めざすは地下資源と農地の開発

アマゾン地帯の経済開発は、十九世紀半ばに天然ゴムの工業化から始まった。天然ゴムは森の中に点在していたので、大勢の労働者が森に入り、ゴムの木から樹液を集めた。しかし、東南アジアに天然ゴムのプランテーションができるとブームは去り、アマゾンは再び忘れ去られた。

本格的な開発は、一九七〇年代に入ってからである。トランス・アマゾン・ハイウェー（アマゾン横断道路）建設が始まったのである。大西洋岸のレシフェからペルーとの国境の町クルゼイロ・ド・スルまで五三〇〇㎞にもおよぶ。

この道を使って、北東部や南部から一五万人もの貧しい農民が開拓者として流れ込んだ。しかし、彼らの多くにとって、**アマゾンはまさに緑の地獄**であった。木を切り開いて農場をつくることを試みたが、土壌は貧弱で、一～二年もすると作物は育たなくなってしまう。生活のあてのなくなった開拓者は地主に土地を売り、再び都市のスラム、「ファベーラ」へと戻っていく。

地主は、こうした土地を集めて牧場にする。今日、牛の頭数ではインドと世界一、二位を争う。現在、**ブラジルは世界トップクラスの牛肉生産国である。**

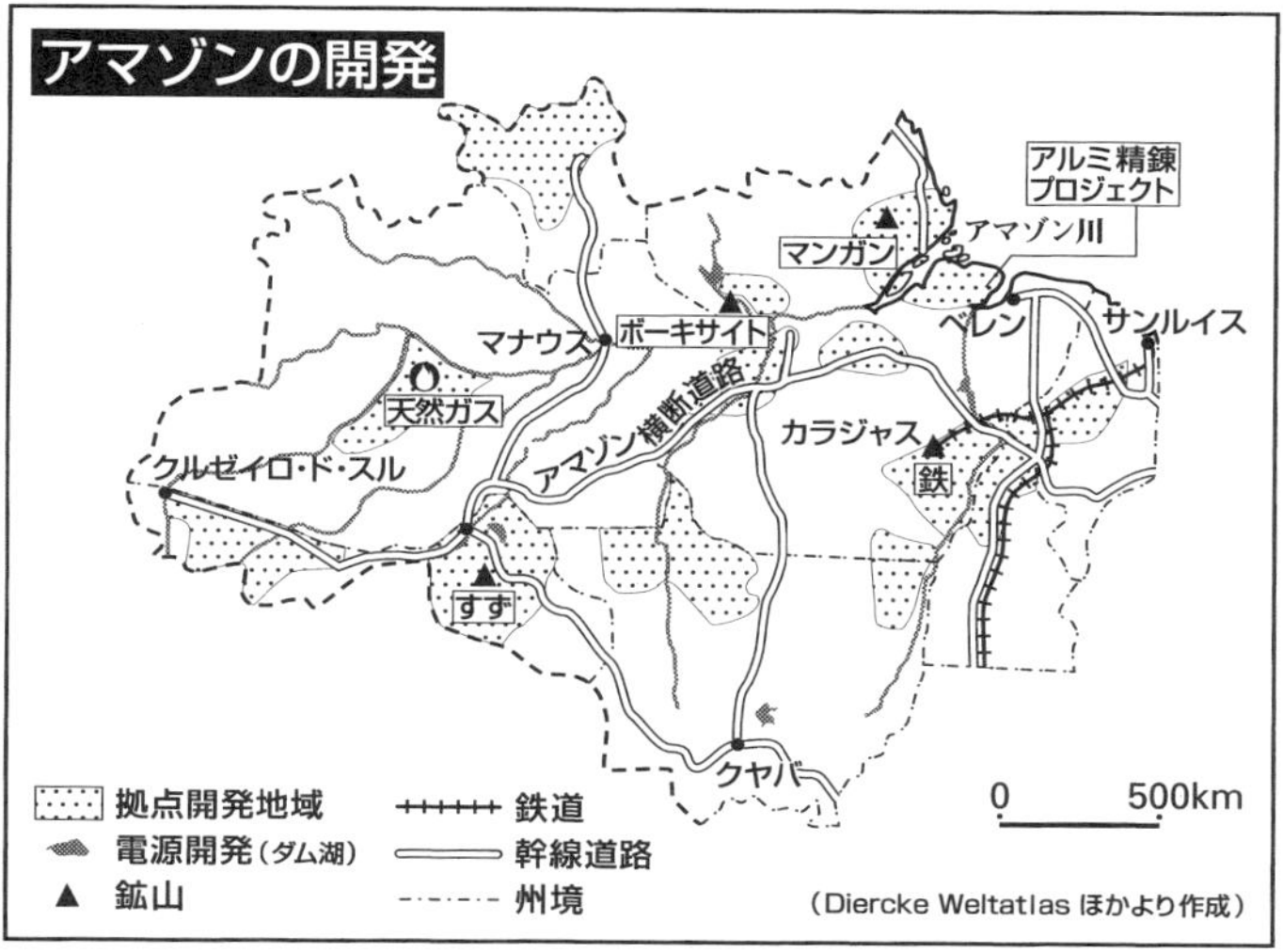

アマゾン周辺に位置する半乾燥地域のセラード。長年、不毛の土地とみなされてきた。今では森林が伐採《ばっさい》され、広大な大豆畑へと変貌している。

七〇年代、日本は米国産の大豆に依存した。だが天候不順による生産の減少によって禁輸措置がとられる。このときから日本は、南米での大豆生産に目を向け、その開発を後押ししてきた。

二〇〇〇年代になると顧客は日本だけではなくなった。中国向けの生産が始まったのだ。大豆の生産はさらに伸び、最大の生産国アメリカと肩を並べるようになった。

今日、**ブラジルの農産物輸出の主役はコーヒーではなく、大豆と畜産物なのだ。**

また、地下には鉄鉱石や石油、ボーキサイト、金などの多くの資源が眠っている。ブラジル政府は「カラジャス計画」という大プロジェクトを興し、これらの開発にも積極的だ。これによってブラジル経済を支えようというのである。

しかし、こうした開発は、一方で森林破壊をもたらした。アマゾン地域では毎年多くの森林が失われている。ブラジルの研究機関の調査によれば、二〇〇五年までにアマゾンの森林の約一七%が失われ、貴重な動植物も危機に瀕《ひん》しているという。

それでも、ブラジル政府、そして多くのブラジル人が、アマゾンの開発に期待をかける。開発と保全の間で揺れる大アマゾン――それこそが、今日の姿なのである。

「ブラジルの歴史を塗り替えたコーヒー栽培」

アフリカ原産のコーヒーの世界最大の生産・輸出国に！

ブラジルといえばコーヒー。現在では、ブラジルの総輸出額の一割にも満たず、国内経済における重要性は低下しているものの、世界の総生産量の約三割を占める世界最大の生産国であり、輸出国である。

サンパウロ州・パラナ州を中心に広大なコーヒー農場が広がる。テラ・ロッシャという土壌、雨季と乾季のある暖かい気候と、コーヒー栽培に最適な条件が揃《そろ》うのだ。

もともとコーヒーは、アフリカのエチオピア原産である。アラビア人によって紅海の東海岸で栽培されるようになり、その後、一六〇〇年頃にインド、さらにジャワ島へと伝わった。ラテンアメリカに移植されたのが一七二三年。ブラジルにやって来たのは一七二七年であり、決して古いことではない。

ブラジル史は「サイクルの歴史」といわれている。これは、多くの植民地に共通するものだが、ブラジルは特にはっきりしている。「サイクル」とは、何かのブームが興り、やがて衰微するという繰り返しのことである。

ブラジルでは、植民地時代からのサイクルをみると、まず「ブラジルの木」（国名の由来、染料にする）から始まり、「砂糖」「ゴールドラッシュ」と続く。そして十九世紀になると「コーヒー」のサイクルが始まるのである。

コーヒー移民がブラジルの近代化を推進

ブラジルにコーヒーブームをもたらしたのは、アメリカである。一七七三年のボストン茶会事件をきっかけに、コーヒーが常用飲料となったのである。新興国アメリカでのコーヒーの需要が増えるにつれて、ブラジルのコーヒー生産は激増した。

十九世紀後半には、世界のコーヒー生産の半分をブラジルが占めるようになった。また、同じ時期のブラジルの輸出品構成でも六割を占めていた。

ブラジル国内では、主要な生産地は移動している。初期の生産地はリオデジャネイロに近いパライバ川流域であった。当時、肥料を与えることなく育てたこともあって地力の消耗を招き、生産は衰えていった。

その後、サンパウロ州の高原に新たな栽培適地をみつけた。ここにはコーヒー栽培に適する赤い土、テラ・ロッシャが広がっていた。この地でコーヒー農場はさらに規模を拡大し、農場主たちは富を蓄えた。そして、富を蓄えた彼らは政治へも進出した。

コーヒー栽培がブラジルに与えた影響はそればかりではない。

コーヒー栽培の労働力として多くの移民が導入された。そしてその移民こそが、ブラジルの近代化を握る存在であった。ドイツ・イタリア系移民は緒についたばかりの工業化の推進力となり、シリア・レバノン系移民は商業を指向、のちに金融業へも進出し、財界の大物を輩出するようになった。

コーヒーがブラジルの今日の基礎をつくったといってもよ過言ではない。

4 ペルー

アンデス山脈の恩恵と弊害を受ける国

反政府ゲリラをかかえる社会的・地理的要因

一九九六年十二月、ペルーの日本大使館は武装ゲリラに襲撃された。一二七日目にようやくペルー軍による強行突入で犯人を射殺、人質は解放された。今日、ゲリラ活動は一時より沈静化しているものの、治安は決していいとはいえない。

ペルーの人口のほぼ半数を占めるインディオは、植民地時代から社会の最底辺におかれたままである。主としてアンデス山脈のアルティプラノ（高原地帯）に居住しているが、生活は昔と変わらない。人口の約四割を占めるインディオと白人の混血であるメスチゾ。中には裕福な者もいるが、都市の貧困層の大半を占めている。

一方、白人はこの国の富を独占し続けている。ペルーで最も著名な作家マリオ・バルガス・リョサはこう書いている。「ペルーには、アメリカ人よりましな生活を送る国民が二〇万人いる。そしてアフリカ人と同じレベルの生活をしている国民が一八〇〇万人いるのだ。

しかし、ペルーは資源に恵まれている。**膨大な鉱物資源、豊かな漁場、肥沃《ひよく》な土地。これらの開発によって、国民のすべてが豊かな生活を送れる可能性を秘めている。**

だが、社会的不平等と経済開発をめぐって、さまざまな勢力が争っている。安定を求めて軍が強力な政権を打ち立てようとし、政党は民主的な政府を求める。いずれの政権においても、国内の利害の対立から改革は進まない。そして政治不安は経済発展を遅らせる。その間隙《かんげき》を縫ってゲリラが活動する。

ゲリラとは、貧しい農民にとっては、自分たちの生活を救ってくれる可能性をもつグループである。起伏に富む複雑な地形は、その活動に格好の舞台を与えた。また、非合法に生産される麻薬が活動資金をもたらす。

ペルーにのしかかるさまざまな問題――土地改革、低い教育水準、人口爆発、貧しい生活状況、医療施設の不足、麻薬取り引き、膨大な対外債務、急激なインフレ。相互に関連するこれらの問題が解消されるまで、ゲリラの活動は続くのかもしれない。

ジャガイモ・トウモロコシ・トマト……アンデスが生んだ世界の農産物

和食に洋食にスナック菓子に、今や欠かせないジャガイモ。このジャガイモの故郷がアンデスの山の中にある。

　ジャガイモはアンデス山地に住むインディオの日常の食事として重要である。注目すべきはチューニョという凍結乾燥ジャガイモだ。アンデスでは一日の気温差（日較《にちかく》差《さ》）が大きいため、野外に放置すると夜間に凍結し、昼間に解凍する。これを繰り返し、ぶよぶよになったジャガイモを足で踏みつぶして水分を出し、乾燥させる。こうしてできるのがチューニョ。何年も保存でき、軽くて小さいので運搬にも便利だ。

　インディオは、今でもさまざまな種類のジャガイモを栽培している。何種類もつくるのは、異常気象や病虫害による全滅を防ぐためである。現在、アンデスで栽培されているジャガイモは四〇〇〇種ともいわれる。このジャガイモを深く研究するため、リマには国際ジャガイモセンターが設置されている。

　ところで、これ以外にも**多くの作物がアンデスやメキシコ高原から世界に広がっていった**。このうち重要なものをいくつかあげておこう。

　まず、トウモロコシ。世界の三大穀物ともいわれ、広く世界で栽培されている。イタリア料理になくてはならないトマトは地中海地域原産と思われがちだが、そうではない。カボチャ、トウガラシ、サツマイモも新大陸原産。私たちの食生活は、アンデスの山の幸で豊かになったのである。

ペルー沖で何が起こった？――世界を狂わす「エルニーニョ現象」

二〇一二年八月、アメリカ中西部は半世紀ぶりの大干ばつに見舞われ、トウモロコシや大豆の相場は過去最高を記録した。この原因が「エルニーニョ現象」である。エルニーニョとは、スペイン語で〝男の子〟〝神の子〟という意味もあり、もともとクリスマスの頃にペルー沖の海水温が上昇する現象を指していた。

数年に一度、東太平洋に大規模かつ長期間にわたって発生し、各地に異常気象が起こることが報告されるようになり、「エルニーニョ現象」と呼ばれた。

本来、ペルー沖にはペルー（フンボルト）海流という寒流が流れ、冷たい海水が周囲の空気を冷やす。冷たい空気は重いので大気は安定し、雨は降らない。そのため、海岸部は海岸砂漠となっている。しかし、エルニーニョ現象で海水温が上がり、雨が降ると、鉄砲水となって流れ出し、村も町も大きな被害を受けることになる。

それればかりではない。もともとこの寒流は栄養分が多く、魚も豊富だ。ペルーは、この海流を泳ぐアンチョビー（かたくちいわし）の世界有数の水揚げ高を誇る。しかし、エルニーニョ現象が発生すると漁獲量は激減。アンチョビーはフィッシュミールに加工され、世界中に輸出されるから、その不漁は世界の農畜産業にも影響を与える。

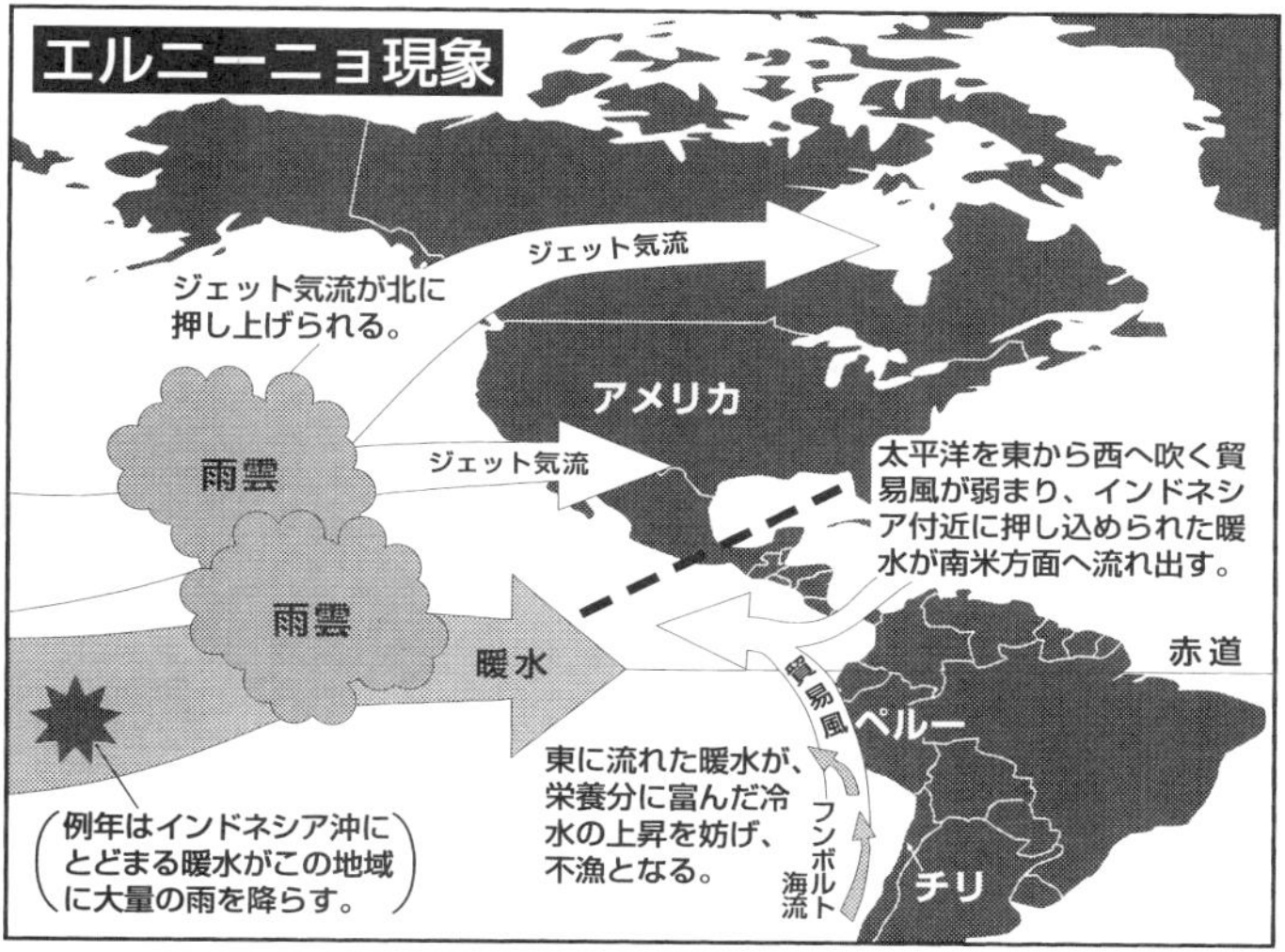
エルニーニョ現象
ジェット気流
ジェット気流が北に押し上げられる。
アメリカ
雨雲
ジェット気流
太平洋を東から西へ吹く貿易風が弱まり、インドネシア付近に押し込められた暖水が南米方面へ流れ出す。
雨雲
暖水
赤道
貿易風
ペルー
東に流れた暖水が、栄養分に富んだ冷水の上昇を妨げ、不漁となる。
例年はインドネシア沖にとどまる暖水がこの地域に大量の雨を降らす。
フンボルト海流
チリ

一方、東南アジア。例年ではインドネシア沖には水温の高い海水塊《かい》があり、温かい海から蒸発した水が雨となる。そのため、東南アジアでは降水量が豊富である。

しかし、エルニーニョの年は、温かい海水が雨雲と一緒に東へと去ってしまう。インドネシア付近では雨が降らず、農産物が大打撃を受ける。そして大森林火災が発生することも。

さらに、エルニーニョ現象は、世界の天候に玉突きのように影響を与える。そしてそれは、経済にも影響を与え……まさに世界を狂わす現象なのだ。

5 チリ

なぜ〝ラテンアメリカの優等生〟と呼ばれるのか

世界を驚かせたサンホセ鉱山事故

二〇一〇年八月、チリ北部のコピアポにあるサンホセ鉱山で落盤《らくばん》事故が発生し、坑道奥で作業していた三三人が閉じ込められてしまった。一時、生存は絶望視されていたが、事故後一八日目に生存を確認、六九日後に全員が救出された。この救出劇は、世界中の注目を集めた。

この鉱山から産出されていたのは銅。現在、**世界中の銅の約三分の一がチリで産出されている。そしてチリの輸出額の約半分は銅および銅製品。**銅で成り立っている国といってもよいであろう。

かつて日本も銅の輸出国で、足尾銅山や別子《べっし》銅山などは日本の近代化に大きな貢献を果たした。

日本とチリの共通点は、環太平洋造山帯。不安定な地盤は、地震や火山噴火など災害をもたらすが、貴重な資源をこの国に与えている。

この国民性が〝発展の原動力〟に

チリは、銅や農林水産物などの輸出拡大を背景として、一九八〇年以降、安定した経済成長を続けている。

ＴＰＰ（環太平洋パートナーシップ）の原加盟国であり、ＥＵや米国、日本などとも自由貿易協定を結ぶなど自由貿易の先進国でもある。

かつて、チリはその位置から貿易は限定的であった。輸出できるものは銅のみといった典型的なモノカルチャー経済。銅の市場価格がチリの政治・経済・社会を決定していた。しかも銅鉱山はアメリカ資本。

こうした中で経済の自立をめざし、七〇年には民主的な選挙で社会主義政権を成立させる。だが、社会主義政権のもとでさまざまな改革を断行したが、経済的に行き詰まってしまった。

七三年、クーデターによって、社会主義政権は崩壊、軍事政権が成立した。軍事体制下では、新自由主義的な政策をとり経済の回復をはかった。

その後、周辺諸国の民主化の流れの中で民主的な選挙が執行され、九〇年に文民政権が誕生。文民政権においても、自由経済・自由貿易を基本とする経済政策をとるものの、貧困対策などにも目が向けられた。

チリは、十九世紀に近代的な教育制度が確立、現在の教育水準は世界でも上位に位置している。また、汚職など政治腐敗が少ない国ともいわれる。

こうした国民性が、グローバル化した社会の中で発展をもたらしている原動力かもしれない。

チリ・ワインがおいしい地理的根拠

銅以外でチリといったら、何を思い浮かべるだろうか。スーパーマーケットではサーモンをよくみかける。しかし、チリの農林水産物輸出の第一位はワイン。

チリのワインは、世界のワイン生産の三％程度にすぎないが、その品質が優れていることで有名だ。日本の皇室でも、園遊会などでチリ・ワインが用いられるという。

チリは「三つのW」の国といわれる。

それは美しい女性（woman）、うまいワイン（wine）、そして快適な気候（weather）。女性については科学的根拠はないように思われるが、あとの二つは十分科学的だ。

チリ中央部の気候は地中海性気候。ヨーロッパの地中海地域と同じく、ブドウ栽培には最適の気候だ。この地に入植したスペイン人が、この気候を見逃すはずがない。彼らの信仰するカトリックのミサには、キリストの血を意味するワインが欠かせないのだから。

そして今日、サンティアゴ郊外には、見渡す限りのブドウ畑が広がる。チリの人びとはパンをつくる小麦より、ワインをつくるブドウのほうが大切なようだ。

ところで、チリ・ワインがうまいのには、さらにわけがある。十九世紀末、ブドウの大害虫フィロキセラが猛威をふるい、世界のほとんどの地域で全滅に近い被害を受けた。しかし、チリだけは例外だった。アンデス山脈と太平洋に囲まれた地形が、ブドウを守ったのだ。ヨーロッパで脈々と受け継がれたブドウは、チリで生き残ることになった。

今日、伝統の味を求めれば、チリ・ワインをおいてほかにないといっても過言ではない。

6 アルゼンチン　肥沃な土地と気候に恵まれた南米第二の国

ラプラタ川・パンパ・温暖な気候――農牧に最適な土地

南米の大国といったらまずブラジルが思い浮かぶ。しかし、アルゼンチンも負けてはいない。国土面積はブラジルの三分の一程度であるが、ブラジルは熱帯地域がほとんどなのに対して、アルゼンチンは温暖な草原地帯が広がっている。

国土のほぼ中央部にある首都ブエノスアイレス。ブエノスとはスペイン語で「よい」、アイレスは「空気」「風」。もともとは、サンタマリア・デル・ブエノス・アイレス（順風のサンタマリア）、つまり風の守護神サンタマリアへの献辞としてつけた名前であったが、省略されてブエノスアイレスになった。

この名前は、この地の快適な気候を示していて興味深い。年平均気温は約一七℃、降水量は一〇〇〇㎜強、東京と同じ温暖湿潤気候であるが、最寒月平均気温でも約一〇℃、日本の三月から四月くらいの気候である。逆に、夏は東京ほど暑くはない。

首都ブエノスアイレスはまた、大平原パンパの扇《おうぎ》の要《かなめ》のような場所に位置する。パンパは、日本の面積の一・五倍ほどの広さの大平原である。**海抜は二〇〇m以下の平坦な土地で、肥沃なチェルノーゼム・パンパ土（黒色土）におおわれている。**

アマゾン川とならぶ南アメリカ有数の大河ラプラタ川とその支流が、豊かな水量でこの地を潤す。この国の潜在的な豊かさを象徴しているようだ。

小麦栽培を拡大させた「南半球」という利点

十九世紀の半ば、アルゼンチンは憲法を制定し、近代国家としてスタートした。イギリスからの投資によって国内各地を結ぶ鉄道が敷かれ、道路・通信網も整備された。また、ヨーロッパからの多くの移民や労働者を受け入れ、経済開発、とりわけ農業開発を進めた。

彼らは、**小麦の収穫期に合わせて移動したので、ゴロンドリナ（燕《つばめ》移民）とも呼ばれた。**南半球のアルゼンチンと北半球のヨーロッパとは季節が逆である。そのため、アルゼンチンの収穫期は、ヨーロッパでは生産の端境期《はざかいき》に当たることも、小麦栽培の拡大に好都合であった。また、一八七七年には、フランスで発明され、イギリスで実用化された冷蔵船が、牛肉をのせてヨーロッパに向かった。

そして、第一次世界大戦。アルゼンチンは、資本・技術・移民労働力をヨーロッパに依存しながら農牧業を拡大した。第二次世界大戦前におけるアルゼンチン農産物の世界貿易に占める割合は、小麦約二〇％、食肉約五五％、羊毛一〇％にも達し、世界の食糧庫の一つになったのである。

今日でも、アルゼンチンは小麦やトウモロコシ、大豆の主要輸出国である。

揺れ動く経済――課題はなにか？

二〇一二年現在、先進諸国がリーマンショック以降の不況に陥っているのとは裏腹に、**アルゼンチンの経済は好調を維持している。**しかし、二〇〇一年にはデフォルトを決行するなど、経済は混乱をきわめた。どこに問題があったのだろうか。

アルゼンチン経済の基盤は、大量の農産物を生み出す豊かな国土にある。欧米諸国が二度の世界大戦で疲弊していた時期には、大量の農産物を輸出し、世界の五指に入る裕福な国になった。しかし、伝統的な土地所有システムのため、広大な農地の大部分は少数の地主層に握られていた。当然、富も地主層に独占されていた。

こうした状況を打破するために、第二次世界大戦後には、経済の主体を農業から工業へと変えようと試みられた。工業化によって国内の製造業を育成し、同時に労働者の雇用と福祉を増進させるとともに、それまで輸入していた工業製品を国内の資源と労働力をもとに生産しようというものだ。

しかし、製造業に補助を与え、労働者の待遇を改善するには、大きな財政支出が必要であった。第二次世界大戦中に蓄えた大量の外貨がこれを賄っていたが、やがてこれも底をついてしまう。経済が行き詰まると、政治混乱を招く。そして、政治混乱は経済をさらに悪化させる。経済政策が政権ごとに代わってしまう。悪循環の行きつく先が、二〇〇一年のデフォルトだったのである。

債務が返済できない、すなわち債務不履行であるデフォルトは、アルゼンチンの社会経済を一時的に大混乱に陥れたが、一方で、貧富の格差などの古くからの課題を一掃するチャンスでもあった。富裕層の優遇措置を廃止し、国民の多数を占めていた貧困層を中間層に引き上げるための諸改革を行い、経済の立て直しをはかったのである。これが功を奏して、現在の経済成長につながっている。

もともと、アルゼンチンの教育水準はきわめて高い。初等教育はほぼ一〇〇％が受け、高等教育への就学率も四〇％に達する。さまざまなメディアも発達している。近年は教育のＩＴ化にも熱心である。豊かな国土と国民の高い文化水準によって、再び世界の大国といわれる日が来るかもしれない。

↗ **セントクリストファー・ネイビス**　首都バセテール。南米大陸に近い小アンティル諸島のうち、セントクリストファー島とネイビス島からなる、ラテンアメリカで最も小さく最も新しく独立した国。英連邦の一国。
ベネズエラ　首都カラカス。北はカリブ海に面し、中央をオリノコ川が流れる。メキシコと並ぶ中南米有数の産油国でOPEC加盟国。2011年、OPEC統計では、石油埋蔵量はサウジアラビアを抜いて世界1位となった。
コロンビア　首都ボゴタ。人口は、ラテンアメリカ第3位。コーヒー・切り花・エメラルドが主要輸出品。コカインの製造と麻薬組織で知られ、40年以上内戦状態が続く。必ずしも治安はよくないが、観光業も盛んで、カルタヘナはビーチリゾートとして有名。
エクアドル　首都キト。南米大陸北東の赤道直下に位置し、「エクアドル」はスペイン語で赤道の意。西方の太平洋上にガラパゴス諸島を領有する。15世紀にインカ帝国の支配下で栄えるが、スペインの植民地に。バナナ、カカオ、コーヒー、サトウキビを輸出。
ボリビア　首都スクレ（法律上）。政府主要機関はラパスにある。隣国との戦争に敗れ、領土は最大時の半分の内陸国となる。2006年、先住民出身のモラレスが大統領となり、2009年、再選された。
ウルグアイ　首都モンテビデオ。ブラジル、アルゼンチンと国境を接し、大西洋に面している。産業は農牧業が中心であるが、国民の生活水準は安定している。

ラテンアメリカのその他のおもな国々

バハマ　首都はニュープロビデンス島ナッソー。コロンブスが最初に到達したサンサルバドル（ワットリング）島がある。イギリスの植民地を経て、英連邦の一国となる。観光業とタックス・ヘイブンによる金融業が中心。

ジャマイカ　首都キングストン。大アンティル諸島で３番目に大きい島で、最高峰はブルーマウンテン山。高品質のコーヒーの生産と陸上短距離（ロンドン五輪金メダリスト、ウサイン・ボルトなどを輩出）で有名。英連邦の一国。ボーキサイト、砂糖、バナナを輸出。

ハイチ　首都ポルトープランス。コロンブスが上陸したイスパニョーラ島の西部に位置し、東のドミニカ共和国と国境を接する。1804年にラテンアメリカで最初に独立し、世界初の黒人による共和制国家となるが、政治・経済の混乱が続く貧困国。2010年、Ｍ７．０の大地震が起き、死者31万人ともいわれる。

グアテマラ　首都グアテマラシティ。４～15世紀、マヤ文明が栄えた地であり、現在も国民の過半数はマヤ系の先住民である。1996年まで40年近く内戦が続き、政情は未だ不安定。

パナマ　首都パナマ。アメリカ合衆国の支援でコロンビアから独立。太平洋とカリブ海を結ぶパナマ運河も合衆国により建設・支配されたが、1999年に返還された。米ドルが広く流通、ラテンアメリカの金融センターの一つとなっている。便宜置籍船国としても有名。

↗

4章
ヨーロッパの
国々が面白いほどわかる！

アイスランド
北極圏
スウェーデン
ノルウェー
アイルランド
デンマーク
イギリス
オランダ
ポーランド
ベルギー
ドイツ
スロバキア
チェコ
ルクセンブルク
⑪
ハンガリー
オーストリア
スイス
フランス
③
④
⑤
①
アンドラ
モナコ
イタリア
②
ポルトガル
スペイン
マルタ
①サンマリノ
②バチカン
③スロベニア
④クロアチア
⑤ボスニア・
ヘルツェゴビナ
⑥セルビア
⑦モンテネグロ
⑧コソボ
⑨アルバニア
⑩マケドニア
⑪リヒテンシュタイン

ヨーロッパの概観

地形と歴史がつくる「込み入った地理」

「複雑な地形、民族地図はどうつくられた？」

ゲルマン系・ラテン系・スラブ系の国はどこ？

「ヨーロッパ」とは、ギリシャ神話に出てくる王女の名前が語源とされている。この麗しい名のもとに多くの国が集まる。

まず、その範囲だが、西は大西洋、南は地中海、北は北極海という明瞭な自然の境界がある。一方、東についてはウラル山脈までとするものをはじめ、さまざまな見解がある。ここでは、ウラル山脈をヨーロッパとアジアの境界とする伝統的な考えに従う。ただし、ロシア連邦については、ウラル山脈以東、つまりシベリアを経て太平洋に至る領域を含んでいる。

ヨーロッパには小国が多い。日本の国土面積よりも大きな国は、ロシア連邦を除いても、ウクライナ、フランス、スペイン、スウェーデンの四カ国のみである。ドイツは日本よりわずかに狭く、その人口は八二〇〇万である。

日本をヨーロッパ諸国の仲間に入れたとしたら、面積三七・八万㎢と、イギリスの二倍以上になる人口一億二〇〇〇万は、ともに「大国」である。

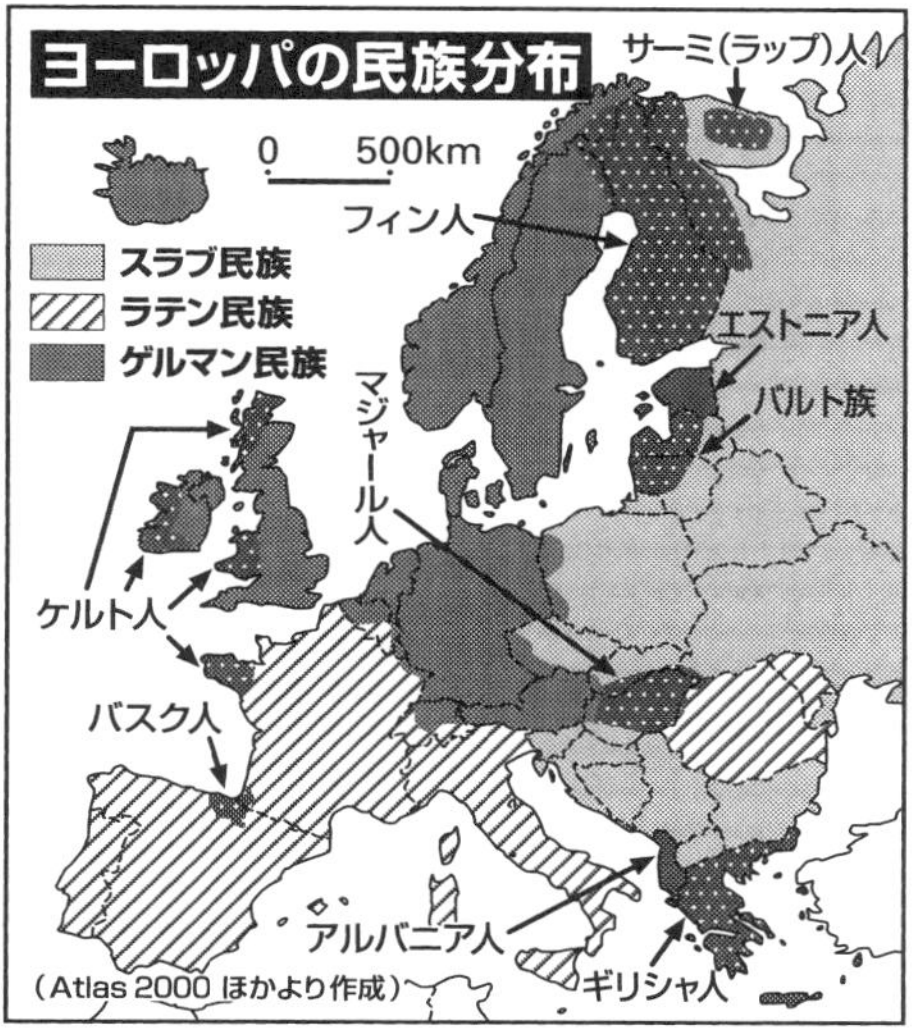

長い歴史をもったヨーロッパの文化は複雑きわまりないが、**大きく分けると、ゲルマン系、ラテン系、スラブ系の三つの民族グループがある。**

ゲルマン系は、イギリス、ドイツ、オランダ、スカンジナビア諸国などヨーロッパの中央部から北西部に住む。ラテン系は、フランス、イタリア、スペインなど南部の地中海沿岸に広がり、スラブ系はヨーロッパ東部に住んで、それぞれの国家を形成してきた。そのほか、アジアやアフリカからの民族も侵入してきており、その構成は複雑である。

ヨーロッパでは四〇を超える言語が話され、スイスやベルギーなど民族のまじる国では、一国の中でも複数の公用語が用いられている。

ヨーロッパの背骨となる三つの造山帯と大ヨーロッパ平原

山がちな日本からヨーロッパへ行くと、低地が目立ち、河川もゆったりと流れていると感じる。**ヨーロッパ南西部では山地が比較的卓越《たくえつ》するが、北東部は東ヨーロッパ平原が広大な面積を占める。**

ヨーロッパの山地を形づくった造山帯は三つある。まず、スカンジナビア半島西部からアイルランドにかけては、古生代前期の造山運動によるカレドニア造山帯の山地がのびる。氷期に氷食作用（氷河が流動する際に侵食すること）を受けたため、海岸部には入江の多いフィヨルド（ノルウェー語で「入江」の意）が多い。

ドイツのハルツ山地からライン地溝帯を越えて、フランスのボージュ山地、中央高地、ブルターニュ半島、さらにイギリスのウェールズに連なるのが、古生代後期に活

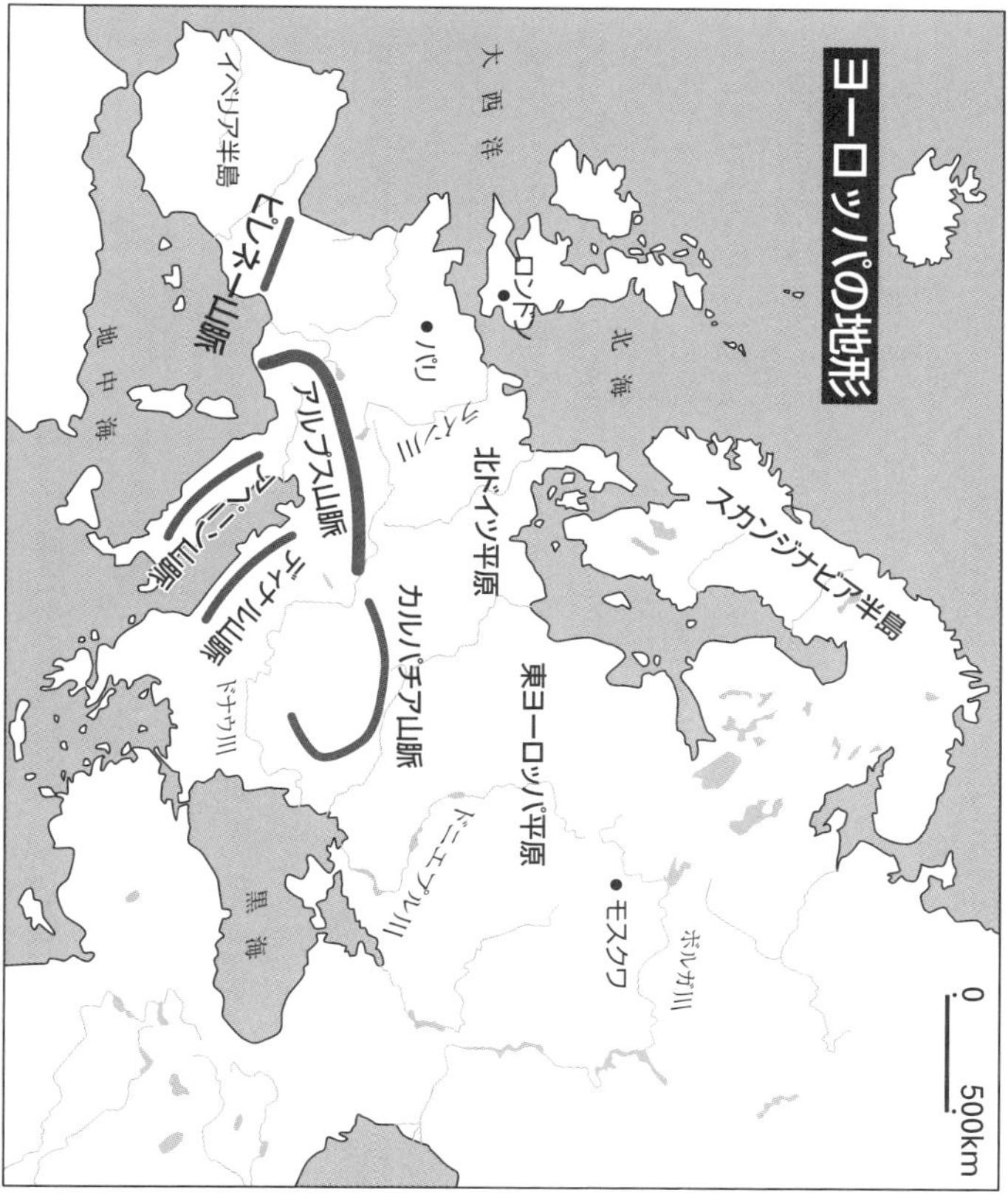
ヨーロッパの地形
大西洋
北海
ロンドン
パリ
イベリア半島
ピレネー山脈
地中海
アルプス山脈
アペニン山脈
ライン川
北ドイツ平原
ディナル山脈
カルパチア山脈
ドナウ川
東ヨーロッパ平原
スカンジナビア半島
ドニエプル川
黒海
モスクワ
ボルガ川
0
500km

動がみられたヘルシニア造山帯の山地群である。しかし、その後の侵食作用で山々の高さは低くなり、断層運動によって多くの山地に分断された。

地中海に沿っては、アルプス＝ヒマラヤ造山帯に属し「ヨーロッパの屋根」と呼ばれるアルプス山脈がそびえる。最高峰のモンブラン（四八一〇m）を中心に、西へピレネー山脈、東にカルパチア山脈が続く。

このアルプス造山運動は、中生代末期から新生代に生じたものである。ヨーロッパに向かってアフリカ大陸が移動して徐々に北上し、激しい褶曲《しゅうきょく》（地層の曲がりくねるような変形）をともないながら、大規模な造山運動が続いたとされている。

パリ盆地からウラル山脈以西に広がる大平原は、大ヨーロッパ平原と呼ばれ、古い地質時代の地層が長い間侵食されて形成された。ただし、この平野は、ドイツ北部からポーランドに至る北ヨーロッパ平原や、その東部に広がる東ヨーロッパ平原のように、個々のより狭い平原に分けて認識されている。

日本より高緯度のヨーロッパがなぜ温暖な気候なのか？

南仏マルセイユが札幌とほぼ同緯度であることからもわかるように、ヨーロッパは比較的高緯度に位置している。しかし、全般的に夏の涼しさのわりに冬は温暖なのは

東岸気候と西岸気候（北半球の仮想大陸による）

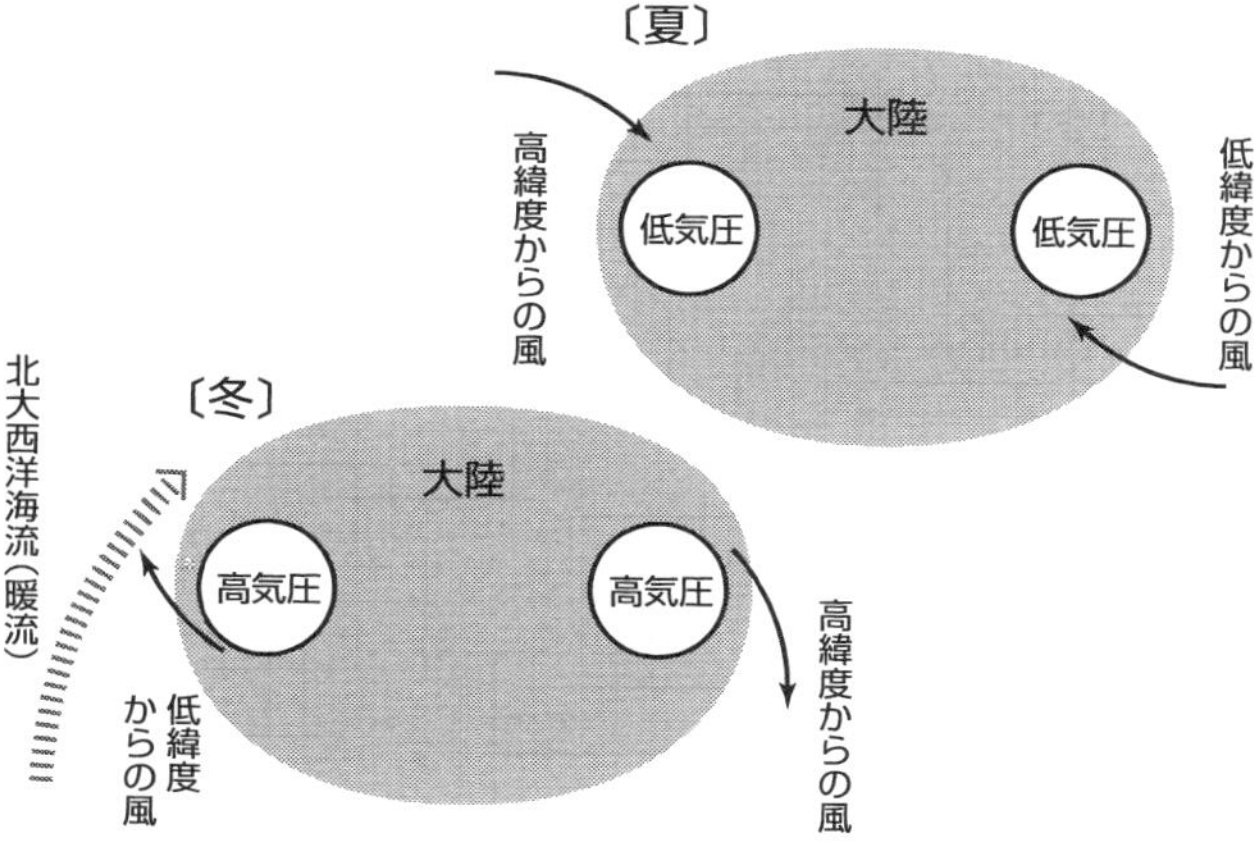

なぜだろうか。

まず、日本が位置するのは大陸の東岸であるが、ヨーロッパは西岸である。そこに偏西風という亜熱帯高圧帯から亜寒帯低圧帯に向けて吹く風があり、地球の自転による力を受けて西風となる。**大陸の西岸は、海洋上を吹き抜けるこの偏西風の影響によって、温和な気候となる**のである。

また、大陸には夏に低気圧、冬に高気圧が生じやすい。大陸西岸の季節風は、夏には高緯度から、冬には低緯度から吹いてくる。そのため夏に冷涼、冬に温暖な気候が期待できる。

加えて、北大西洋海流という暖流も、冬の寒さを和らげてくれる。

われわれは、残念ながら大陸の東岸に住むため、夏には南東の湿った高温の風を受け、冬には北西からの低温の季節風に身を縮めることになる。

なお、ヨーロッパの地中海沿岸地方は、夏は亜熱帯高圧帯におおわれ、高温で乾燥した気候になり、植生も背の低いものが多い。一方、冬には低気圧や寒冷前線の通過によって降水量が比較的多い。また、西ヨーロッパの海岸部には山地が少ないため、海洋性の温暖な気候が比較的内陸部にまで広がる。しかし、より内陸部に向かうと大陸性の気候となり、夏は暑く、冬は厳寒となる。

「進むヨーロッパの〝再編成〟！」

「世界の工場」から「世界の牽引車」へ

歴史的には、スペイン・ポルトガルを中心に十五世紀末から世界へ進出し、大航海時代が始まった。南北アメリカ、アジア、アフリカなどに植民地を求め、金、銀、香辛料などに加えて、奴隷などの貿易が行われるようになる。

その貿易による富の蓄積と新しい技術開発をもとに、十八世紀中頃、世界に先駆けてイギリスに産業革命が起こった。綿工業を中心とする工業化を進めるのに必要な原料を、植民地や保護国に求めたのである。こうしてヨーロッパが「世界の工場」となり、植民地や保護国が原料を供給する、国際分業が始まった。

この過程でヨーロッパが世界の多くの地域に与えた影響は、経済にとどまらず、言語、宗教、科学、習慣、教育、政治制度など広い範囲におよんだ。このプロセスは世界の「ヨーロッパ化」と呼ばれ、当然、日本もその影響下に組み込まれた。

EUの拡大——国境なき国づくりはなぜ必要か？

第一次・第二次世界大戦によってヨーロッパ内が荒廃するとともに、かつてのヨーロッパ諸国の植民地が独立した。一方では、アメリカが資本主義国のリーダーとして政治的にも経済的にも台頭し、ソ連をはじめ社会主義国も次々と誕生したため、西ヨーロッパの地位は低下した。

西ヨーロッパ諸国がほかの諸国と競争していくには、国境を越えた協力が必要になったのである。加えて、戦争という愚を決して繰り返さないという確約もあった。

協力の本格的な出発点は、一九五二年に結成されたＥＣＳＣ（ヨーロッパ石炭鉄鋼共同体）であり、五八年にはＥＥＣ（ヨーロッパ経済共同体）が発足し、経済的な統合がさらに進展した。六七年からはＥＣ（ヨーロッパ共同体）となったが、マーストリヒト条約の発効にともない、九三年からＥＵ（ヨーロッパ連合）へと発展した。

この間、加盟国も当初の六カ国から次第に増加し、今世紀には東ヨーロッパ諸国も加わり、**ＥＵは二〇〇七年には二七カ国になった**。

ＥＵによる経済統合が進むと国境を越えた物資の移動が簡素化された。現在、**加盟国のほとんどが「シェンゲン協定」を実施し、その範囲内では人びとの越境移動は基本的に自由**になっている。

ドイツやフランスでは、国境に近接する地域では、買い物のために隣国に出かけたり、フランスで安価な一軒家を購入したりするドイツ人などがみられる。ＥＵの統合が進んでいるものの、税制のしくみや物価などが国によって異なるためである。

社会主義国家群の成立と崩壊――「東ヨーロッパ」

ロシアでは、労働者や農民を中心にしたロシア革命の後、社会主義革命が全土に波及し、ソビエト政権（ソビエトとは労働者、農民、兵士の代表による評議会のこと）が発足した。一九二八年からは数次にわたる五カ年計画による計画経済が始まり、豊かなソビエト連邦を築くことになる。

第二次世界大戦後は、ヨーロッパ東部の国々が社会主義国家に加わり、ソ連を頂点とする「東ヨーロッパ」ができあがった。ドイツは、西ドイツと東ドイツとに分割され、西ヨーロッパと東ヨーロッパの間には、「鉄のカーテン」と呼ばれる物理的・精神的な境界が設置されたのである。

軍事的には、西側諸国のＮＡＴＯ（北大西洋条約機構）に対抗して、五五年にワルシャワ条約機構が結成され、経済的には、社会主義国家群の経済・技術協力、相互援助を目的に四九年、ＣＯＭＥＣＯＮ（経済相互援助会議）が結成された。政治、軍事、経済的な結束を強めて、西側諸国に対抗したのである。

しかし、西側諸国との経済格差の拡大、硬直した政治・経済体制など、さまざまな問題が表面化した。

国内では、集団化農業が農民の生産意欲を低下させ、食糧不足が問題となり、重工業への偏重で国民に必要な生活物資が不足し、人びとが商店の前で行列をなして買い物をする状態がしばしばみられるようになった。

八五年に登場したソ連のゴルバチョフ政権は、「改革（ペレストロイカ）」を掲げた。その後、政治・経済の民主化・自由化の動きが活発化し、八九年には、一連の東欧革命が生じ、その象徴ともいえる「ベルリンの壁」は崩壊した。

翌年に東西ドイツが統合され、**九一年には社会主義「東ヨーロッパ」を結束していた諸組織が解体された。**ヨーロッパの地図から社会主義国が消えたのである。

「中心」と「周辺」――ヨーロッパの構造からみえるもの

ヨーロッパは、世界で最も工業化・都市化が進み、教育水準の高い地域の一つである。しかし、長い時間を経て、経済活動や人びとの生活水準の点で、明確な「中心」とその「周辺」が形成されている。この様相は描く人によって多少異なっており、次ページの図は一つの例である。

「中心」とは、イギリス南部からベネルクス、ドイツ、フランス北部を南下し、スペインの北東部に至る地域を指す。その形状から「バナナ地帯」とも呼ばれる。中でも、近年、**イタリア北部、南フランスなどの地帯、ヨーロッパの「サンベルト」の発達が著しい。**〝中心地域〟は次第に南下しつつあるのだ。

中心には高度な産業が集まり、製品や情報などを周辺に送り出す。周辺から中心へは労働力・資金が流れ、中心の観光客は周辺へと出かけていく。

このような「中心」と「周辺」の配置は今後も流動的であり、もちろん、こうした地域間格差の是正に向けた試みはある。

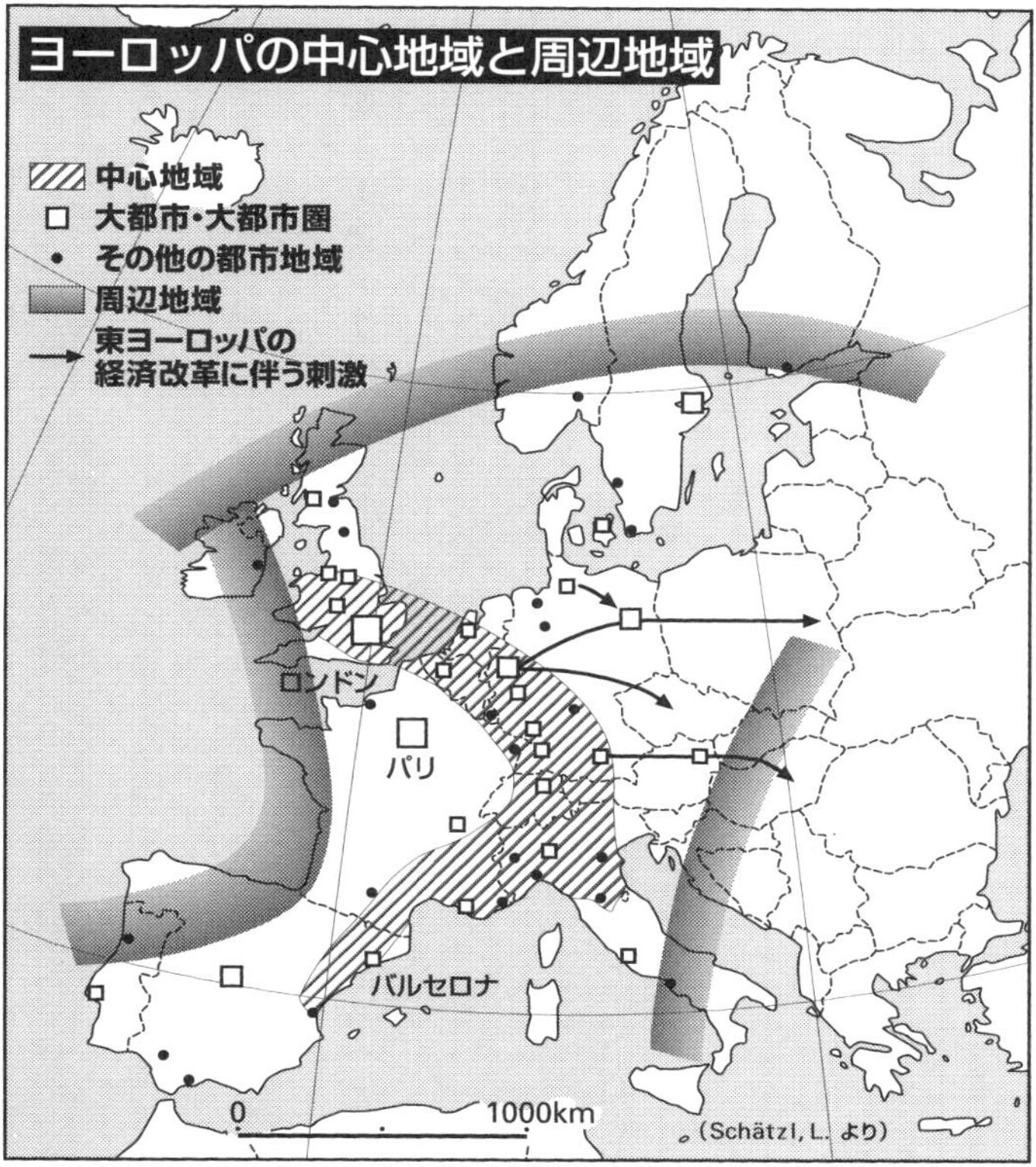

例えば、EU内で周辺の開発のために資金援助がなされている。

しかし今後、この地域間格差は果たして解消されるのだろうか。

1 イギリス かつて全世界に進出し、今再生を願う老大国

「経済・政治・文化・スポーツ――世界は「イギリス化」された」

世界に先駆けた近代化がもたらしたもの

「世界の七つの海を制覇した国」「世界最初の産業革命をなしとげた国」「世界の工場」等々は、イギリスに冠せられる語句であった。

世界に先駆けて近代国家を築き、植民地を広めながら、世界を「イギリス化」というプロセスに組み込み、イギリスを中心とした地域的編成が出現した。

イギリスは世界の工場となって、原材料を植民地などから輸送し、世界各地へ製品を出荷。言語や宗教、教育制度をはじめとした文化、政治なども広まった。

国内でもいち早く都市化・工業化が進んだために、農村から都市への移動がみられ、

都市人口率が高い。

就業については、**農業人口はわずか二％未満で、第三次産業が中心となっている。しかし、農業の生産性が高いため、穀類の自給率は一〇〇％を超えている。**

古い伝統が残る三つの社会階層

経済を中心に世界の先進国として歩み続けてきたが、国内の社会構造には古い伝統が残ってきた。イギリスには〝二つの社会〟があるといわれる。すなわち「ジェントルマン社会（貴族、地主、実業家など）」と「労働者社会」である。

しかし、ジェントルマン社会における世襲制の身分でも、長子相続であったことや、例えば労働者階級でも教育を積めばジェントルマンに仲間入りできるなど、比較的ゆるやかな社会階層であった。

政府が教育制度の改革に力を入れてきたため、近年、三つ目の社会階層である中産階級が増えてきている。

東西の気候差が「産業革命」を起こした！

イギリスはスポーツの先進国でもある。日本に伝わったゴルフやサッカー、ラグビーもイギリス起源である。**日本各地にみられるゴルフコースはさまざまだが、そこにイギリスの田園風景の一端を垣間見ることができるだろう。**林地に囲まれて芝生が生えるゆるやかに起伏した地形、池やバンカーなどである。

これらの田園風景の根底にあるのが、氷河地形である。イギリス南部を除いて、山岳部と平野部まで、かつては氷河がおおっていた。例えば、スコットランド西岸には氷河によるフィヨルドがみられる。

造山運動が古かったことに加えて氷河に侵食されたため、イングランドの背骨ペニン山脈の最高峰は、クロスフェル山の八九三mにすぎない。しかしこの低い山脈によって、降水量の地域的な違いが生じる。西風が卓越風（最も頻繁に吹く風）のため、風上の西側に多くの雨をもたらし、風下の東側では雨が少ないのだ。

この**雨量の東西差が、十八世紀中頃からの産業革命に大きく作用した。**一七九〇年頃までは動力として水力が中心であったこと、湿度の高さが綿繊維加工に適していたことなどによって、ペニン山脈西麓《せいろく》のマンチェスターを中心としたランカシャー地方で、綿工業が発達した。

一方、山脈東側はヨークシャー州リーズを中心として、やや乾燥した気候下で羊の飼育がなされた。産業革命の際には、当地は毛織物工業の一大中心地となった。

「世界都市ロンドンの繁栄と問題点」

大陸から離れたロンドンに世界最初の金融街が生まれた理由

ロンドンの都心部のうち、「シティ」と呼ばれる地区には、イングランド銀行をはじめ、国内外の主要銀行、株式取引所、証券会社、保険会社などの各種金融機関やオフィスが軒を並べている。

ここが世界最初の金融街で、かつては世界最大を誇った。

ところで巨大都市に成長すると、一定の範囲に金融機関と本社機能が集積する様相を、あるフランス人地理学者は、ニューヨークのマンハッタンや東京の丸の内を例にあげて「シティ現象」と名づけた。これは、ロンドンのシティをもじった用語である。

いずれにしても、世界経済の意思決定を有する世界トップレベルの都市は、世界都市またはメガ・シティと呼ばれるが、ロンドンもその典型例である。

ヨーロッパ大陸から隔てられたロンドンが著しく成長したのは、十六世紀後半からイギリスが海洋国家として世界へ進出してゆき、その国の首都として活況を呈《てい》し、また国内第一のロンドン港が栄えた時期からである。

テムズ川はロンドンまで船が出入りするのに十分な水深をもっていたため、のちの貿易港としての条件を備えていた。

世界のイギリス化とともに、ロンドンでは人口集中が進み、一八〇一年には世界初の一〇〇万都市となった。その後も世界トップクラスの都市であり続けるとともに、その大都市圏は国内の約二〇％に近い人口を集めるほどである。

イギリスの〝南北問題〟とは

イギリスには、従来から南北の地域格差があった。北側が南側に比べて遅れてきたため、歴代政府は北側に公共投資を優先することに努めてきた。

しかし、サッチャー政権（一九七九～九〇年）中は、自由競争による経済再生策が展開された。当時、どの先進国も意図した先端技術の開発がイギリスでも進められた。結果として、大学や研究所が集まり、居住環境の優れたロンドンの周辺に先端産業が集積した。

イギリスでは、世界に先駆けてニュータウン法が実施され（一九四六年）、全国にニュータウンが計画された。ロンドンでは、その周囲に複数のニュータウンが建設され、同様の方法はフランスや日本でも追随された。

しかし、ロンドン周辺のニュータウン群の建設は、全国的なスケールでみると、ロンドンとその周辺にさまざまな機能を再び集中させ、また南北格差を助長することとなった。

「海洋国家イギリスとヨーロッパ大陸の関係は?」

島国イギリスと「ユーロトンネル」

島国イギリスとヨーロッパ大陸は、一九九四年五月にユーロトンネル(英仏海峡トンネル)によって結ばれた。

とはいえイギリスは、ヨーロッパ大陸の大陸棚上に位置し、氷河期には大陸と地続きだった。これを再び結びつける英仏間の海峡トンネルは、ナポレオン時代からの構想であったが、八六年に工事が開始された。三八㎞に達する海底部分は、日本の青函トンネルの海底部分よりも一五㎞長い。トンネルの建設にあたっては、日本の資金や掘削《くっさく》技術が用いられた。

完成後は、ロンドンとパリのみならず、ロンドン・ブリュッセルを結ぶ鉄道ユーロスターが運行され、移動の所要時間は大幅に短縮された。

イギリスは島国であるためにヨーロッパ大陸とは一線を画し、大陸に帰属している感覚が少なかったといわれる。ユーロトンネルによって、イギリスの関係位置やイギリス人の意識がどのように変化したのだろうか。

「イギリス病」――国際的地位はなぜ転落したか

ユーロトンネル開通以前、一九七三年にイギリスは当時のＥＣに、紆余曲折の末、加盟した。その背景には、「イギリス病」と呼ばれた自国の経済不況があった。すなわち、二十世紀の世界大戦によりイギリスの国際的地位は大きく傾き、植民地の相次ぐ独立もそれに拍車《はくしゃ》をかけた。

「ゆりかごから墓場まで」の福祉国家の実現をめざしたものの、労働生産性の低下や経済成長率の低さで失業者が多く生じる結果となった。

サッチャー政権やブレア政権での経済政策によって、経済は一時復調したものの、南北格差は解消せず、失業率も上昇する傾向にある。

2 フランス

パリを中心に成長した〝農業大国〟

「セーヌ川に浮かぶシテ島はいかにして世界都市パリとなった？」

ヨーロッパに典型的な城壁都市とは？

首都パリをほぼ東西に流れるセーヌ川に浮かぶ川中島に、ケルト系のパリジー(Parisii)という民族が住んでいた。これが「パリ」の地名の由来である。

パリ発祥の地シテ島には、現在、ノートルダム寺院、裁判所、警視庁など重要な建物が集まる。

パリは、豊かな農業地域が展開する自然条件に加えて、諸民族の交流・交易の場として成長した結果、十二世紀末には名実ともにフランスの首都となっていた。

十三世紀には、城壁で囲まれた立派な都市が完成し、当時の人口は二〇万と推定さ

パリの城壁は人口増加とともに拡大してきた

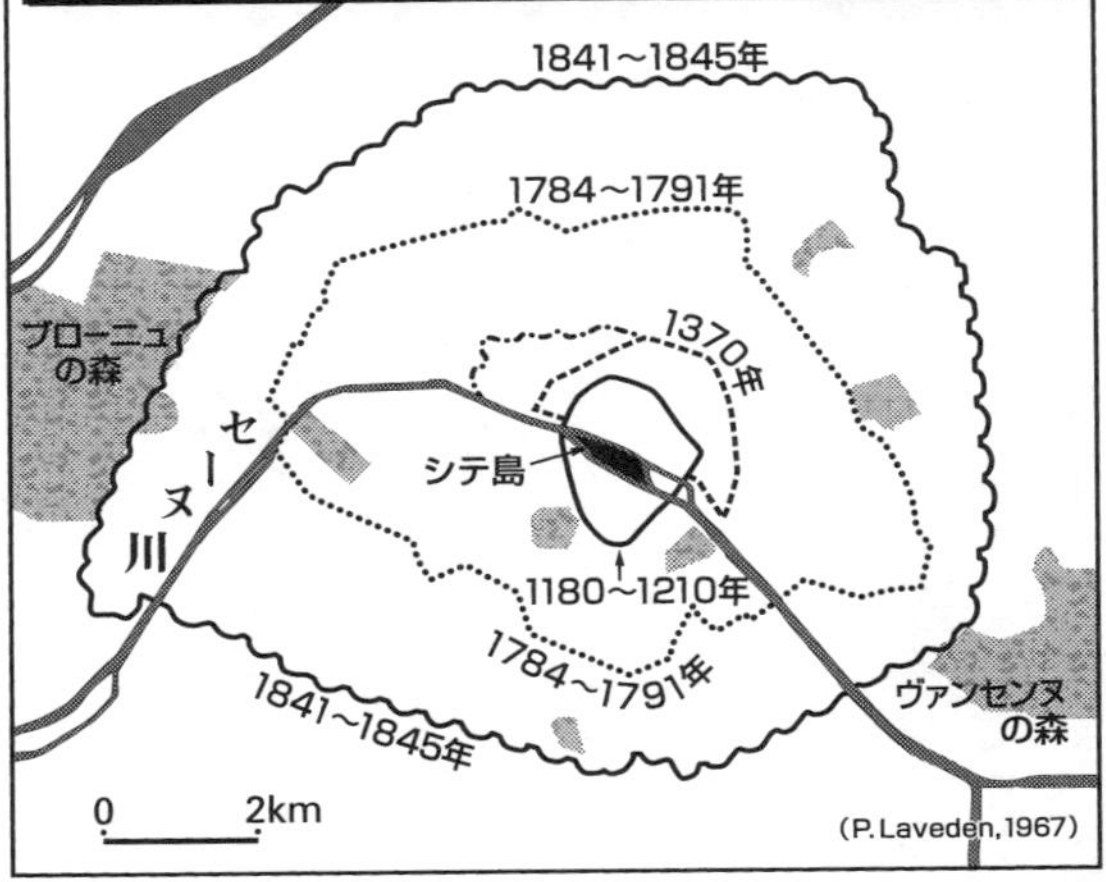

れる。市域の最も外側の城壁が築かれた十九世紀半ばには、人口は二〇〇万に達し、世界の大都市となった。

城壁は、都市を外敵から守るためのものであり、戦争になると門を閉じて戦った。城壁内の人口が増えると、古い城壁を壊して外側に新たに建設することが繰り返されてきた。

このような都市は**城壁都市または囲郭都市と呼ばれ、多民族からなるヨーロッパに多くみられる。**

「セーヌ川左岸で頭を使い、右岸で金を使う」

長い歴史の中で、パリ市内における地域的な特色が生まれてきた。

例えば、パリっ子たちは「セーヌ川左岸（南岸）で頭を使い、右岸（北岸）で金を使え」という。その背景には、十三世紀初期に左岸にソルボンヌ大学が開学し、一方、右岸には現在の市役所の場所にあった港と市場により、商業が早くから発達していたことなどがある。

フランスの都市空間の特性の一つに、現在でもみられる「職住近接」がある。パリもその例外ではなく、例えば、地上階でレストランを経営する者は同一建物の二階以上に住み、従業員も同じ屋根の下に住んだりする。

そのため、アメリカや日本の大都市のように、職住が分離して都心部の人口が空洞化することはそれほど進んでいない。とはいえ、都心部の再開発が進む中で、パリ市の人口減少はわずかながら進んでいる。

「西ヨーロッパ最大の農業国フランス」

農牧業の発展を支えたもの

フランスは、農牧業に適した肥沃な土地が広く、気候が多様であることから、多種類の農畜産物を産する西ヨーロッパ最大の農業国である。

牧畜と作物栽培農業を組み合わせた混合農業を基盤としているが、十九世紀後半からは、鉄道網の拡張や非農業人口の増加にともなって、商品としての価値を求める農牧業が発展した。

パリ地方の大規模経営による穀物生産は、機械化が進み、生産性が高い。一方、地中海沿岸では比較的小規模で集約的な農業が行われ、アルプス、中央高地、ピレネーでは畜産が盛んであるなど、地域的な分化・専門化が進んできた。

ＥＵの共通農業政策とフランス農業

ＥＵは一九九二年五月に共通農業政策の改革案を採決した。フランスをはじめＥＵ諸国が、農産物の過剰生産に歯止めをかけるために、日本が七〇年に導入した減反《げんたん》政策を実施したのである。

例えば、一般畑作部門については一五％の休耕が義務づけられ、パリ大都市圏外縁部の農業景観は大きく変化した。

しかし、その後、共通農業政策は農家への直接支払や環境保全型農業への支援へと激変している。**フランスはＥＵ加盟国の中で最大の農用地面積をもつため、共通農業政策との関係は深い**といえよう。

「パリのゆくえがフランスのゆくえを決める」

イル・ドゥ・フランス——すべての機能がここに集まる

パリ市と周辺七県をあわせた「パリ首都圏」は、イル・ドゥ・フランス地方と呼ばれる。

この領域には、フランスの経済、研究、文化などの多くの機能が集中する。これは、十九世紀から本格的に開始された中央集権制が、政治や経済の意思決定など諸権力のパリへの集中を促進してきたためである。それらが寄り集まって強力な磁力を発揮し、パリにあらゆる機能を引き付けたうえに、人びとの心情にもパリへの憧《しょう》憬《けい》をつのらせてきた。

これらの諸機能をさらに強化するように、歴代の権力者はパリ中心部に宮殿などのモニュメントを建築することによって、権力シンボリズムを刻み込んできたのである。

フランス国土が、パリの社会・経済的影響下に組み入れられていく過程は、「パリ化」と表現されてきた。

1. エリゼ宮
2. 証券取引所
3. フランス銀行本店
4. 裁判所
5. ブルボン宮（国民議会）
6. 首相官邸
7. リュクサンブール宮殿（上院）
8. ソルボンヌ
9. 「ル・モンド誌」本社
10. 大蔵省

（J.R.Pitte et al. 1993）

パリ化の進展は、より強力により広域化しつつある。例えば、地中海沿岸やアルプスの観光地は、パリっ子のための観光目的地として進展しているとみることもできる。

また、フランス北部の諸都市は、かつては繊維・製鉄工業などの工業都市であったが、これらが衰退すると、自動車産業や化学工業などをパリから導入することによって初めて産業構造を変え、息を吹き返したといえる。

これらは、鉄道や高速道路の建設によってパリとの近接性が高まったことが主因であると考えるべきであろう。

とりもなおさず、パリ化である。

EU統合下で、パリのゆくえが、当然、フランス国土全体の構造の方向付けをするのである。

フランスの地域構造を一枚の図に描く

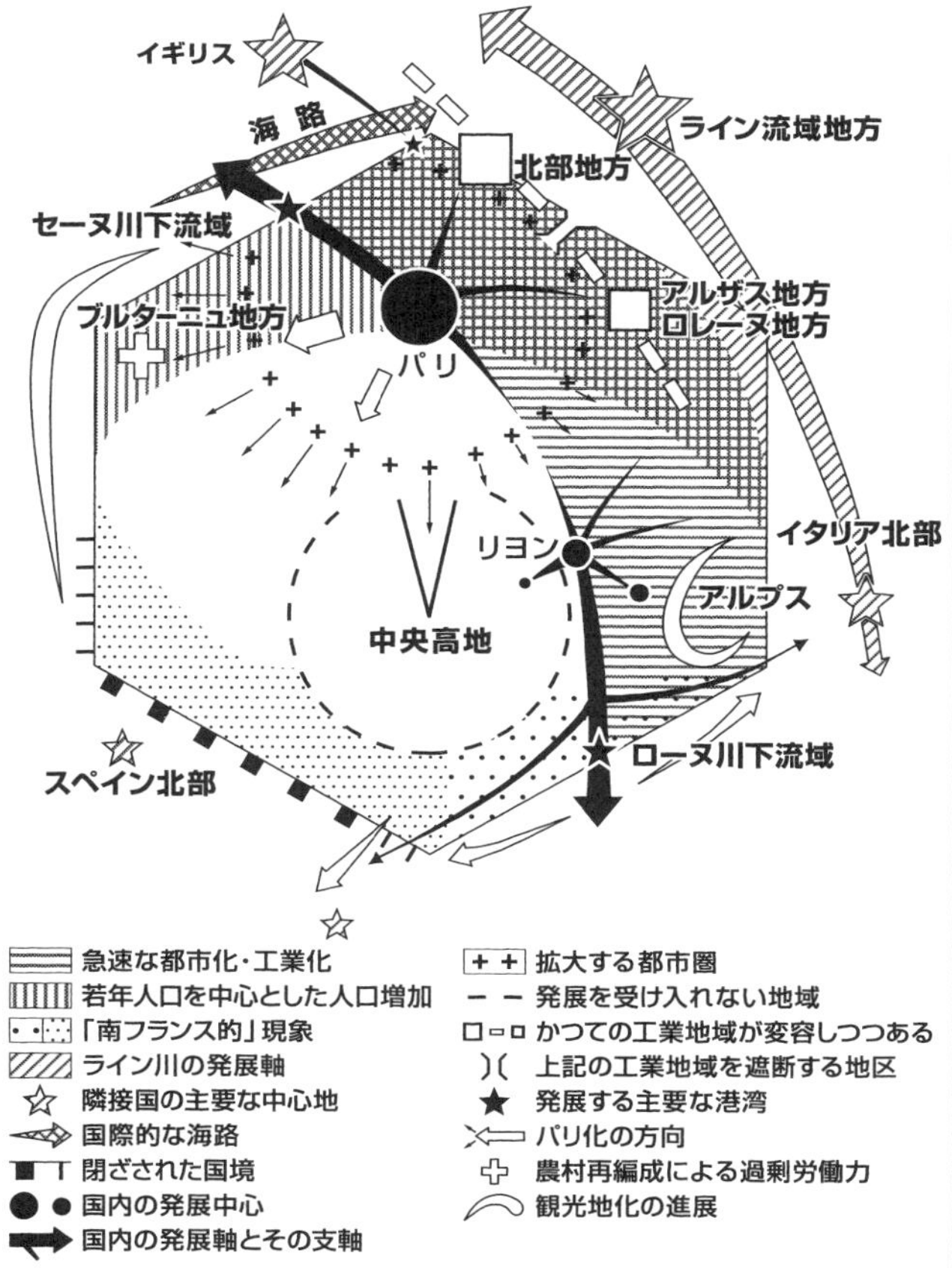

（ロジェ・ブリュンネに一部加筆）

3 ドイツ　この地理条件を味方につけて経済大国へ！

「ヨーロッパの中央で激動する〝国境地図〟」

首都ベルリンはなぜ東のはずれにある？

ドイツの首都ベルリンは、国土の東のはずれに位置するが、なぜこんな端にあるのだろうかと疑問が生じる。

ドイツは十九世紀半ばに統一が進められ、連邦国家としてのドイツ帝国が発足した。その範囲は、現在より広大で東側に広がり、地理的な中心に位置していたベルリンが首都となった。しかし、第二次世界大戦後、オーデル川とナイセ川より東側がポーランドとして独立するなどしてドイツの領土は縮小し、西寄りの地域が領土となった。

その後、東西に分裂していた期間も、西ドイツの首都ボンは暫定《ざんてい》首都とされ、東西

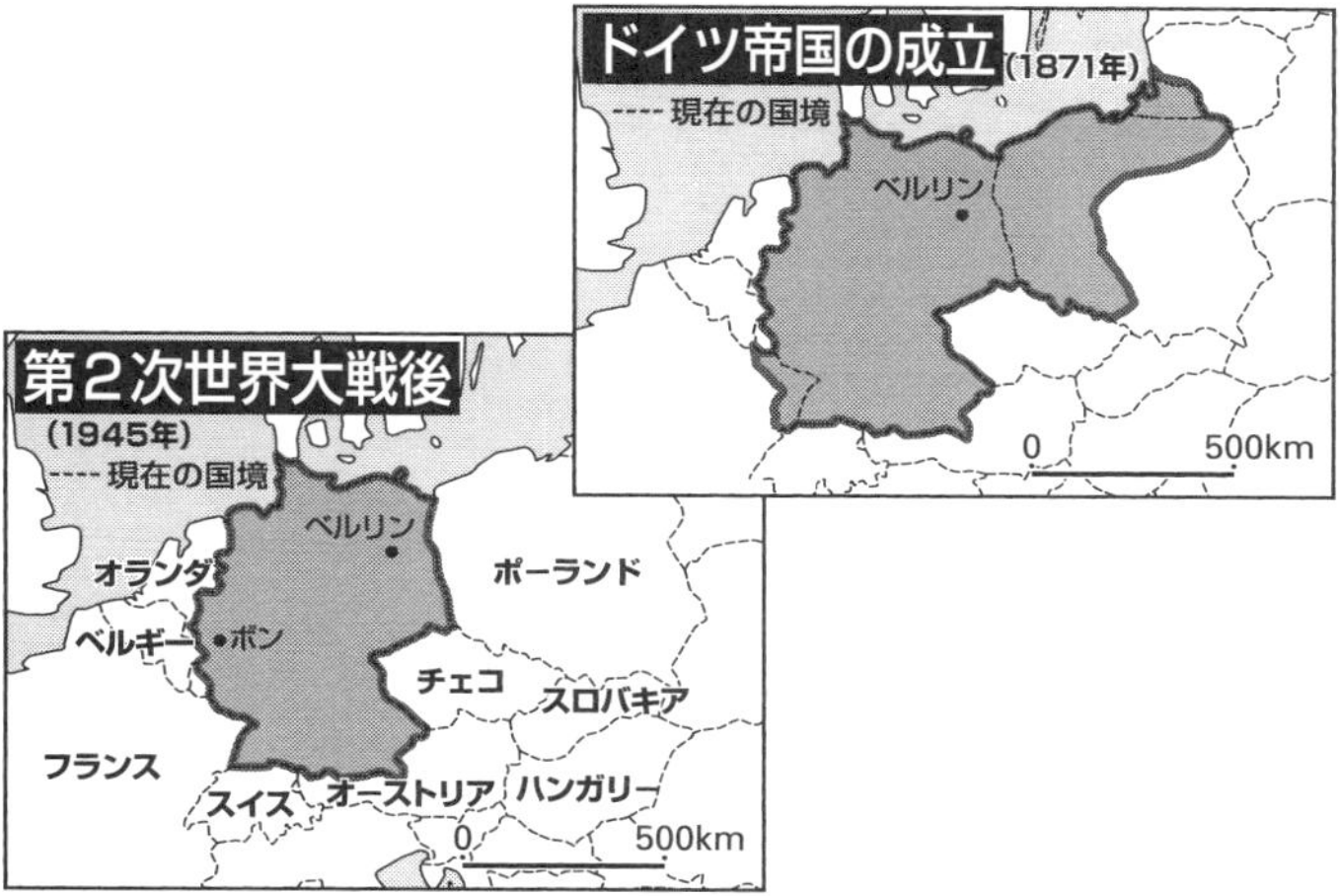

ドイツ統一後、晴れて実質的にベルリンが首都となった。

ドイツの首都が東の隅になっているのは、領土の変遷《へんせん》と深い関連がある。

「冷戦の最前線」から「ヨーロッパの中心国」へ

第二次世界大戦に敗れたドイツは、一九四九年、アメリカ・イギリス・フランスの占領地域にドイツ連邦共和国（西ドイツ）、旧ソ連の占領地域にドイツ民主共和国（東ドイツ）が発足した。

そして、西ドイツは、ＮＡＴＯ（北大西洋条約機構）に加盟して西側陣営の国となり、他方、東ドイツはワルシャワ条約機構に加盟して東側陣営の国となり、「冷戦」構造の最前線として対立が続いた。

七三年、東西両ドイツは、統一に向けて建前《たてまえ》よりも現実的な道を選択し、国連に同時加盟した。六一年に築かれていた東西ベルリンの境界「ベルリンの壁」は、八九年、ついに崩された。そして九〇年、実質的には西ドイツが東ドイツを吸収合併する形で東西両ドイツは統合された。

しかし、統一後のドイツでは、旧東ドイツを中心とした失業者の増加、統一にともなう費用の増加による増税、旧東ドイツ地域の効率の悪い産業、旧東ドイツにおける酸性雨、石炭火力発電所による大気汚染、下水の不備による河川汚染など、さまざまな問題が発生した。

旧東ドイツは東ヨーロッパの西端、旧西ドイツは西ヨーロッパの東端に位置していた。そのため、統一ドイツは全ヨーロッパの中央となり、そのさらに中心に首都ベルリンがある。ドイツは、東ヨーロッパと西ヨーロッパの〝文化の十字路〟〝文化の破《は》砕《さい》帯〟〝断層〟などと呼ばれ、異なった文化が融合し、新しい文化をつくり上げた地域である。と同時に、東と西のヨーロッパの民族の抗争地域でもあった。

冷戦が終結し、ＥＵの拡大が進むにつれて、ドイツとその首都・ベルリンは、ますます重要性を高めている。

「東西統一後、ヨーロッパ最大・最強の経済大国に」

ドイツがめざましい復興をとげた理由とは?

旧西ドイツは、第二次世界大戦の痛手から、めざましい勢いで復興し、「二十世紀の奇跡」とまでいわれた。

その成功の原因は、工業の復興・発展により、輸出を拡大して莫大な利益を生み出したことにある。

このような発展の第一歩は、第二次世界大戦後、貧困と失業が目にあまる状況であった西ドイツに、共産主義が拡大することを危ぶんだアメリカが、マーシャル・プランと呼ばれる経済復興計画を実施し、大量の融資を与えたことであった。

東西が統一されたドイツは、ヨーロッパにおける最大・最強の経済大国となった。その規模は、人口が約八二〇〇万でヨーロッパ第一位、国内総生産(二〇〇六年)は約三兆六〇〇〇億ドルで、イギリスの二兆七〇〇〇億ドル、フランスの二兆九〇〇〇億ドルを大きく上回っている。

ルール地方・ザール地方・ライン川……工業の発展を支えたもの

　ドイツは、**石炭は豊富であるが、そのほかの鉱産資源に恵まれず、石油などを大量に輸入している。**ドイツの工業は、ルール地方やザール地方で産出する石炭と、ライン川の水運が産業発展の要因となった。

　ルール地方は、鉄鋼業が発達し、ヨーロッパ最大の重工業地帯となっている。その要因は、ルール炭田の石炭とライン川によって鉄鉱石を安価に輸入できる立地条件にあった。

　一方、世界で最初の薬局方（薬の種類・処方を記載した本）が、十六世紀中頃、ニュルンベルクで出版されるなど、ドイツは医薬研究で優れた研究成果を上げていた。その研究成果に加え、薬製造のために必要な大量の水が得られること、原料運搬などに便利であることから、ライン川流域には化学薬品工業が発展している。

　かつてのヘキスト（現在はサノフィ・アベンティス）などの世界的に有名な製薬会社が、フランクフルトなどのライン川沿いやその流域に立地している。そして、それらを支えているのが、大学の医学と薬学の研究である。

　またドイツは、世界有数の自動車生産国であり、世界的に有名なＢＭＷ、メルセデスベンツ、フォルクスワーゲンなどの自動車会社がある。

また、ゾーリンゲンの刃物、マイセンの陶磁器、グーテンベルクの伝統を受け継いだ印刷機械・材料、ライカやカール・ツァイス社の光学製品など、優れた工業製品を生産している。

このようなドイツの工業製品の素晴らしさは、科学と技術と企業の見事な結合、技術力のある労働者の変化に対応する意欲や勤勉さと関連しているといわれている。

ドイツにトルコ人が多いのはなぜか?

旧西ドイツ経済が復興しはじめた一九五〇年代半ばから、労働者不足が問題となった。そこでまず、男子の単身者で一定期間後には帰国するという条件で、イタリアからの労働者を受け入れた。

その後さらに労働力不足が進んだため、同じような協定を順次、スペイン・ギリシャ・ポルトガル・トルコなどに拡大した。

各国から西ドイツに来た労働者は、一定期間働いて帰国するという意味で「ガストアルバイター（お客様としての労働者）」と呼ばれ、炭鉱夫・建設労働者・清掃人などの単純労働者となり、ドイツ経済の発展に貢献した。

しかし、七三年のオイルショックによって経済の発展が鈍り、外国人労働者の募集は停止された。

ガストアルバイターは、契約期間終了後、帰国するはずであった。しかし、多くのトルコ人や旧ユーゴスラビア人は、本国に戻っても職がないことなどから、旧西ドイツにとどまるようになった。旧西ドイツ政府は帰国奨励政策を実施したが、家族を呼び寄せたり子どもが生まれたりして、ドイツにおける外国人人口はむしろ増加した。

ドイツには現在、**約七〇〇万人の外国人が居住し、そのうち国別で最も多いトルコ人は約二〇〇万人にのぼる。**

ドイツ政府は、外国人居住者に対して出身国の文化を認め、自立できるように職業訓練を行うなど、多文化社会・多民族社会への道を歩んでいる。しかし困難は多く、外国人敵視の人びとの存在や、外国人に対する暴力的攻撃などの事件が発生している。

「ドイツといえばソーセージ」には地理的理由があった！

寒くやせた土地から生まれた保存食の知恵

ベルリンの年平均気温は約一〇℃であり、東京のそれに比べて約五℃低く、年降水量は約六〇〇㎜で東京のそれより八〇〇㎜ほど少ない。また、北に位置した国土は氷河によって削られた土壌で、やせている。このためドイツの農業は、食料を穀物だけに頼ることができず、家畜の飼育により補ってきた。家畜の糞尿は地力回復にも効果をあげた。

家畜の中でも豚は、穀物を与えなくても生育し、やせた土地の雑草や森の木の実で育つため、ドイツの風土に合う重要な食料源となった。

冷蔵庫などのない時代には、豚の餌が少なくなる冬を前にして、秋にできるだけ太らせて、塩漬けやソーセージなどの保存食をつくった。豚肉は、厳しく長い冬を越し春までの命をつなぐ貴重な食料であった。

今でも農家で豚の解体が行われている。ある農家では、一年に四回豚をつぶし、自家用の肉とソーセージなどの加工品をつくる。豚の解体は専門家に頼み、約二時間で行われる。解体直後に血を集めて、ブルスト（血）ソーセージにする。大腸や膀胱《ぼうこう》は、裏返してきれいに洗い、ソーセージの皮とする。ゼラチンを含んだ皮はソーセージのつなぎに、脂肪は大半をラードにし、残りはソーセージに混ぜる。肉は、精肉やベーコン用・ソーセージ用になる。

豚のすべての部分を食料に生かす、昔の人の知恵が今も生きているのだ。

肉の部分の混合比率、スパイスの使い方、腸に詰めるのか、胃に詰めるのか、ビンなどに詰めるのか、ゆでてから詰めるかその逆か、そしてそれらの組み合わせにより、ドイツには一五〇〇種を超えるソーセージがあるといわれている。

伝統産業を支える「マイスター制度」

豚を解体し、さまざまなソーセージなどをつくる肉屋になるには、マイスター（職匠・親方）の資格が必要であり、肉の解体・加工などの指導ができるのはマイスターだけである。

マイスターになるには、レーリング（見習い）から始め、ゲゼレ（職人）になり、この間に職業学校に通わなければならない。このようなマイスター制度により、ドイツのソーセージは、その品質の高さが保たれている。

マイスター制度は、ドイツの伝統的な職人の教育制度である。肉屋のほかに、靴屋・パン屋・大工・仕立て屋など、手工業のほとんどにマイスター制があり、それぞれの分野で高い技術が受け継がれていく。

column

ドイツの観光街道……ロマンチック街道とメルヘン街道

旅行好きなドイツの人びとは、文学、建物、音楽、自然、歴史などを訪ねるために、散歩道・駐車場・各種施設を整備して観光街道をつくり、それぞれにロマンチック、メルヘン、古城、アルペン、ゲーテ、ガラスなどの名称をつけている。

◇ロマンチック街道……古都ビュルツブルクからアルプスの麓《ふもと》のフュッセンまでの約三五〇㎞のルート。その名は、「ローマへの通商路」と「浪漫的」にちなむ。この街道の地域は、建物の外観を変更することが法律で禁止され、中世そのままの広場や教会、城壁で囲まれた都市、家並みと建物がみられる。

途中の囲郭《いかく》都市（城壁に囲まれた都市）ローテンブルクは、「ロマンチック街道の宝石」と呼ばれる。南端のフュッセンには、白亜のノイシュバンシュタイン城がある。城内には、ワーグナーのオペラの名場面が壁画として描かれている。

◇メルヘン街道……フランクフルトの東約二〇㎞のハーナウからブレーメンまでの約六〇〇㎞。ハーナウはグリム童話を出版したグリム兄弟の生地である。この街道沿いには、草原や森や牧歌的な風景が広がり、木組みの家々がみられ、「赤ずきん」「白雪姫」「ハーメルンのネズミ捕り男」などの童話や民話の舞台となっている。

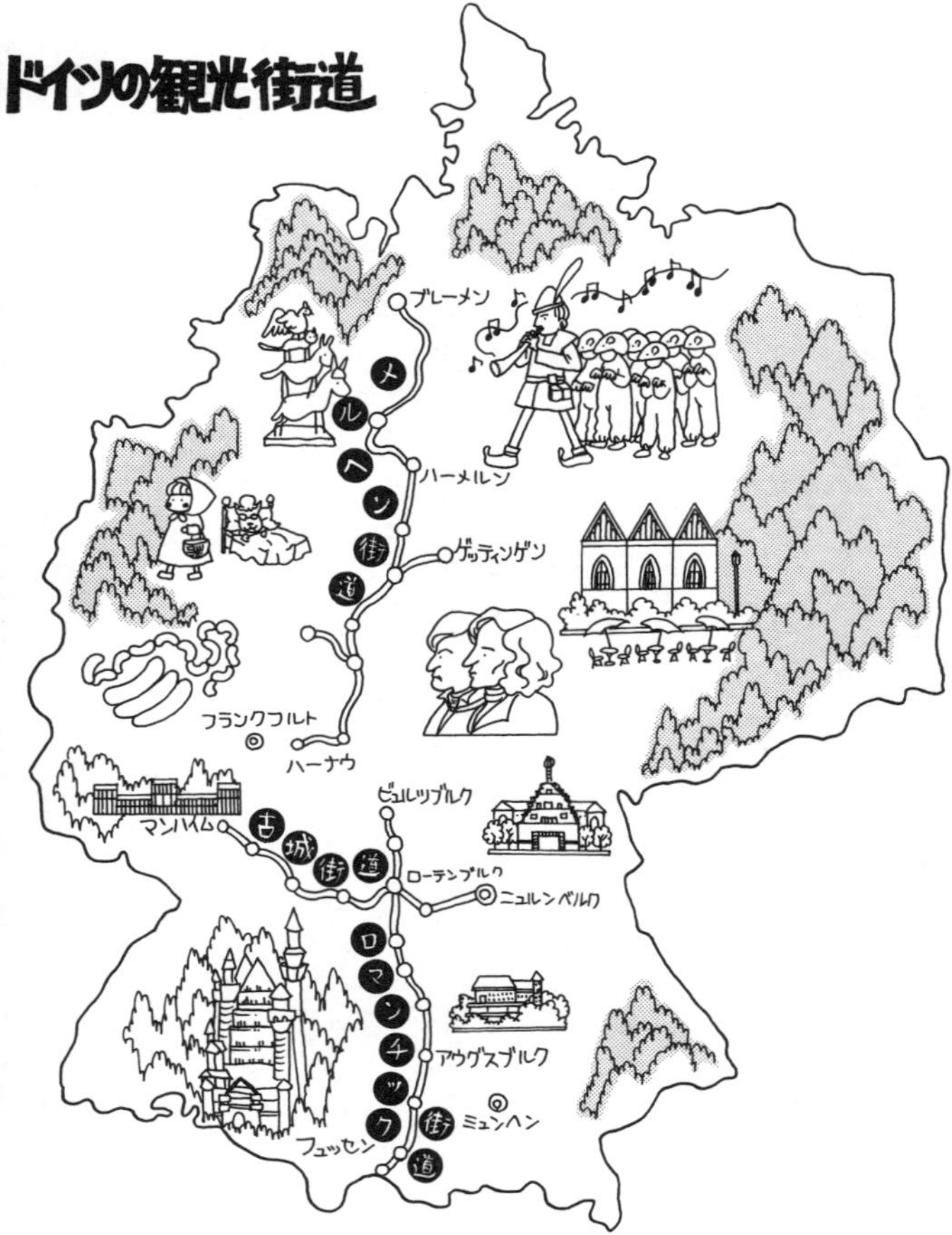
ドイツの観光街道
ブレーメン
メルヘン街道
ハーメルン
ゲッティンゲン
フランクフルト
ハーナウ
ビュルツブルク
マンハイム
古城街道
ローテンブルク
ニュルンベルク
ロマンチック街道
アウグスブルク
ミュンヘン
フュッセン

4 イタリア

気候から産業まで〝南北格差〟をかかえる国

「なぜ？　地域差の大きい風土と生活」

火山も地震も多い――日本との類似点・相違点

イタリアは、さまざまな点で日本とよく似ているといわれる。例えば、国土は南北に長く、山がちであり、長い海岸線と多くの島々からなり、火山も地震も多い。その上、温泉地も多数あり、両国民とも温泉を楽しむことには長い歴史をもっている。

イタリアも日本も建国は古く、特にイタリアは紀元前にローマ帝国を誕生させている。王国として独立したのは一八六一年であり、日本の明治維新に近い。

しかし、**都市国家が長く続いたイタリアは民族としてのまとまりに欠け、地域間の差異が大きい。**面積は日本よりやや狭い（三〇万㎢）が、人口はその半分程度である。

地中海の影響からアルプスの影響まで

イタリアと日本は同じ温帯に位置しながら、降水量と気温は大きく異なる。

イタリアの気候は、南下すればするほど典型的な地中海性気候となる。その特色の一つは、夏季に高温で降水量が少ないことである。これは北アフリカの乾燥した亜熱帯高圧帯が、夏の間、北上するためである。

一方、冬には雨が降り、地中海性気候の別称である温帯冬雨気候の特色を示す。冬の降雨によって、小麦の栽培が可能となっている。

イタリア南部では、年降水量が五〇〇㎜未満の地域もみられる。こうした地域では植生もまばらであり、母岩である石灰岩が露出した風景が続く。この風景は、古代から続いたものではなく、中世から近世に栄えた毛織物工業によるといわれる。牧羊のために森林が伐採され、牧草地と化したのである。

国土の中央部のローマをへて、北部に行くと、地中海性気候の影響は弱まる。アルプス山麓のトリノやミラノの冬の平均気温はロンドンやパリよりも低くなる。このように、イタリアの気候も日本と同様に多様性に富む。

「〝ファッションとグルメの国〟はこの土壌から生まれた」

〝ラテン系民族〟ゆえに盛んな産業とは？

ラテン系民族に特有な明るい気質からか、イタリア人は「人生を楽しむ達人」といわれている。人びとは外出する際にも、衣服や身だしなみに十分注意を払う。このような暮らし方を基盤にして、国内のファッション産業が発展してきた。

イタリアファッションは、一九七〇年代以降、世界的にも注目されて、衣料品や靴などは重要な輸出品となり、高品質製品主体に移りつつある。その結果、こうした製品の輸出はイタリアの貿易にとっても重要なものとなっている。当然、日本にも輸入され、フランスファッションなどと競合している。

村落や都市の中心部には教会が位置し、それを核として集落が拡大してきた。教会はまた住民のシンボルともなっている。イタリア人は屋外の空間を好み、広場や狭い路地に出て、他人との談話にふけることが多い。

家屋は、主に石材が使われて古いものが多いが、人びとはその内装に凝《こ》る。例えば、家具類は入念に選ばれ、採光にも配慮がなされる。部屋の壁は自ら張り替えたり、塗り直したりと、居住空間の美化には努力を惜しまない。

フォークとナイフの西欧料理は「イタリア料理」から始まった

西欧料理のルーツは、イタリアに求められる。例えば、食卓上のフォークとナイフは、イタリアで最初に登場した。フォークは十五世紀末から使われ、その後国内に普及した後、フランスやイギリスに伝わっていった。ヨーロッパでも、中世までは料理は手で食べていたのである。

「イタリア料理」を端的に示すのは難しい。なぜなら、前述のように都市国家の集合体であるために、料理に地方色が豊かだからだ。

スパゲッティやマカロニなどの乾燥パスタは、従来、南部でよく食べられていた。南部では硬質の小麦が栽培されていたからである。米を用いたリゾット料理は、ポー川中流域の稲作が盛んなロンバルディア州やピエモンテ州が起源である。アルプスの山麓ではトウモロコシが栽培され、その粉を加工したポレンタという料理が有名だ。

これらの料理は、外国へ移民した人びとによって外国に広まった。アメリカ合衆国でスパゲッティやピザが普及したのは、イタリア移民によるのだ。

イタリア人はまた、ワイン好きで有名である。イタリア国土のほとんどでブドウが栽培され、フランスとともに世界で最もワイン生産量が多い国である。両国のワイン生産の競争は激しく、時には「ワイン戦争」ともいわれる。

イタリアでは、ワインは「ヴィーノ」と呼ばれる。食事では、まず食前酒、食事中は白ワインや赤ワインが飲まれる。その後は、食後酒がその場の雰囲気を盛り上げるとともに、料理の消化を促す。

全国、津々浦々の人通りの多いところには、「Bar（バール）」の看板が目立つ。コーヒー（エスプレッソ）をはじめ、サンドウィッチ、ワイン、ビールが飲める。立ち飲みもでき、毎日の仕事の前後に立ち寄り、人びとの憩《いこ》いの場となっている。

「北部と南部の二つの国がある」？

ミラノ・トリノ・ジェノヴァ――なぜ北部に工業が発展した？

イタリア北部には、経済上の首都といわれるミラノと、トリノ、ジェノヴァを結んだ工業の三角地帯が位置する。

ポー川流域は、早くから灌漑《かんがい》が行われ、豊かな農業地帯であったため、資本の蓄積が進み、商工業が成長する基盤があった。特に養蚕《ようさん》業が栄え、生糸はフランスにも輸出された。十九世紀半ばには、綿織物・毛織物工業も加わり、繊維工業地帯が発達した。アルプスから流れる水や水力発電も重要な資源であった。

現在、ミラノとその周辺部には鉄鋼、機械、衣料などの各種工業が集まり、トリノには自動車工業に加えて、航空機や情報などの先端技術産業も立地している。

工業化を支える南部の「安い労働力」

一方、中部から南部にかけては、夏の乾燥と土壌侵食などの自然条件に加えて、一部の農業主が大規模な農地を所有する、大土地所有制などの社会問題をかかえている。そのために北部に比べて工業化が遅れ、農業経営規模も小さい。

沿岸部では、ブドウ、小麦、野菜などの集約的農業がみられるが、内陸部では、オレンジ、レモン、オリーブなどの栽培と、羊や牛の牧畜が粗放的に行われている。

北部の工業化は、南部の安い労働力に支えられている。南部から北部への人口移動が著しく、先進諸国でこうした例はめずらしい。

南部の人びとは、国内だけにとどまらず、ドイツやフランスにも労働者として流出

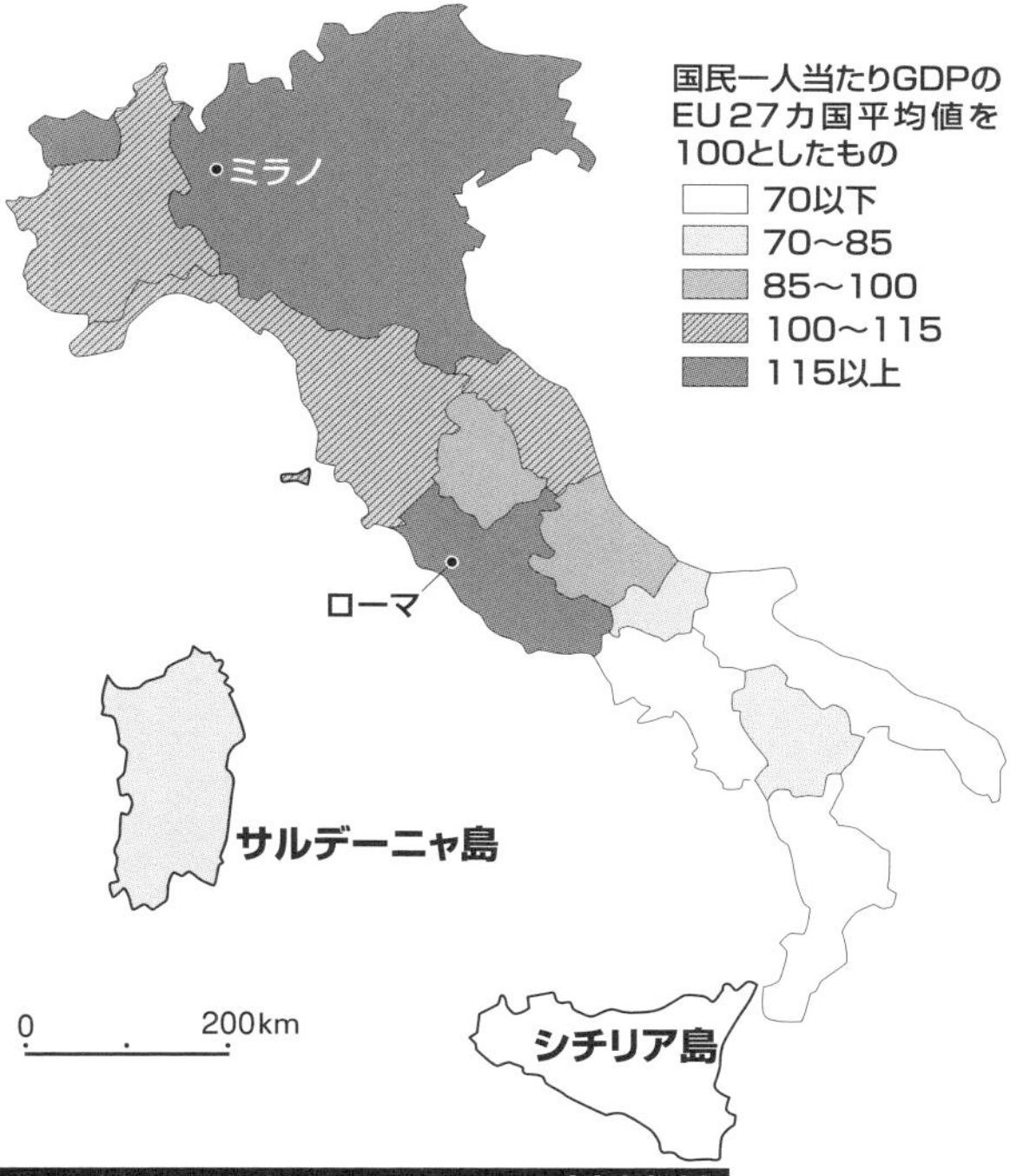

イタリアにおけるGDPの地域差 (2009, Eurostat)

している。

　五〇年代から、政府が中心となって、南部の農業、農地改革や道路・水道の整備、国内外からの企業誘致などに取り組んできてはいるが、南北格差は根本的には解消されていない。

5 スペイン　アフリカの風が吹くイベリア半島の「異質な世界」

「ヨーロッパはピレネーで終わる」

「アンダルシアのフライパン」――暑く乾燥した地域

スペインとポルトガルが位置するイベリア半島は、ピレネー山脈でヨーロッパ本土から遮断された形になっている。夏にパリから南下してピレネー山脈を越すと、それまでのよく耕された緑の大地から、赤茶けた岩山と高原が広がる異質の世界に入り込んだ感じになる。

スペインの中央部分は、標高約七〇〇mの高原が広がり、メセタと呼ばれている。メセタは、内陸性の気候で乾燥が激しく、ほかの西ヨーロッパの国々のような手入れの行き届いた緑の畑や牧草地はみられない。

スペインの夏は、非常に乾燥して暑く、草は枯れ、茶色い大地が広がる。さらに、サハラからの熱風が吹くと、気温が四〇℃を超えることもあり、「アンダルシアのフライパン」などと呼ばれる。ヘミングウェイは、『誰《た》がために鐘は鳴る』の中で「九カ月の暑い地獄と三カ月の寒い冬」と表現した。

しかし、日本に比べると、冬は温暖で、夏は乾燥していて、確かに高温になることもあるが、過ごしやすい。

ローマ帝国とイスラム帝国の足跡が残る国

スペインは、紀元前二〇六年以降、ローマ帝国の支配地となり、ローマ人は道路・運河・橋などを整備した。現在でも、セゴビアなどにローマ時代の水道橋が残っている。

八世紀に入ると、北アフリカからジブラルタル海峡を渡って、アラブ民族がスペイン・ポルトガルを占領し、イスラム文化が席捲《せっけん》した。イスラム様式の建築が数多く造られ、現在も、コルドバのメスキータ（イスラム寺院）には、モスクの中に赤と白の縞《しま》模様のアラビア風のアーチがあり、人びとを夢幻の世界に引き込んでいる。

セビリアでは、イスラム寺院の四隅に建てられた尖塔《せんとう》が、キリスト教の大聖堂の鐘《しょう》楼《ろう》になって現在におよんでいるヒラルダの塔もみられる。また、グラナダのアルハンブラ宮殿は、スペイン最後のイスラム王朝が建設したもので、整然とした中の多彩な装飾は東方的な耽美《たんび》と退廃《たいはい》を感じさせる。

このように、スペインには、イスラム文化の影響が色濃く残り、ヨーロッパの文化とは異質である。そのため、西ヨーロッパの人びとは、「ピレネーの向こうはヨーロッパではない」「アフリカはピレネーから始まる」などという。

十五世紀の終わり頃、キリスト教の復権を求める動きとイスラム教徒から領土を回復する運動であるレコンキスタ（国土回復運動）が起こり、統一王国が成立した。

その後のスペインはカトリックの牙城《がじょう》であり、大多数のカトリック教徒の信仰心はあつい。まちがいなくヨーロッパの一部なのである。

なぜ「世界一の植民地帝国」から周辺国へ格落ちした？

スペインが塗り替えたアメリカ大陸の宗教・言語・民族地図

一四九二年、スペイン王室の援助により、コロンブスは、マルコ・ポーロの『東方見聞録』に書かれた「黄金の国ジパング」をめざして大西洋を西に向かった。しかし、行き着いたのはアメリカ大陸であった。

十六世紀になるとスペインは、アメリカ大陸で、ブラジル（ポルトガルの植民地）を除くメキシコ以南の地を植民地とし、世界一の植民地帝国として発展し、繁栄の黄金期を誇った。

その影響は、今も残る。植民地では大変熱心にカトリックの布教を行った結果、現在でもラテンアメリカでは、カトリック教徒が多数を占め、言語もブラジル以外ではスペイン語が使われているところが多い。

また、植民地で鉱山、特に銀鉱山の開発に力を注いだ。その労働力として最初はインディオを使ったが、苛酷な労働条件のもとでインディオの数が減少すると、アフリカの黒人を労働力として連れていった。そのため現在のラテンアメリカには、黒人の子孫が多く生活するようになった。

ヨーロッパの「周辺地域」からの脱出

スペインの栄光は、一五八八年、無敵艦隊がイギリスに敗れて衰退していった。

そして、一七〇四年には、スペイン南部のジブラルタルがイギリスの海外領土になった。ジブラルタル海峡は、ヨーロッパとアフリカを分け、地中海と大西洋を結ぶ戦略上の要地で、その幅は最も狭いところで約一五㎞である。

長年、スペインはジブラルタルの返還を求めているが、イギリスは返還に応じていない。

ヨーロッパは、工業・交通が発達した豊かなイギリス南部・フランス北部・ベルギー・オランダ・ドイツ・北イタリアなどの中心地域と、生産性の低い農業が中心で工業が未発達で貧しいポルトガル・スペイン・ギリシャ・南イタリアの周辺地域に分けられる。

周辺地域に位置するスペインは、多くの人びとが中心地域に出稼ぎに出かけ、ヨーロッパの中心地域への農産物・原料を供給する地域となっている。

現在スペインは、国内総生産（二〇一一年）でみると世界一二位、**EUの中ではドイツ・フランス・イギリス・イタリアに次ぐ第五位の経済大国である。しかし、製造業の競争力は小さく、不動産業と観光業中心の国である。**

スペインは二〇〇二年、通貨としてユーロを導入したことで、リゾート地を中心に不動産ブームとなり、不動産価格は上昇した。しかし、二〇〇八年頃から不動産バブル崩壊の状況に。景気の悪化にともない失業率は上昇し、特に若者の失業率が四〇％

以上となり、大規模な政府批判のデモが発生している。スペインが債務不履行になると、ＥＵ経済、さらに世界経済に大きな影響を及ぼす。

スペインの土壌が生んだ、国民性と生活文化

バルセロナにサグラダファミリア（聖家族）教会がある。この教会の建設が始まったのは一八八二年（日本では明治維新から一四年後）で、翌年からは大建築家ガウディが設計・工事を引き継いだ。ガウディは一九二六年に亡くなったが、現在も建築は続き、その完成は百年後ともいわれている。

また、スペインは、天才芸術家ピカソを生んだ国である。スペインの内戦時には、「ゲルニカ」を制作して、愛国的情熱を表現した。

スペイン人は、概して保守的であり、伝統的な祭りを大切にし、生活を精いっぱい楽しむ。

生活習慣としては、昼食を家でとり、その後シェスタ（昼寝）の時間をもっていた。しかし、最近は、自宅が遠い人の増加、ＥＵ加盟による商慣習などから、この習慣は薄れてきている。人びとがレジャーを楽しむのは夜の十時頃からで、レストラン・映画館などレジャー施設は、夜遅く始まり、夜明けまで営業している。

フラメンコは、歌とギターと踊りが一体となったもので、アンダルシア地方で発達した。その特色は、生命力あふれ激しく情熱的な「明の踊り」と、悲哀感のある「暗の踊り」にある。各地域のお祭りなどでは、観光客のためではなく、自分たちの生活に密着した形で踊られているのだ。

スペインの闘牛は、競技やスポーツではなく、フェスタ（祭り）である。したがって、血が流れ、牛が死んでも、野蛮《やばん》でも残酷でもない。アレナと呼ばれる円形の闘牛場では、赤いケープをまとい剣をもったマタドール（剣士）が獰猛《どうもう》な牛に向かって敏捷に、スリリングに動き、観客を興奮と熱狂の渦の中に巻き込む。一流のマタドールは、国民的英雄である。

現在、スペインでは**大衆娯楽が闘牛からサッカーへと変化し、動物愛護団体などが闘牛は残酷だと非難し、継続か禁止かで議論が続いている。**このような中で、闘牛への国民の関心の低下、不況による資金不足から、テレビ放送も中止される事態になった。

また、カタルーニャ州では、闘牛禁止法が成立した。さらに、牛を傷つけない闘牛（向かって来る牛を闘牛士がジャンプして避ける曲芸）などが行われるようになっている。

6 スイス　アルプスに独自の道を開く多言語国家

「石を投げれば時計店か銀行にあたる」

外国人旅行者には、「スイスでは、石を自分の後方に投げると時計店か銀行にあたる」と揶揄《やゆ》する人もいる。たしかに時計店が多い。時計は、この国が誇る輸出品なのだ。

スイスの面積は九州ほどで、国土のほとんどは山地や丘陵地におおわれる。水力発電には恵まれているものの、そのほかのエネルギー源や原材料は少ない。

時計やカメラなど精密機械の高度な技術と高い付加価値産業は、スイス人の勤勉さによるものである。しかし、工業化の基礎は化学工業であり、古くから発達していた繊維産業の染色によるものであった。近年では、医薬品工業の伸びが注目される。

スイスは、**一八一五年のウィーン会議で永世中立国として認められた**。この政治的安定に加えて、金融機関が預金者の秘密を厳守することで国際的な信用を得ている。最大の都市チューリヒは国際金融市場として成長し、その他の都市にも金融機関が多い。

国民投票の結果、ＥＵには加盟していないが、近隣諸国とは経済・文化的な結びつきが強い。

世界の人びとが憧れるスイス――観光大国

スイスはアルプス諸国の中で最も早く十九世紀から人びとの観光地となってきた。標高の高いアルプス山脈は、氷河の侵食がつくった険しい山地やU字谷、氷河湖を有する。また現存する氷河もあり、それらが観光客をひきつけてきた。一八七〇年代以降、アルプスのパノラマ地点へのロープウェイや登山鉄道が整備され、本格的な登山をすることなく、自然の景色を楽しめるようになったのである。

こうした自然美に加えて、二十世紀初頭以降にスキーの人気が高まると、スキーリゾートとしても世界的な知名度を上げた。近年では古城や都市、牧草地がおりなす風景も重要な観光資源となっており、観光産業はスイスの重要な産業としての地位をもつ。ただし、スイスの都市や有名観光地では物価が非常に高いのが難点である。

険しい山岳地形を利用した農業

山がちなスイスであるが、農地と放牧地、採草地を合わせると国土の四割近くになる。U字谷では、その横断形はU字型の断面を示すが、その谷底部分が耕地や採草地として利用されてきた。

山地では、森林限界を越えた高原草地が放牧地となる。それは斜面の向きによって大きく異なるが、標高一五〇〇～二八〇〇ｍに達する。この放牧地は「アルプ」または「アルム」と呼ばれ、アルプス山脈の名称はこれに由来する。

冬の間は、谷間の集落の牧舎で乳牛・若牛や羊などが飼育される。夏になると、家畜の多くはアルプへと移動し、谷間の集落やその周囲では冬の飼料となる草が生産される。アルプにはチーズ小屋があり、伝統的にはここでチーズの製造がなされ、現在では観光資源ともなっている。

スイスのチーズは高品質で、輸出もしている。戦争時のための備蓄と生産能力の維持という国防の点から、またアルプや農村の景観維持という観光資源の点からも、農業が保護されているのである。

多民族・多言語国家でも内紛が生じないのはなぜか？

公用語は、ドイツ語、フランス語、イタリア語、さらにロマンシュ語の四つである。

ロマンシュ（レトロマン）語は、古いケルト語の影響を受けたものとされ、国の東部

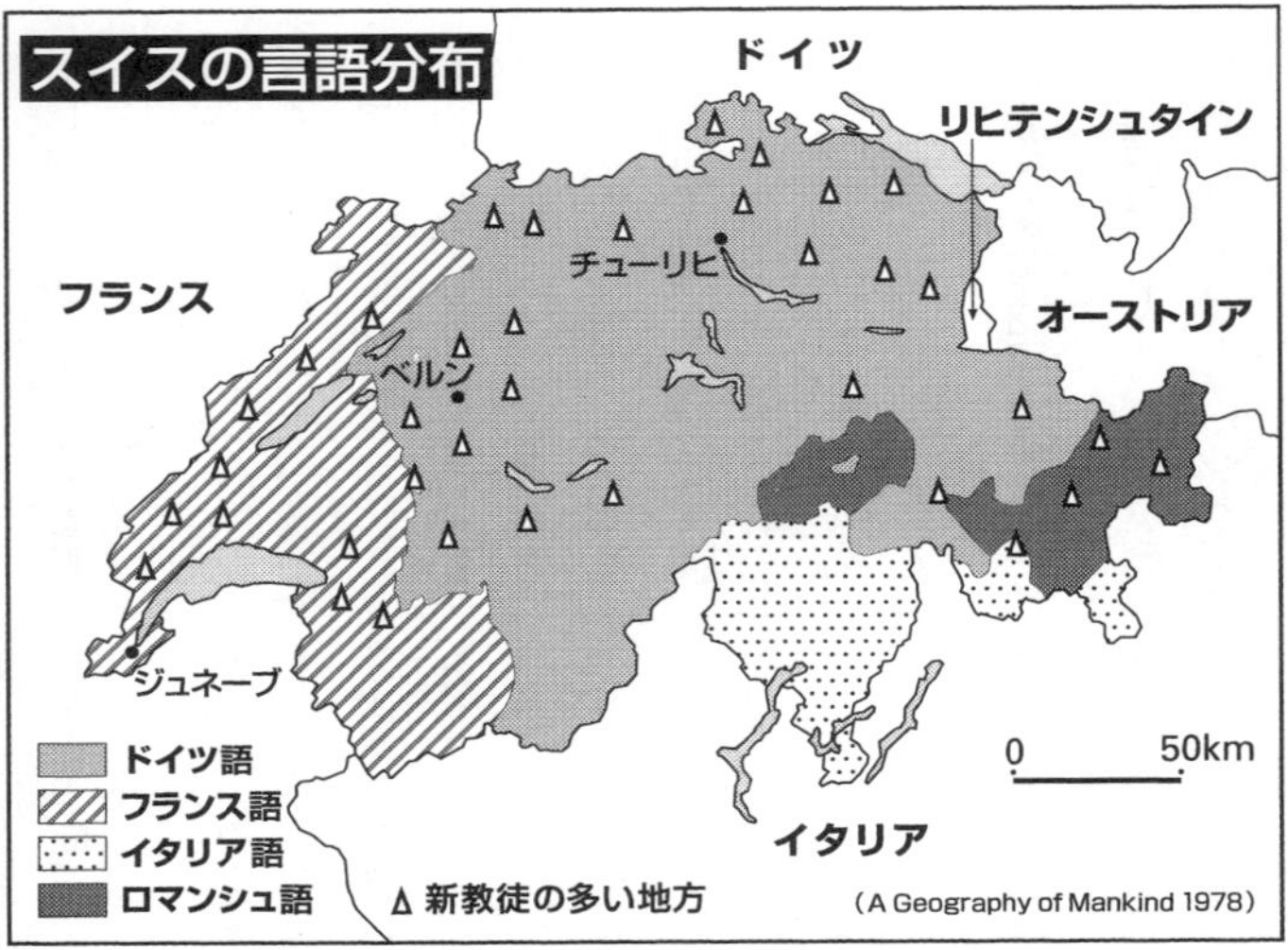

スイスの言語分布

で三万人程度が使用している。

民族としては、ドイツ系が六割を超え、国土の中央部から北東部に広がる。フランス系は約二割で西部に、イタリア系は約一割で、イタリアに近い南部に集中する。このように、スイスは多言語・多民族、ひいては多文化国家である。

多民族国家でも、言葉の問題から内紛が生じないことにはさまざまな説明があるが、連邦制が敷かれ、「カントン」と呼ばれる州が大きな力をもち、民主主義が発達しているからとされる。

国防は常備軍ではないが、国民皆《かい》兵《へい》制で、兵役義務がある。

7 オランダ

〝低い土地との戦い〟にこの国の歴史がある！

「花とチーズの国」が天然ガス発見でどう変わる？

オランダといえば、チューリップやヒヤシンスなどの球根の輸出で有名であるが、最近では切り花も重要な輸出品として名を連ねる。

アルステルダムのスキポール国際空港の近くには「アールスメア生花中央市場」があり、これが花や植物の流通拠点になっている。この市場には、オランダや近隣諸国のみならず、世界中から花や植物が集まる。競りにかけられたあと、世界各国に送られ、その一部は日本にも空輸されている。

チューリップなどの球根類は、十九世紀後半頃から栽培されてきた。オランダの農業は、労働力を多く用いて、肥料を多く投入し、きわめて集約的である。そのため、**球根・花をはじめ高い技術と集約制が求められる園芸農業が盛んである。**

加えて、酪農が全土に広がる。**世界有数のチーズ輸出国で、ゴーダチーズが有名だ。**

春から晩夏にかけて各地で行われる「チーズ市」は風物詩となっている。

かつて農牧業中心であったこの国が、工業に大きく転換した理由の一つは、国土北東部のフローニンゲン州で天然ガスが発見され、一九五〇年代から採掘されたことである。そのため、エネルギー自給率は高まり、近隣諸国に輸出もされている。

国土の四分の一が海面下——国の基盤をつくる干拓事業

国名の「ネーデルランド」は、「低い土地の国」という意味である。九州地方より小さな国の四分の一ほどが海面下に位置する。

オランダの歴史は、海に向かって土地を造成することに努める過程でもあった。小規模な干拓《かんたく》事業は、十三世紀からすでに始まっていたという。しかし本格化したのは、十六世紀後半から十七世紀であった。この時代は、オランダが海外で領土を拡張し、資本を蓄積した。築堤《ちくてい》の技術が進み、風車による排水も各地でなされた。十九世紀になると、風車は蒸気ポンプに代わった。

最大規模の干拓事業は、一九一八年に国営事業として始まったゾイデル海の干拓である。三二年に長さ二九㎞におよぶ北海堤防が完成し、**ゾイデル海は淡水化され、アイセル湖となった。**

アイセル湖には、四つのポルダー（干拓地）があり、その面積はおよそ二五〇〇㎢に達する。

オランダ人の干拓事業の長い歴史をみると、国民気質としての質実剛健、計画性、進取の気性などがうかがえる。海よりも低い土地をもつオランダ人は、常に堤防、運河、排水などの水管理に細心の注意を払ってきた。

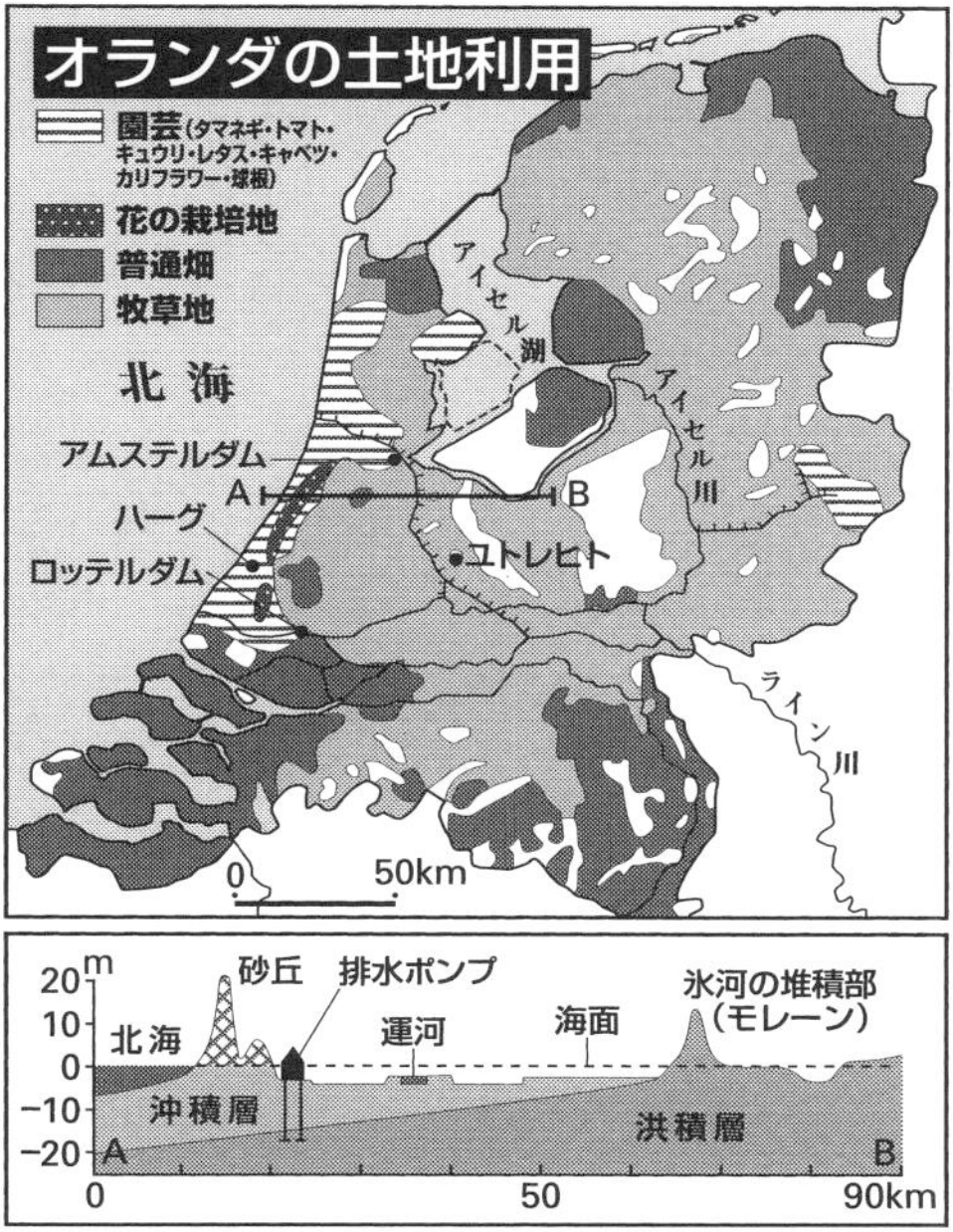

（De Grote Bosatlas 1981 ほかより作成）

近年の地球温暖化傾向は、国民の一大関心事である。将来、海水面が上昇すれば、国土の危機となるからである。

オランダ人は自転車を好んで利用する。通勤・通学はもちろん、買い物やレジャーなどにも使われる。自転車は低平な国土に適し、何よりも環境に優しい乗り物である。

四大都市――アルステルダム、ハーグ、ロッテルダム、ユトレヒト

アムステル川河口に、首都のアムステルダムが位置する。中心市街地は、中央駅を中心として半円形に広がる。約一六〇の運河と一〇〇〇の橋があり、まさに「水の都」である。

政府と王宮はハーグ（デン・ハーグ）にある。ロッテルダムは、世界最大クラスの港であるユーロポートをもつ。巨大な港湾地区には、用途の異なる複数の港が立地し、その一部には石油化学工場群がみられる。ユトレヒトは、大学を有するとともに、ゴシック様式の大聖堂を有する歴史都市でもある。

以上の四都市を含め、ほかの**諸都市が、オランダ中央部の大西洋岸に環状に分布することから「ランドスタット（環状都市）」と呼ばれる**。この都市圏は全人口の四割以上を集め、国土の中核をなしている。

なお、**ランドスタットの西部は南北ホラント州にあたり、このポルトガル語読みの「オランダ」が日本に伝わった。**

8 ギリシャ

地理的・経済的に〝ＥＵの周縁国〟

「紺碧のエーゲ海」の裏の素顔

日本人にとってギリシャとは、輝く太陽、紺碧《こんぺき》のエーゲ海、「ヨーロッパ文化のゆりかご」としての神殿群のイメージがある。

ギリシャの国土は日本の三分の一ほどである。地形は山がちで、島が非常に多い点は日本と類似する。国土面積の五分の一を島が占め、島の数は、無人島まで含めると一万近くになる。

土地の大半はやせており、森林が少なく、石灰岩が露出する風景が目立つ。しかし石灰岩が変成された大理石が産出され、古代の神殿建築物などに利用されてきたのである。

農業も重要な産業である。農業就業人口の割合は、二〇〇〇年当時のＥＵ加盟国で最も高い。しかし、農業経営は一般に小規模で、生産性は高くない。国土の北部を除く大半は、夏の乾燥と高温の地中海性気候に対応して、オリーブ、綿花、タバコなどが栽培され、ワインの生産もみられる。

一方で、観光業は成長部門であり、古代ギリシャの伝統、エーゲ海、石灰岩のまちなみなどを目的に、日本をはじめ世界中から観光客が訪れる。

ローマ教会と絶縁したギリシャ正教とは？

国民の大半が信仰するギリシャ正教は、十一世紀にローマ教会と絶縁して派生した。

全国各地に教会が目立ち、長い黒衣に身を包み、豊かなひげをたくわえた聖職者が街を歩く。

ギリシャ正教は、キリスト教の中でもとりわけ教義と儀式が重んじられ、象徴的かつ神秘的な傾向があるといわれる。例えば、神の重要性が強く、敬神の念はあつい。一生のうち洗礼や結婚、年中行事、葬儀にいたるまで、宗教にかかわる度合いが大きい。このように人びとと宗教の結びつきが強いのである。

財政赤字・急速な工業化・環境問題——山積する難問

国の財政赤字が続いているが、これが大きな問題となっている。外国に対する債務がつのり、国内総生産の一年分をつぎ込んでも借金返済ができず、二〇一〇年にはギリシャ国債が暴落した。

これはユーロ圏全体の財政悪化のみならず、世界の金融危機への発展につながるものとして懸念されている。ＥＵ自体の経済政策、ドイツやフランス、さらにはＩＭＦなどの援助によって最悪の事態を回避できている。

工業化の程度はもともと低かったが、首都アテネから第二の都市テッサロニキまでの高速道路沿いに、繊維や鉄鋼業などの近代的工場が立地している。亜炭《あたん》と褐炭《かったん》（石炭化度の低い石炭）の産出量は世界有数である。

アテネ都市圏には、人口のみならず、工場も集中する。首都への過集中により、例えば、大気汚染などの環境問題が深刻化している。大気汚染は酸性雨をもたらし、二〇〇〇年以上前に完成し、古代アテネの象徴でもあるパルテノンやエレクテイオンをむしばんでいる。

ヨーロッパの南東端——バルカン半島・トルコ

ギリシャは〝民族のるつぼ〟のバルカン半島にあり、その建国は何世紀にもわたる異民族支配の末になされたものである。

とりわけ、近年、隣国トルコとの領土問題は絶えない。キプロス問題では、南部のギリシャ系住民によるキプロス共和国政府と、北部のトルコ系住民による北キプロス・トルコ共和国とが対立している。両者の境界には平和維持軍が駐留する。

ギリシャは一九八一年にＥＣ（現ＥＵ）加盟を果たしたが、ポルトガルとともに、位置的にも、経済的にも周縁部に位置するといわれていた。しかし、バルカン半島を背後にひかえ、中近東とも近い位置関係にある。この地の利を生かしてこそ、今後の国の発展が約束されるのであろう。

9 スウェーデン

"胎内から天国まで"を保障する福祉大国

夏は午前二時に太陽が昇り、冬は午後三時に太陽が沈む

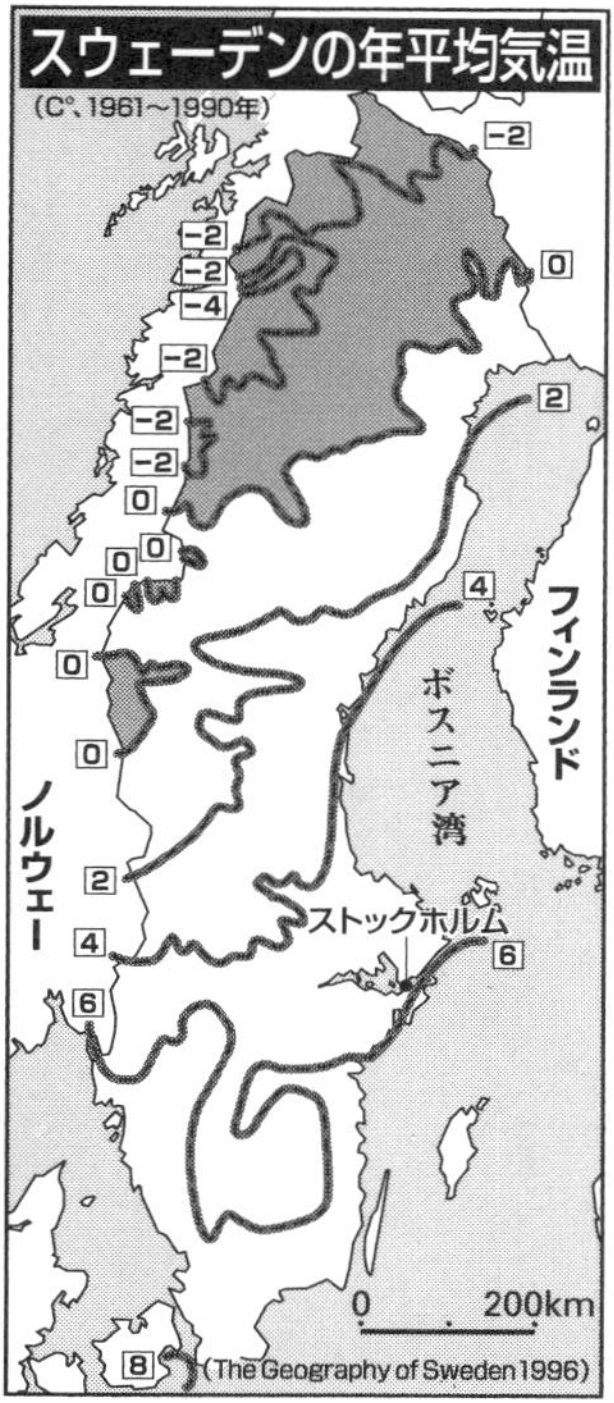

　かつては氷河が国土をおおい、それが溶けた跡には、無数の湖沼や河川が残った。国の面積は日本の約一・二倍の四五万km²で、その半分以上が森林である。スウェーデン人はこよなく自然を愛し、その精神が多数の国立公園を生み出している。

　国土の南北の長さは一六〇〇km近くに達し、

南部には広葉樹がみられるが、北部では針葉樹林が広がる。森林は当然、資源にもなる。木炭の生産から、技術の発達によって、製材、パルプ、製紙が主要な輸出品になっている。

人口のほとんどは南部に住むが、首都のストックホルムでも北緯六〇度近くである。高緯度ゆえに、人びとは「白夜《びゃくや》」を味わう。**五月下旬から七月中旬まで、真夜中でも太陽が北の空にみえ、星が輝くほど暗くはならない。午前二時頃には、太陽が昇る。**

毎年、六月二十四日（聖ヨハネの日）頃に夏至《げし》祭が催され、広場などで人びとは伝統的な衣装を身にまとい、輪になって踊る。この夏至祭が過ぎると、多くの人びとは夏季休暇に入ってゆく。サマーハウスという週末や夏休み用の別荘の所有率も高く、豊かな生活を楽しむ「生活大国」でもある。

一方、冬になると日の出は九時を過ぎて、日没が午後三時頃になり、太陽の光をみる時間が短い。このため、北欧の人びとの「太陽へのあこがれ」の強さは、日本人には想像しがたい。

高緯度だが、冬には低緯度からの気団が入り込み、暖流の北大西洋海流の影響もあって南部は温帯気候である。ストックホルムの二月の平均気温はマイナス三℃程度、年平均気温は六・六℃である。これは、一八度も低緯度の函館と類似している。

移民を出した農業国から移民を受け入れる国へ

今世紀初頭まで農業国であったスウェーデンは、土地がやせており生産性も低かった。十九世紀半ばから今世紀まで、およそ一〇〇万人の移民が送り出された。現在の人口が九〇〇万強なので、移民数の多さがうかがえる。移民先はアメリカ合衆国が多く、特にミネソタ州に移住した農民が多かった。

この国の産業革命は、ヨーロッパの中では遅れ、一八六〇年代後半から始まった。その要は鉄鉱石資源の存在である。トーマス製鉄法の発明により、リン分を含む鉄鉱石からリンが除去されて、質の良い鉄鋼が生産されるようになると、金属工業を中核として北欧一の工業国に成長した。近年では、自動車、通信機器、金属製品などの製造業や、バイオ関連産業などの先端産業も発達している。

国の経済水準が高まると、他国からの移民が増えた。現在では、**人口の約一五%を移民が占め、最も多いのはフィンランド人である。**次いで、旧ユーゴスラビア、イラク、ポーランドなどからが多い。ナチス・ドイツの迫害者をいち早く受け入れるなど、外国人移民の入国には積極的であり、「多文化社会」の形成をめざしてきた。

従来、ドイツやフランスなどで生じている外国人問題はほとんどないとみられてきたが、移民子息の教育、犯罪の増加といった問題も顕在化しており、反移民の動きも広がっている。

貿易と福祉――ＥＵ加盟後にどうなった？

スウェーデンは、中立政策をとり、国際的には平和運動のリーダー役を務めてきた。また、諸外国との貿易にも積極的である。

輸出入ともに機械製品が多く、先進国相互間の貿易、すなわち「水平貿易」が主体である。**一九九五年のＥＵ加盟により、外交も北欧中心からＥＵに向けられ、特に貿易相手国はＥＵ諸国中心となって、市場が拡大している。**

かつてイギリスの社会保障が目標とした「ゆりかごから墓場まで」を超えて、**「胎内から天国まで」をモットーとして福祉国家を築いてきた。**その背景には、かつて階級社会が厳存し、貧乏国であったため、階級なき徹底した平等社会が求められて、一九三〇年代から福祉政策が国家政策の中核になったことがある。

しかし、七〇年代以降、経済不況により経済成長は減速し、失業率も増加し始めた。世界最高水準をもった社会保障制度は、国民の減税、公的部門の削減、民営化の推進など、新たなタイプの福祉国家を求める選択が迫られている。

10 ロシア連邦

「世界最大面積の国」に山積する課題とは？

「ソ連解体後でも、世界の八分の一の面積を占める国」

面積は日本の四五倍、国内の時差が一〇時間

ロシア連邦は、ヨーロッパからアジアにまたがる広大な領域をもち、東西一万一〇〇〇km、南北は四五〇〇km。国土面積は約一七〇〇万km²で、日本の四五倍にも達し、世界の八分の一を占める世界最大の国である。**西端の東経二〇度から東端の東経一七〇度までおよぶため、九の標準時が設けられ、一〇時間も時差がある。**

国土の大部分は、高緯度（北緯四〇～七〇度）に偏っているため、温帯から寒帯まであるが、全般的に冬の寒さが厳しい。また、気温の一日の中での差と年の中での差が大きく、降水量や湿度が比較的小さい、大陸性気候の特徴がよくあらわれている。

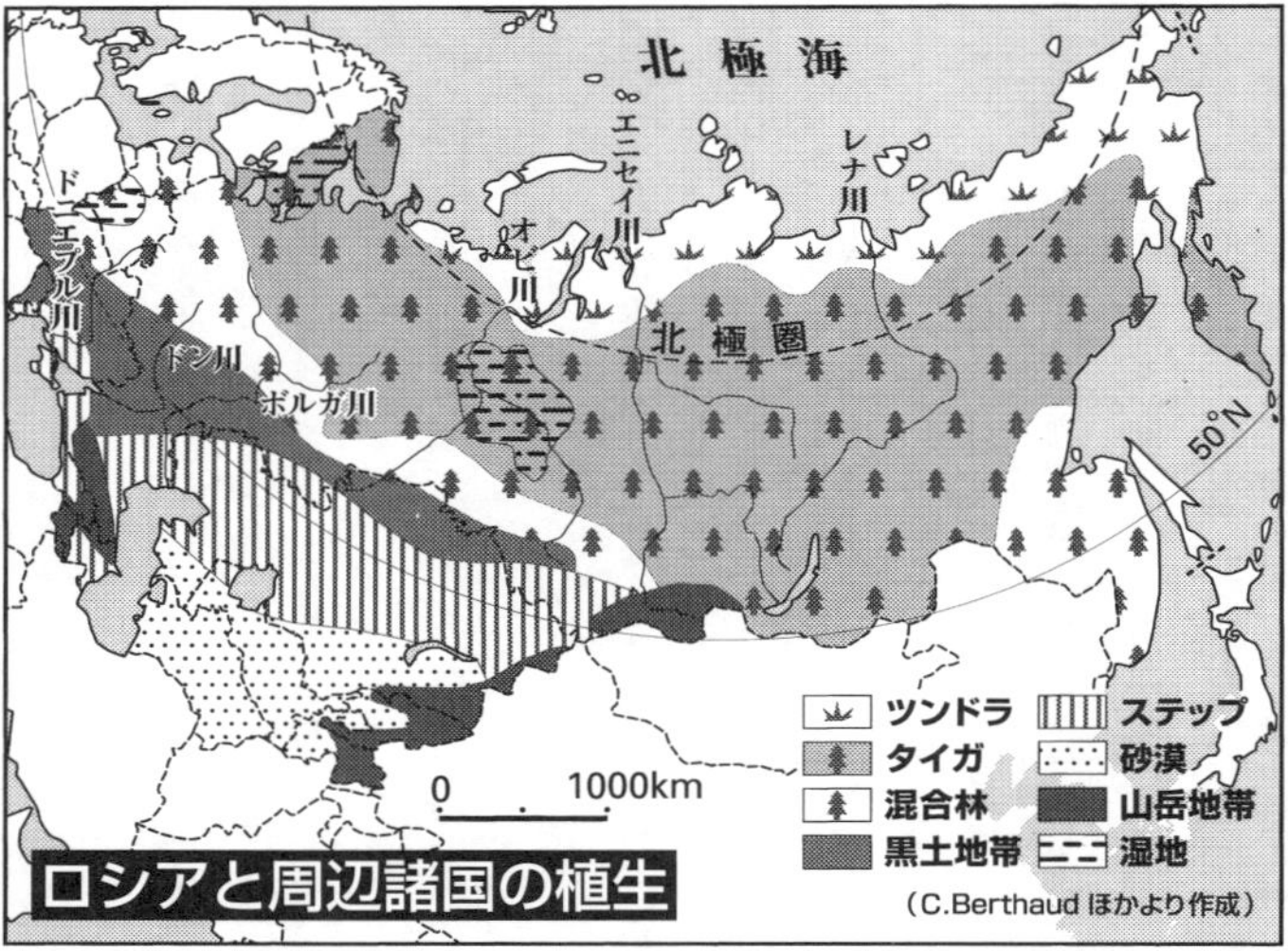

ロシアと周辺諸国の植生

河川や沿岸は冬に凍結し、二〇〇日以上も氷に閉ざされるところもある。氷結しないのは、北大西洋海流の影響を受けるコラ半島のムンマルスク付近と黒海沿岸地域だけである。

気候帯をみると、北極海沿岸のツンドラ気候、その南のタイガ（エゾマツやトドマツなどの針葉樹林）が分布する亜寒帯気候では、西から東に向かって大陸性気候の特徴が強くなり、気温の一年のうちでの差が六〇℃を超える。

中央アジアでは、周囲を山に囲まれるため降水量が少なく、ステップ気候や砂漠気候が広がる。

黒海沿岸やカフカス地方は温帯気候である。

植生と土壌も、気候の影響を強く受けて、緯度と平行に特徴があらわれる。北極海沿岸には夏に蘚苔《せんたい》類や地衣《ちい》類が生育するツンドラ、南に行くにつれて、ツンドラと森林が混じる森林ツンドラ——針葉樹の純林（単一種の木）からなるタイガ——針葉樹と広葉樹の混交林（二種以上の木）——森林ステップ——短い草地となるステップ——砂漠へと変化する。

タイガ地帯では、灰白色をした、酸性が強く農耕に適さない「ポドゾル」と呼ばれる土壌が分布する。ヨーロッパロシア南部からシベリア南部にかけて広がる森林ステップからステップ帯には、「チェルノーゼム」と呼ばれる有機質に富む肥沃な黒色土が分布する。小麦栽培を中心とした、旧ソ連の穀倉地帯である。

多くの民族が共存したソ連の明暗

旧ソ連の人口は約二億八〇〇〇万で、中国、インドに次いで世界第三位であった。その人種と民族はきわめて複雑で、一七〇以上数えるといわれた多民族国家だった。

中心となったのは、スラブ系のロシア人で半数を超え、これにウクライナ人が二割弱で続いていた。これ以外はいずれも五%未満で、白ロシア人、アジア系のウズベク人、タタール人、カザフ人、キルギス人などであった。

一五の主要民族がそれぞれの民族名をもつ社会主義共和国を組織し、それらが連邦を構成してソビエト社会主義共和国連邦となっていた。それ以外の民族は、自治共和国、自治州、民族管区に編成され、少数民族の自治が保証されていたのである。民族同様に多くの言語がみられたが、公用語はロシア語であった。

一九八〇年代半ばに成立したゴルバチョフ政権は、マルタ会談（八九年）で冷戦を終結、軍事費の削減に努めた。さらに共産党の一党独裁を放棄、共和国への権限移譲、国営企業の独立採算制の導入、市場経済の導入などの新しい政策を打ち出した。

しかし、計画経済から市場経済への転換はつまずき、逆に経済の混乱をもたらした。同時に、共産党の中央統制がゆるみ、各共和国の民族運動が激化し、ソ連崩壊の道をたどることになった。

九一年九月にはリトアニア、ラトビア、エストニアのバルト三国が独立。バルト三国の独立運動は、ソ連内の共和国の自治権拡大運動を刺激し、十二月にはロシア連邦をはじめとするほかの共和国も独立して、**世界最大の社会主義国家は解体・消滅することになった。**バルト海や黒海では海洋に面する国土が縮小し、また中央アジアでもカザフスタンをはじめ多くの国土を失った。

多民族の特性を受け継いだロシア連邦

ロシア連邦もまた、ソ連と同様に多民族国家である。スラブ系のロシア人がおよそ八割を占めるが、ウクライナ人やモンゴル系など一〇〇以上の民族からなる。

少数民族は共和国・自治州・自治管区をつくり、ソ連の崩壊期に各共和国で生じたように、ロシア連邦内の共和国でも独立への動きがみられる。

特に、北カフカスの小国チェチェン共和国では、独立をめざす動きに反対するロシア軍との間で、戦闘が繰り広げられた。チェチェン共和国の独立を認めると、旧ソ連崩壊と同じようにロシア連邦崩壊につながることを恐れ、ロシア連邦側も強硬であり、紛争が続いている。

「計画経済はなぜ産業をだめにしたのか？」

「大規模農業の国」がなぜ農産物の輸入国に？

計画経済では、中央の計画に基づいて国営・集団農場や工場での生産計画を立て、目標に向かって生産活動が行われた。

ソ連の農業は、ロシア革命後、まず土地改革が行われて大農場は解体された。その後は五カ年計画のもと、農業の集団化が進められ、コルホーズ（集団農場）とソフホーズ（国営農場）が成立し、発展した。平均農地面積は、前者で約六六〇〇ha、後者で一万七八〇〇haと大きかった。

農業の集団化は、大規模な機械化農業を可能にした。また人びとは、耕地の拡大や農業生産力の向上に努めてきた。

しかし、自主性が認められない集団経営は、農民の生産意欲を減退させ、生産量の増加に結びつかないという問題が起きた。また天候不順や流通機構の未発達などの影響も受け、ついには農産物の輸入国となった。

ペレストロイカ以後は、コルホーズとソフホーズの大半は、株式会社や生産組合などへと私有化された。しかし、その多くは看板を掛け替えただけで、実質的には大きな違いはなく、九〇年代半ばまで農業生産は減少した。

現在では農業企業が穀物やテンサイ、ヒマワリといった商品性の高い畑作物生産を担っている。それは、「黒土地帯」、特に国土の南西部でみられる。一方で、農村住民の個人副業が、野菜や畜産などの部門で生産を増やしている。

重工業開発の表と裏

ロシア革命後、中央集権化された計画経済のもとに、工業化、特に重工業優先政策が進められてきた。

中央機関から末端組織まで、ピラミッド型の管理機構を通じて、生産ノルマが課された。豊富な鉱産資源を合理的に結合し、生産性の高いコンビナート方式の工業地域が開発され、工業は順調な発展を続けた。この結果、一九六〇年代までは、鉄鋼、石油、化学肥料などの重化学工業部門の一部では、アメリカを上回った。

例えば、ウラル地方は、鉄、銅、ニッケルなどの原料資源や石油に恵まれる。第二次五カ年計画で、この地に鉄鋼業を中心とする重工学工業地域を開発した。製鉄用の石炭は、二〇〇〇㎞も離れたクズネツク炭田からシベリア鉄道で輸送された。

六〇年代以降は、経済の活性化を図るために利潤導入方式が採用された。全国を一八の経済地域に区分して、地域内の企業と資源を合理的に結びつけ、経済地域の基礎単位となる地域生産複合体（コンプレックス）を設定したのである。

重化学工業の発展は順調であったが、消費財部門の軽工業の遅れという問題点をかかえていた。生活水準が上がるとともに、国民の生活必需品の不足は決定的となった。

計画経済による硬直化した経済は、品質向上や技術革新を妨げた。その結果、国際市場でソ連製品は見向きもされなくなる。石油危機以後、西側諸国では、鉄鋼を中心とする重厚長大産業から、エレクトロニクス技術を中心とする軽薄短小型産業への転換が進んだが、ソ連ではその動きに取り残されることになった。

ペレストロイカにより市場経済が導入されたが、当初は混乱し、物不足も進んで市民生活も苦しくなった。

現在では、**豊富な地下資源に基づく鉱業は、原油や天然ガスといった資源価格の高騰により比較的順調である。**また、軍事需要向けの防衛産業が発展部門で、兵器や戦闘機の生産が盛んとなっている。こうした重工業主体の性格は不変である。またモスクワ近郊などでは外国資本の進出もあり、精密機械や先端技術産業が成長している。

「眠れる資源の大地――シベリア開発の課題とは？」

低地・高原・山地帯――シベリアとはどんなところか？

シベリアはウラル山脈以東に広がる地域で、オビ川からエニセイ川にかけての西シベリア低地を中心とする西シベリア、エニセイ川からレナ川にかけての中央シベリア高原を中心とする東シベリア、レナ川以東の山地帯が多い極東地方の三地域に区分される。

シベリアを流れる河川の多くは、北流して北極海に注ぐ。冬季の六～七カ月間は凍結し、船での航行はできないが、平坦なそり道として使われる。短い夏の期間には、北極海の沿岸航路とともに重要な交通路となる。シベリアの重要な都市が、河川沿いやシベリア鉄道沿いにあるのもこのためである。

西シベリア低地は、大部分がタイガにおおわれた標高二〇〇m以下の広大な平野で、沼や湿地が多く、泥炭地が広がっている。北部に広がるツンドラ地帯は、永久凍土の表面が溶けても水はけが悪いため、大小無数の湖沼ができる。その南には、針葉樹の疎林があらわれ、やがて一面の針葉樹林、タイガになる。カラマツ、エゾマツ、トウヒなどの豊かな森林帯は、ポドゾルという土壌の上に広がる。ここまたは、シカ類やクロテンなどの動物の宝庫でもある。

中央シベリア高原は、ほとんど一〇〇〇m以下の台地で、レナ川の東には山地帯が広がる。この地域の気候は、西シベリアよりも大陸的な気候で、特に冬の寒さは厳しい。レナ川中流域からヤナ川上流域では、年降水量が三〇〇㎜以下と少ない。夏は二〇℃を超える日があるが、冬の平均気温はマイナス四〇℃以下となることもある。

永久凍土ではどんな人びとがどんな生活をしている？

シベリアにはブリヤード、ヤクート、ネネツ、エヴェンキ（ツングース）など二七の先住民族が住み、共和国や自治管区を形成している。

エヴェンキ人は東シベリアの広い地域に居住する先住民で、日本では「北方ツングース」として知られる。彼らは東シベリアのタイガで、狩猟・漁労とトナカイ飼育を組み合わせて生業としてきた。

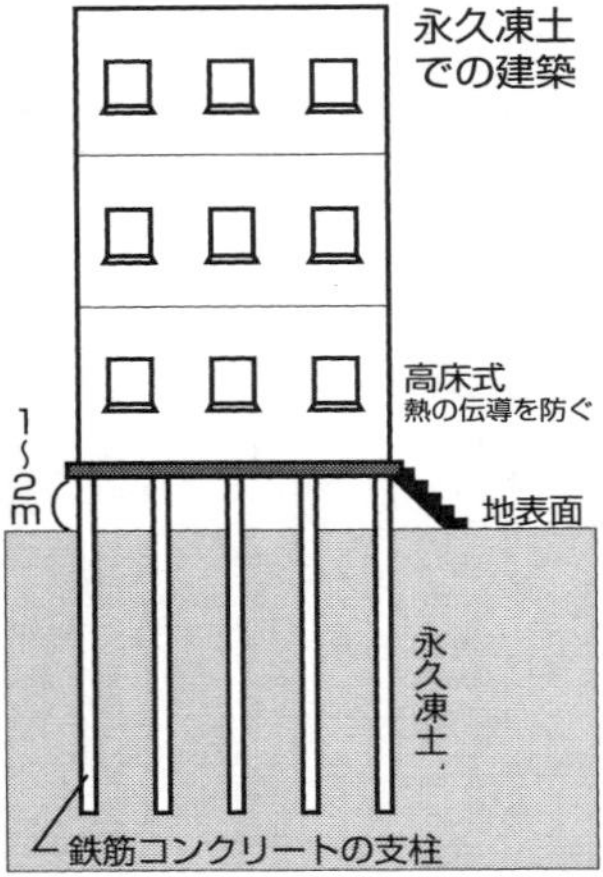

トナカイは、もともとは人や荷物を運ぶ役畜として飼育されていたが、現在では肉や皮をとるために遊牧している。夏は北のツンドラ、冬は南のタイガと、牧夫は交代で定住地から離れて、テント生活をしながら飼育している。

レナ川流域に居住するヤクート人は、狩猟・漁労のほかに、夏はテントで生活して馬や牛、時にはトナカイを遊牧し、普段は窓の小さい木造の家に住んでいた。しかし、ロシア人の進出により、鉱山・建設労働者が増加すると、都市周辺では穀物や野菜を栽培したり、新しく工場労働者として働いたりする者も増えている。

彼らが住む家は永久凍土の上にじかに建てられているため、建物の熱の影響を受けて地面が溶け、傾いている例も少なくない。

永久凍土層に建てられる高層建築などは、暖房などの熱で凍土が溶けないように工夫されている。

長さ一二～一六mの鉄筋コンクリート製の杭を二mほど地上に残して打ち込み、その上に鉄筋コンクリートと厚板をのせ、これを土台として高層建築物を建てるのである。いわば高床式で、内部の熱が伝わらないため、傾く心配はない。給湯、暖房、上下水道などのパイプも高床式で、地表面にむき出しで設置されている。

鉱産・林産・水力資源――何が開発の障害になっている？

シベリアは、鉱産・林産・水力など豊かな資源に恵まれているが、帝政ロシア時代は「流刑の地」であり、一九〇四年のシベリア鉄道開通以降に農業開発が進められた。

シベリア鉄道は、当時のロシアのみならず、その後のソ連、さらには世界の政治・

経済・軍事にとって重要な路線であった。**モスクワからウラジオストク間の九二九七㎞におよび、その間の列車移動は現在でも約七日を要する。**

シベリアの本格的な開発は、第一次五カ年計画以降であるが、その大規模化は五〇年代末以降である。労働者の賃金をヨーロッパ側のロシアより高くしたり、住宅などの福利厚生施設を充実させたりして、労働力の確保が図られた。

西シベリア（チュメニ）油田の開発、エニセイ川・アンガラ川の巨大な水力発電所建設、鉱産資源や林産資源の開発など、数か所にコンプレックス（地域生産複合体）を設定して工業化を進めてきた。八四年に完成したバム鉄道は、第二のシベリア鉄道と呼ばれ、工業化を加速させた。

しかし、シベリア開発の最大の障害は、労働力不足と、消費地であるヨーロッパロシアから遠いことである。高賃金が保証されるものの、厳しい自然環境の中で生活するための社会的インフラが十分とはいえないため、離れていく人もかなりある。

ソ連崩壊後は、経済停滞により不安定な時代が続いたが、**近年の石油・天然ガス価格の高騰により、シベリアの鉱業は持ち直しつつある。**極東地方の遅れが目立つが、日本などの外国資本によるサハリンでの石油開発が進行しつつある。また、ヤクートの天然ガス開発にも期待がかかる。

「日本とロシアを結びつける島、対立させる島」

ビザなしで交流できる島とは？

北海道根室《ねむろ》市の花咲《はなさき》港には、ロシア連邦の老朽船が連日、岸壁に横付けされている。カニ、エビなどの魚介類が水揚げされ、帰りの空船には、日本の中古車や電化製品、食料品が積み込まれる。北方四島やロシア極東地域には、日本の商品が目立つようになっている。

一九九一年四月、当時のゴルバチョフソ連大統領が訪日した際に、日本と北方四島住民がビザ（査証）なしで交流できることに合意し、翌年より実現した。四島とは、歯舞《はぼまい》群島、色丹《しこたん》島、国後《くなしり》島、択捉《えとろふ》島である。

「ビザなし交流」では、日本側からは元島民とその家族、領土返還運動者、報道陣などに限られているが、毎年十数組が出かけている。九九年からは、元島民とその家族は「自由訪問」というかたちで訪問が可能になっている。

「北方領土」はなぜロシアに占領されたままなのか？

第二次世界大戦後、歯舞群島、色丹島、国後島、択捉島のいわゆる北方領土は、ロシア連邦に占領されたままである。日本政府は、日本固有の領土として返還を求めている。

では、北方領土問題はなぜ起こったのか、その経緯をみてみよう。

一八五五年—日露和親条約により国境を得撫《ウルップ》島と択捉島の中間に定め、樺太を雑居地と決める。

一八七五年—樺太・千島交換条約で、樺太全島がロシア領、千島全島が日本領と定められる。

一九〇五年—ポーツマス条約で、ロシアは樺太の北緯五〇度以南を日本へ永遠に譲渡する。

一九四五年—ヤルタ協定で、ソ連参戦の代償として、南樺太・千島列島がソ連に引き渡されることを決定（日本は、これは連合国の秘密協定で拘束されないと主張）。

ポツダム宣言で、日本の主権を本州、北海道、九州、四国および連合国の決定する諸小島に限定（日本は諸小島については未定であり、最終的には平和条約で決定されるべきだと主張）。
一九五一年―サンフランシスコ条約で、日本は千島列島と南樺太などを放棄（日本は北方領土はこれらの範囲に含まれないと主張）。
一九五六年―日ソ共同宣言で国交を回復。ソ連は日ソ平和条約締結後、歯舞諸島、色丹島の返還を約す。

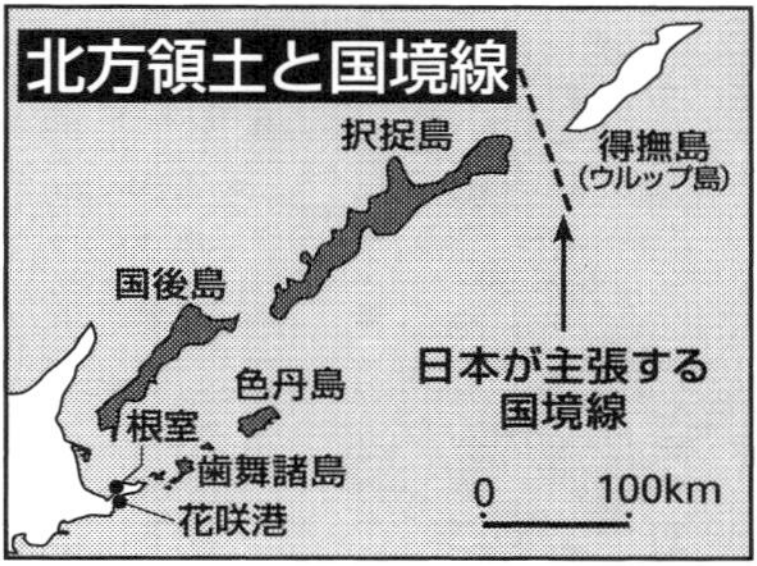

その後も、歴代政府において、ソ連、ロシア連邦との間で領土問題がしばしば話題に上るが、未だ進展せず、ロシアに占領されたままである。

11 ポーランド

大国に国境を翻弄された〝平原〟の国

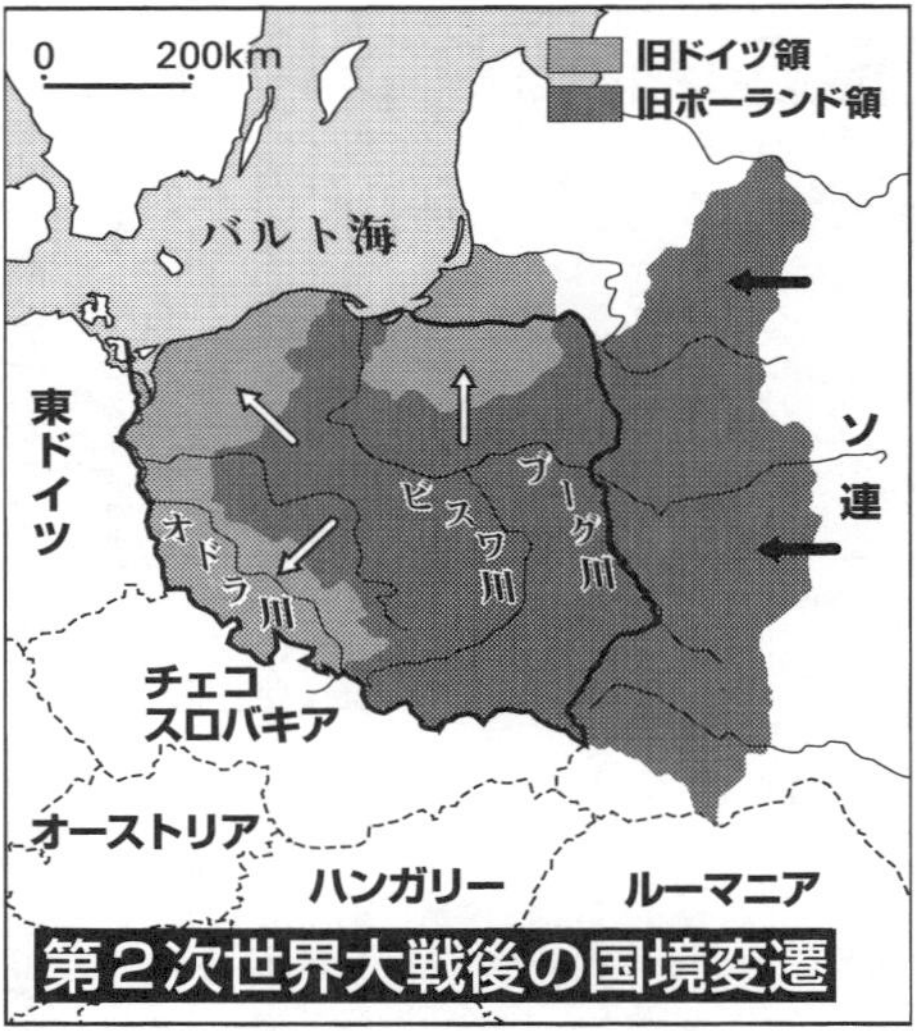

第２次世界大戦後の国境変遷

国土の分割・独立・編入――そして社会主義の成立と崩壊へ

ポーランドは、ヨーロッパの中央部、北はバルト海に面し、東はロシア、西はドイツといった強国に挟まれている。

十四〜十八世紀末までは独立国家であったが、その後はロシア、プロイセン（ドイツ）、オーストリアに分割され、第一次世界大戦後に独立した。

第二次世界大戦中は、ドイツに編入されたが、戦後、再び独立した。しかし、国の領域は西に移動した。東部の農業地帯が旧ソ連領となり、西部の旧ドイツ領時代に開発された工業地帯を得た。

第二次世界大戦中には多くのユダヤ人が居住していたが、この国の南部にあるオシフィエンチム（ドイツ名、アウシュビッツ）などの強制収容所で虐殺されたのは、周知のとおりである。

一般に、スラブ系民族は東方正教を信仰するが、ポーランド人のほとんどはカトリック教徒である。カトリック教会と深くかかわり、精神的支柱となっている。

第二次世界大戦後は、ソ連の影響下で、社会主義政権が誕生した。しかし、ハンガリー動乱、プラハの春に続いて、一九八〇年にはポーランドでも民主化への動きが激化した。経済混乱によるストが全土におよぶと、当時の政権はスト権と自主連帯労組「連帯」を合法化した。しかし、再び元の状態に戻ってしまった。

ソ連のペレストロイカを機に民主化運動は活発化し、八九年には東欧革命が起こった。同年の選挙で連帯が勝利し、民主主義国家へと変貌した。

その後は、ソ連軍の撤退、ＮＡＴＯ加盟、資本主義経済への転換、西側資本の導入などの激変の時代を経て、**二〇〇五年にはＥＵ加盟を果たした。**

農業の生産性が低い、地理的・歴史的な理由

国土の大部分が北緯五〇度以北に位置するが、北大西洋海流と偏西風の影響を受ける西部は、緯度のわりに温和な気候である。東部の内陸に向かうほど大陸性気候になり、冬の寒さも厳しくなる。

ポーランドはスラブ語で「平原」を意味するように、国土の九割以上が標高三〇〇m以下の大平原地帯である。

氷河時代には、国土の大半が北部から拡大してきた大陸氷河におおわれ、氷床はワルシャワ付近まで南下した。氷河が消失した跡には、湿地や湖沼《こしょう》が広がり、ハイデと呼ばれる荒地・やせ地となっている。一方、南部はレス（黄土《おうど》）におおわれている。

国土の約六割が農用地であるが、やせ地や沼沢《しょうたく》地の多い地形、冷涼な気候など、どの点からみても作物の栽培条件にはあまり恵まれていない。

レスの広がる南部は、小麦やテンサイなどの栽培が盛んであるが、その他の地域では、ライ麦やジャガイモなど、寒さに強い作物が栽培されている。

社会主義時代には、零細な個人農を中心とした農業経営が行われてきた。しかし、それが農業の機械化や近代化の遅れの要因となり、生産性の低さが目立っていた。

市場経済導入後に農業は自由化されたが、その直後は補助金の廃止などにより農業生産は落ち込んだ。しかし、外国資本の導入などによって農業の再生が試みられている。ＥＵ加盟後は、ＥＵ諸国向けの有機栽培などが盛んになっている。

外貨導入進む東欧最大の重化学工業国

第二次世界大戦前のポーランドの工業は、繊維や食品などの軽工業がみられる程度で、主要な工業製品の多くはドイツから輸入していた。

戦後は、豊富な埋蔵量の炭田を有するシロンスク地方を、ドイツから併合して以来、石炭などの地下資源を基盤とする重化学工業中心の工業開発が進められ、東欧最大の工業国となった。**シロンスク地方は、「東のルール」とも呼ばれていた。**

東欧諸国では工業開発の主体は重化学工業部門であり、食料品や繊維など消費財部門の工業は立ち遅れ、常時物不足の状態が続いた。

東欧革命後は、アメリカやドイツなどの外国資本が導入され、工業の再生が図られた。しかし、ポーランド人がより賃金の高いドイツやイギリス、フランスで労働者として働くようになり、社会問題にもなった。近年、ポーランドの経済が安定すると、賃金の上昇がみられ、ポーランドに戻る移民が増えている。

column

ヨーロッパにない〝ＥＵ〟

「ＥＵ」は日本語で「ヨーロッパ連合」。その名から、ヨーロッパだけの地域的まとまりだと思っている人が多い。だが実は、ＥＵは〝ヨーロッパ以外〟にもある。

それは、ヨーロッパ諸国が世界に進出した名残といえる。イギリスやフランス、ポルトガル、スペイン、オランダそしてデンマークが、今でも海外領土をもち、そこに住む人びとは、本国の国籍をもつ限り原則としてＥＵ市民として扱われる。

海外領土自体は、地理的・歴史的な要因から、原則としてＥＵには含まれないのだが、次に挙げる地域は〝ＥＵの領域〟としてＥＵ作成の地図に明記されている。

アフリカ大陸では、地中海岸にあるスペイン領セウタとメリリャ。大西洋上に浮かぶスペイン領カナリア諸島とポルトガル領のアゾレス諸島、マディラ諸島、フランス領グアドループ、マルティニク。インド洋のフランス領レユニオン。そして南米大陸にはフランス領ギアナ（面積・人口規模は、一部の加盟国より大きい）。

これらの地域では、基本的には〝ヨーロッパ内のＥＵと同じ扱い〟を受けるのだ。

逆に、デンマーク領グリーンランドは、かつてはＥＣ（当時）に含まれていたが、一九八二年に住民投票の結果、ＥＣから離脱し、ＥＵにも属していない。

ヨーロッパのその他のおもな国々

バチカン　東京ディズニーランドより狭い世界最小国で、人口は1000人に満たないが、カトリック教会の総本山。統治者はローマ法王であり、議会は存在しない。
ハンガリー　首都ブダペストは、ドナウ川を挟んで、政治の中心ブダと商工業の中心ペストが合併した、一極集中の大都市。国民の95%以上がマジャール人。
セルビア　首都ベオグラード。旧ユーゴスラビア連邦の中心地域であったが、旧ユーゴ崩壊後、セルビア・モンテネグロの国家連合を経て、2006年に独立した。
アイスランド　首都レイキャヴィク。エネルギー供給のほぼ100%を水力と地熱で賄うエネルギー政策先進国。2008年の経済危機以降、ＥＵへの加盟を検討。
ノルウェー　首都オスロ。海岸にはフィヨルドが発達し、暖流の影響を受ける。北海油田があるが、最近は産油量が減少している。EU には非加盟。
リトアニア　首都ヴィリニュス。第２次世界大戦期、駐在していた杉原千畝がユダヤ人に通過ビザを発給した。旧ソビエト連邦からいち早く独立、2004年ＥＵ加盟。
ウクライナ　首都キエフ。旧ソビエト連邦の構成国で、1991年に独立。肥沃な黒土が広がり、「ヨーロッパの穀倉地帯」と呼ばれた。1986年のチェルノブイリ原子力発電所事故後、原発を停止するが経済が悪化、2006年の政策で原発を推進している。

チュニジア
リビア
エジプト
チャド
スーダン
エリトリア
ジブチ
カメルーン
ソマリア
エチオピア
中央アフリカ
南スーダン
赤道ギニア
⑦
ケニア
⑥
赤 道
⑧
⑤
セーシェル
コンゴ
民主共和国
⑨
タンザニア
アンゴラ
コモロ
ザンビア
モーリシャス
ジンバブエ
マラウイ
ナミビア
マダガスカル
ボツワナ
モザンビーク
南 回 帰 線
スワジランド
南アフリカ
レソト

5章 アフリカの国々が面白いほどわかる！

アフリカの概観

植民地・紛争・貧困……なぜ歴史のしわ寄せがくる？

「サハラ砂漠で分けられるアラブ世界とブラックアフリカ」

北アフリカが「中近東」にくくられる理由

アフリカ大陸は、アジア大陸に次ぐ世界第二位の大きさであり、そこには、約一〇億の人びとが生活し、州（大陸）別では最大の五四の国がある。

アフリカの地域区分については諸説あるが、地理的にはサハラ砂漠を基準にして南北に分けるのが一般的である。すなわち、**サハラ砂漠より北を北アフリカ、南を中・南アフリカと呼んでいる。**

北アフリカの住民の大部分は、白色人種系のアラブ人で、宗教はイスラム教、使っている言葉はアラビア語である。北アフリカと西アジアは、イスラム教とアラビア語の共通する世界であり、中近東と呼ばれることがある。さらに西アジアと北アフリカの二二カ国は、カイロを本部とする民族主義的なアラブ連盟を結成している。

「ブラックアフリカ」とはどんな世界なのか？

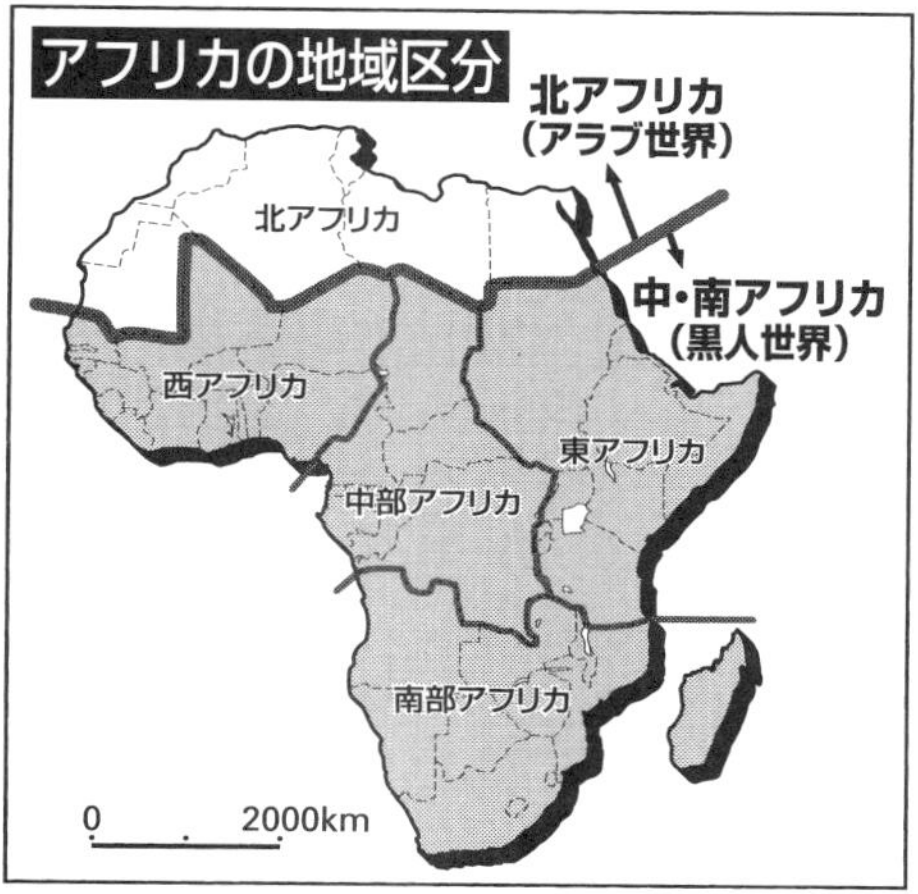

一方、中・南アフリカは、西アフリカ、中部アフリカ、東アフリカ、南部アフリカと分けることがある。

西アフリカはギニア湾岸北部の地域である。中部アフリカは、大部分の国の公用語がフランス語であり、自然的条件の厳しい地域。東アフリカは、インド洋に面した地域で、世界の最貧国と呼ばれる国々がみられる。南部アフリカは、気候条件に恵まれ、鉱産資源の豊かな地域である。

中・南アフリカの住民の大部分は黒人

であり、ブラックアフリカと呼ばれる。そのほかにコンゴ盆地を中心とする地域にピグミーが、カラハリ砂漠を中心にサンが、採集・狩猟生活をしている。

一方、南アフリカには多くの白人が住んでいる。

中・南アフリカは、一様性と多様性の世界である。まず一様に、文字・車輪・すきなどが発達せず、人びとは草や粘土の家に住んでいる。物質文化への執着が弱く、人も物も強大な自然の循環系の中に入っているような生活である。

一方、身体的特色・宗教・言語などからみると、多様性の世界といえる。成人男子の平均身長が一八〇cmを超す世界一高身長のヌエルもいれば、成人男子でも一五〇cm以下の、世界で最も背の低いピグミーもいる。

言語は、約八〇〇種が話されているといわれる。

宗教は、植民地時代の布教活動によりキリスト教徒が多いが、祖先や自然物を対象とする伝統的な信仰もみられ、**ギニア・ナイジェリアなどギニア湾岸の国々にはイスラム教徒も多い。**

このような多様性から、中・南アフリカには、一〇〇〇を超す部族（部族という語は、未開というような意味を含むが、本書では、民族よりも小さく、地縁・血縁関係をもつ同じ文化の人びとの意味で使う）が存在している。

「この気候と地形が「アフリカの歴史」を決定づけた！」

赤道をまたぐ大陸の面白い気候分布とは？

アフリカ大陸は中央部を赤道が通り、南北に緯度三五度付近まで広がる。日本と比較すると、アフリカの北端に位置するアルジェが、京都とほぼ同緯度である。アフリカの大半は熱帯気候と乾燥気候であり、南端と北端に温帯気候がみられる。気候は、赤道を軸として南北に対称に分布している。

コンゴ盆地を中心とする地域には熱帯雨林が広がる。常に高温多湿の熱帯雨林は、常緑広葉樹の巨木とシダ・草・蔓《つる》が繁茂してジャングルになり、猿・爬虫《はちゅう》類・昆虫が生息する。密林なので、動きがとれない大型動物はみられない。

熱帯雨林は、高温多湿でさまざまな種類の動植物が生息し、貴重な生物種の宝庫である。その中にはエイズウイルスやエボラウイルスなど、人間を脅かすウイルスもいる。また、人類にとって未知のウイルスがまだ数多くあると予想されている。

熱帯雨林の北と南には、サバナが広がる。サバナは、低温期の乾季にも育つ耐乾性

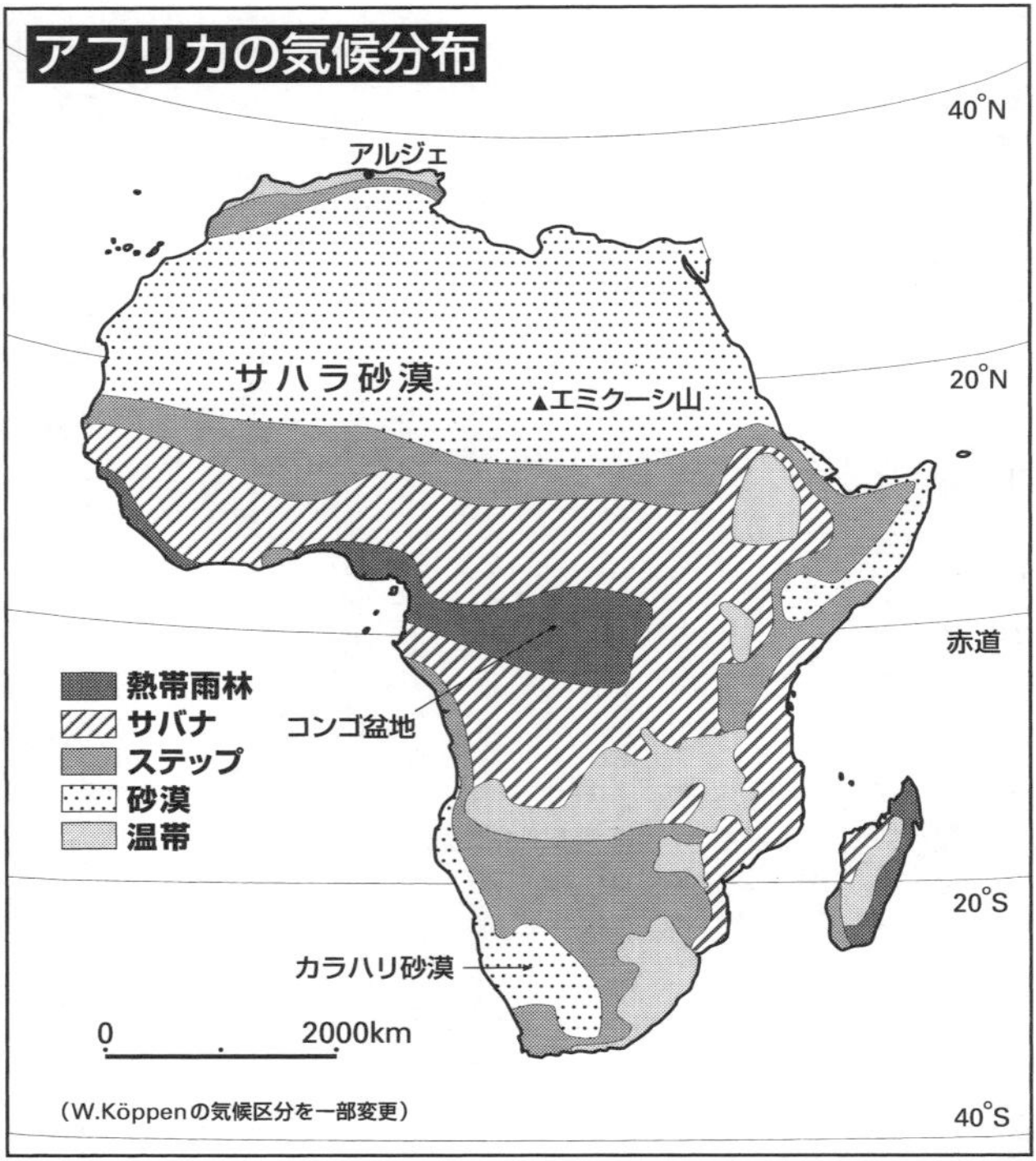

の樹木がまばらに生え、高温期の雨季には草が生育する草原である。

サバナの草や木の葉を餌にして象・サイ・シマウマ・キリンなどの草食動物が暮らし、その草食動物を餌として肉食動物のライオン・ヒョウなどが生活する。象やキリンのいるアフリカの写真は、サバナの光景である。

サバナの北側と南側は降水量が少なくなるため、草しか生えていないステップ地帯、ほとんど植物のない砂漠地帯と続く。サハラ砂漠は、アフリカ大陸の約三分の一を占め、ほぼアメリカ合衆国の面積に匹敵する世界最大の砂漠である。

砂漠気候の北と南、つまり大陸の北端と南端には、温帯の地中海性気候がみられる。

「台地と短い海岸線」が発展を妨げた!?

アフリカ大陸の海岸線は凹凸が少なく、海岸線の長さは、面積では三分の一以下のヨーロッパよりも短い。

また、**アフリカ大陸は、その約六〇%が標高五〇〇m以上の台地である。**そして、海岸近くまで台地が迫っている地域が多く、多くの川は、海の近くで急流や滝となっている。そのため、天然の良港に恵まれず、交通手段が未発達だった時代には、ほかの世界との交流が進みにくかった。

アフリカ大陸は、高さの違う台地から構成されている。

サハラからスーダン、コンゴ盆地にかけての地域は低い台地で、さらにサハラ砂漠中央は高原となっていて、エミクーシ山（三四一五m）などの古い火山がある。

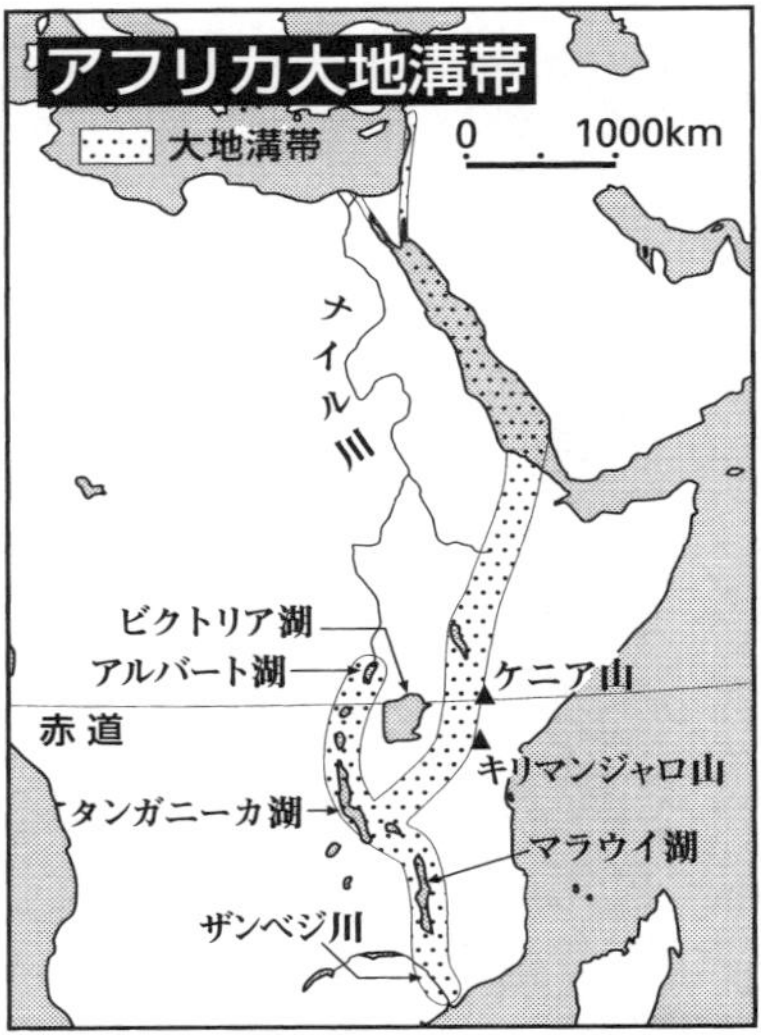

東アフリカと南部アフリカの地域は、高い台地である。南部アフリカには一〇〇〇mを超える高原が広がり、東アフリカには三〇〇〇mのエチオピア高原や、二〇〇〇mに達する東アフリカ高地がある。この地域に、アフリカ大陸最高峰のキリマンジャロ山（五八九五m）とアフリカ第二のケニア山（五一九九m）がそびえている。

地球の裂け目？――大陸東部に湖が集中する理由

地図をみると、エチオピアの中央部からビクトリア湖に続く地帯と、ウガンダのアルバート湖からマラウイ湖に続く地帯に、南北方向に多くの湖があることに気づく。

その中のタンガニーカ湖は、ロシアのバイカル湖に次いで深さ世界第二位で、標高が七七三mであるのに深さが一四七一mもある。その最深部は海面下六九八mにも達し、いかに深い地球の裂け目であるかがわかる。

これらの湖のある地帯は、紅海からザンベジ川河口まで続くアフリカ大地溝帯の一部である。**アフリカ大地溝帯は、今から五〇〇～一〇〇〇万年前に形成が始まった。幅が三五～六〇㎞、南北約六〇〇〇㎞にわたる巨大な地球の裂け目である。**

この裂け目がなぜできたか正確なことはわかっておらず、将来（何億年後）、海に成長するか、このままになるかは不明である。

アフリカはアフリカプレートと呼ばれる一つのプレートにのっていて、地殻的に安定した大陸であるが、大地溝帯の周辺だけは、キリマンジャロ山などの火山が多く、火山活動が活発で地震も多い。

「発展を妨げる〝植民地時代の負の遺産〟とは？」

飢餓が出ているのに農産物輸出が多いのはなぜ？

セネガルからチャドに至るサハラ砂漠南縁のサヘル諸国（サヘル＝縁・境界を意味するアラビア語サーヒルから）では、一九七〇年代前半と八〇年代前半に大規模な干ばつが発生し、多数の餓死者《がし》が出た。

また、「アフリカの角」と呼ばれるエチオピアやソマリア、さらに、モザンビークやアンゴラでも、干ばつや内戦による飢餓《きが》が発生している。

このように中・南アフリカでは飢餓が発生しているが、一方で農水産物を輸出している国が数多くみられる。

マリでは多くの綿花を、エチオピア・ウガンダは多量のコーヒーを、モザンビークではエビを輸出している。また、コートジボワール・ガーナはカカオ豆、ケニアは茶、ナイジェリア・セネガルは落花生の世界有数の輸出国である。

慢性的な食糧不足を生み出す経済構造とは？

中・南アフリカでは、一九八〇年代から慢性的な食糧不足が続いている。その原因の一つに、独立後も残る植民地時代の経済構造がある。

植民地時代、アフリカ諸国は宗主国により自給自足の経済を破壊され、宗主国のための嗜好《しこう》品や工業原料の供給地に変えられてしまった。

そのため、現在でも、農産物や木材・鉱産物などの一次産品の輸出で外貨を稼ぎ、食糧や工業製品を輸入する経済構造になっている。さらに、輸出を特定の一次産品に頼るモノカルチャー経済になっている国が多い。

一次産品は、世界経済の景気と深く結びついている。

例えば、コーヒー・カカオ豆は嗜好品であり、豊作になると供給過剰となり、景気が悪くなると需要が減少し、価格の低下にみまわれる。また、石油を除いた多くの一次産品価格は、世界市場で工業製品の価格上昇に見合うような価格上昇がみられず、安いままである。

その結果、**一次産品の輸出依存度が高いアフリカ諸国は、貿易赤字が増加して外貨不足に陥り、農業生産に必要な肥料などを輸入できない**状況が続いている。

食糧不足の原因には、モノカルチャー経済の弊害のほかに、急速な人口増加、周期的に発生する大干ばつ、急激な都市化による農村での働き手の減少、政府の農業政策の失敗などもある。

アフリカでは、このような状況下で、工業を進めるための生産財（部品・機械など、生産に必要な製品）や工業原材料を買うこともできず、停滞の悪循環に陥っている国が多い。

「内戦・紛争が絶えないのはなぜか？」

直線の国境がアフリカの悲劇を生んだ

一九六〇年代、アフリカには多くの独立国が誕生し、六〇年は「アフリカの年」と呼ばれた。しかし、その際、人種・部族・宗教などの違いや人びとの生活範囲などを考慮することなく分割された植民地の境界が、そのまま国境となってしまった。

アフリカ諸国にみられる直線の国境線は、植民地分割のときに地図上に定規で引かれた線である。そのため、一つの国家の中に、異なる言語・生活・宗教・習慣などをもつ多くの部族が寄り集まった、モザイク国家となってしまった。

そして、植民地の国境を引き継いだための国境紛争、国家と部族の軋轢《あつれき》、根強い部族間対立、言語や政治・経済・軍事上の利害対立や干渉、クーデターなどを要因にして紛争が頻発している。

アンゴラは、七五年、旧ソ連の支援で独立を宣言した。しかし、アメリカの支援を受けた勢力との間で内戦に突入し、その後、南アフリカ・キューバも介入した。

八八年頃に一段落したものの、九二年から九七年に再び内戦状態となり、現在でも、反政府組織の武装解除ができていない。

六七年から七〇年のナイジェリアのビアフラ戦争は、ハウサ族やフラニ族優位の政治に対する、ナイジェリア産油地域に生活するイボ族の不満が爆発したものであった。ルワンダではツチ族とフツ族の対立が続いた。九〇年代中頃には少数派のツチ族やフツ族の穏健派が、急進派のフツ民兵に五〇万人以上も虐殺される事件が発生し、多くの難民が、ルワンダからコンゴ民主共和国（キンシャサ）やタンザニアに流入した。ほかにウガンダ・マリ・セネガル・リベリア・エチオピア・スーダンなど多くの国々で、反政府ゲリラの活動、軍事クーデター、分離独立運動が発生し、アフリカは紛争多発地域となっている。

「アラブの春」の原動力となったもの

二〇一〇年、チュニジアの二十六歳の男性が路上で野菜や果物を販売し始めたところ、警察は販売許可がないとして商品を没収した。男性はこれに抗議して焼身自殺をはかった。

この事件をきっかけにして、大学卒業後も就職できない若者を中心に、職の権利や発言の自由を求めて全国でストライキや大規模デモが発生した。

さらに二三年間の長期政権から生じた腐敗政府の退陣要求も加わり、二〇一一年、チュニジアの政権は崩壊した。これはチュニジアを代表する花であるジャスミンにちなんで「ジャスミン革命」と呼ばれた。

ジャスミン革命同様の反政府デモは、ヨルダン・シリア・イラク・イラン・サウジアラビアなどの西アジアに拡大した。また、北アフリカでは、モロッコ・アルジェリア・リビア・エジプトと、全域で反政府デモが発生した。

リビアでは二〇一一年、最高指導者カダフィの独裁体制に対する大規模デモが発生し、軍はデモ参加者に無差別攻撃をして多数の犠牲者が出た。その後、国連の非難決議や経済制裁、NATO軍の支援があり、四二年間におよんだカダフィ政権が崩壊した。

エジプトでも、二〇一一年当初から、若年層の高い失業率、穀物高騰による貧困層の経済状況の悪化などから、ジャスミン革命に触発されて大規模なデモが頻発し、約三〇年間続いたムバラク政権が崩壊した。

以上の一連の民主化運動を「アラブの春」と呼んでいる。これらの原動力となったのは、一般民衆の力であり、携帯電話やフェイスブック・ツイッターなどのネットメディアであった。

なぜ南スーダンは独立したのか？

スーダン北部は一八二一年にエジプトが、南部は一八七七年にイギリスが占領し、一八九八年には南北がイギリスとエジプトの共同統治となり、一九五六年スーダンとして独立した。

しかし、**スーダン北部はアラブ系イスラム教徒が、南部はアフリカ系キリスト教徒や伝統的宗教の信者が多く、独立以来対立していた。**

七四年、南部で油田が発見されると、北部のイスラム系政権は南部の自治権や将来の分離独立の住民投票を取りやめた。一方、南部の住民は反乱を起こし、北部の政権と内戦となり激化していった。

二〇〇五年、和平合意がなされ、南部は自治権を回復し、二〇一一年に分離独立に関する住民投票を実施することになった。その結果、分離独立票が圧倒的多数を占め、南スーダン共和国としてアフリカ第五四番目の国が誕生した。

しかし、油田をめぐって国境の一部が未確定であり、北部にしかない石油パイプラインの使用交渉は行き詰まったままである。

1 エジプト ナイル川の恵みで「アラブ世界の中心」に

なぜ「エジプトはナイルの賜物」といわれたのか？

国土面積の九六％が砂漠!?

アフリカの北東の隅にあるエジプトは、ほぼ四角形をしている。そして、シナイ半島の西はずれに沿って延びるスエズ運河が、紅海と地中海を結んでいる。

国土は、ナイル川のデルタ（三角州）と河《か》谷《こく》地帯を除くと、そのほとんどが砂漠である。特にナイル川の西側は、単調な砂地のリビア砂漠であり、サハラ砂漠へとつながっている。多くのピラミッドも、砂漠の中にある。実に**エジプトの国土面積の九六％が砂漠である。**

エジプトの気候は、北部のごく一部の地中海沿岸が地中海性気候であるほかは、大部分が砂漠気候である。降水はほとんどなく、特に四月から十月は全国どの地域でも雨が降ることはない。カイロの年降水量は約二五㎜で、最も多い一月でも、約五㎜程度の雨が降るのみである。

四～五月には「ハムシーン」と呼ばれるサハラからの砂嵐が吹き、気温は三五℃くらいまで上昇する。細かい砂が空中に充満し、窓を閉めても砂が室内に侵入し、太陽はかすんでしまう。エジプトへの旅行は、春は避けるのが賢明であろう。

七月が夏の盛りで、カイロで三六℃、アスワンでは四二℃くらいまで気温が上昇して暑い。しかし、湿度が低く、心地よい北風が吹くため、日陰に入ると快適でさえある。冬は、比較的温暖で過ごしやすい。

なぜ砂漠の中を世界最長のナイル川が流れる?

上空からエジプトをみると、広大な茶褐色の砂漠の中に、ナイル川の流域だけ幅八～一六㎞くらいの緑の帯が続いている。エジプトの人口の大半がこの緑の帯の中で生活している。まさに、ナイル川はエジプトの生命線である。

ナイル川は世界最長の川で、その源流部は、赤道付近のビクトリア湖やエチオピア高原西部である。

ナイル川流域は砂漠気候で雨は皆無《かいむ》に近いが、源流部は一年中雨の多い熱帯雨林気候地域や高温期に雨の多いサバナ気候地域で、多くの雨がもたらされる。この大量の雨により、ナイル川は、砂漠を貫通して流れることができる。

このような河川を、ほかの地域から水がもたらされることから「外来河川」という。

ナイル川の水量は、古代から毎年規則正しい変化を繰り返してきた。

すなわち、源流域に大量の雨がもたらされる六月半ばから増水を始め、秋にピークとなる。すると、堤防の取水口を開けて、ナイルの泥水を畦《あぜ》で囲った畑に導き、冠水したまま放置しておく。そうすると、水とともに肥沃な泥が供給される。水が引くと小麦などの種まきをし、春には豊かな収穫が約束されていた。

毎年繰り返されるナイル川の規則正しい洪水は、水分と肥料分をもたらし、エジプト繁栄のもととなった。これを古代ギリシャの哲学者・ヘロドトスは、「エジプトはナイルの賜物《たまもの》」であると表現した。

また、ナイル川はほとんどの箇所で航行可能であり、北風を利用して「フェルッカ」と呼ばれる細長い帆掛け船で物資が運ばれ、重要な交通路ともなっている。

一九七〇年、旧ソ連の援助によりナイル川にアスワンハイダムが完成し、ナイル川の水をコントロールできるようになった。

その結果、年間を通して耕作できる灌漑《かんがい》農業地域が広がり、洪水や渇水を未然に防げるようになった。さらに、水力発電による電力は、エジプトの工業発展や農村の電化をもたらした。

アスワンハイダムの完成は、エジプトの農業を、冬作の小麦中心の農業から、夏作の綿花栽培も同時に行う農業に変化させた。

「エジプト綿」と呼ばれるエジプトの綿花は質がよく、「白い金」とまで呼ばれ、世界市場で競争力を確保。重要な輸出品となり、エジプト経済の発展に貢献した。

ところが年が経つにつれて、**アスワンハイダムのさまざまな弊害がみられるようになった。**ダムの建設で洪水の被害はなくなったが、洪水によって毎年流されていた風土病の宿主である巻貝が流されなくなり、住血吸虫《じゅうけつきゅうちゅう》病が蔓延《まんえん》した。

また、ダムの下流域では水量が減少し、肥沃な土壌の供給がなくなり、農地の地力は低下し、多くの化学肥料が必要となって農民の負担が増加した。上流からは泥や砂の供給が止まり、下流域の河床が侵食された。ナイルデルタでは、灌漑用水の供給で地下水位の上昇による塩害《えんがい》が発生した。

アスワンハイダムの建設は、乾燥地域での灌漑農業の難しさを私たちに考えさせることになった。

「アラブ世界とイスラム文化の〝首都〟カイロ」

「アラブ」とはどこを指すのか？

エジプトの正式国名は「エジプトアラブ共和国」で、アラブ人の国である。アラビア語を使い、イスラム教を信仰する人びとをアラブ人、その文化をイスラム文化と呼ぶ。その範囲は、西アジアから北アフリカに広がっている。

エジプトでも使われるアラビア語は、イラクからモロッコにまで広がっている。

また、イスラム教の信者は、アラビア語で礼拝することが義務づけられ、すべてのイスラム教徒はただ一人のカリフ（君主）を戴《いただ》き、一つの国をつくらなければならないと教えられている。このようなことが、アラブ諸国の結束の強さと結びついている。

アラブ諸国の独立を達成し、主権を守るために、**アラブのニ一カ国とＰＬＯ（パレスチナ解放機構）が加盟して、アラブ連盟が結成されている。**その本部はカイロにおかれ、カイロはアラブ世界の政治の中心地となっている。

エジプト人口の四分の一が住む街

カイロはイスラム文化の中心でもある。その象徴が、カイロのアズハル大学である。アズハル大学は、アズハルモスク内に開設されたイスラム教の教学の場が起源で、世界最古の大学ともいわれている。現在では総合大学となっているが、イスラム教の最高学府として、全世界からの留学生を受け入れ、卒業生はイスラム世界の宗教指導者や教師として活躍している。

さらにカイロでは、多くのアラビア語の本が出版され、アラビア語の映画・テレビドラマが制作されている。それらがアラブ諸国に輸出され、大きな影響を与える。

カイロの中心部は、モスクや低い家並み・狭い道路のあるアラブ的な旧市街である。そして、周辺地域には、ビルの立ち並ぶヨーロッパ風の近代的市街が形成されている。

エジプトの人口は約八〇〇〇万だが、そのうち、カイロとその周辺の人口は約一八〇〇万で、全人口の約四分の一の人びとがカイロとその周辺で生活している。

イスラム教の〝教え〟とエジプト式「生活習慣」

エジプトの人びとの生活には、イスラム教が大きな影響を与えている。

イスラム教では、一人の男性は四人まで妻をもつことが許されている。しかし、現実には二人以上の妻をもつ男性は、一％未満と少ない。

エジプト社会は、家系に重要な意味がある。そのため実の兄弟姉妹のつながりが強く、親戚づきあいが重要である。結婚の場合は、家と家との格式、富のバランスなどが問題となる。また、花婿は、新居や結婚資金として多額のお金が必要なため、青年の中には、産油国などに出稼ぎに出かける者もいる。

エジプトの女性の服装は、イスラム教により肌をみせる服装や体のラインがはっきりする服装が禁じられている。そこで、女性のおしゃれは手首や足に集中する。派手な金の腕輪や指輪をし、靴に気を遣う。カイロの靴屋は、色や柄《がら》が世界一といわれている。イスラム服のベールなどにも今風の装いが工夫されている。

エジプトの一般家庭の料理は、羊肉の炭焼き（カバブ）や米をスープで煮たもの、レンズ豆のスープなどが中心である。一日のうち最も豪華な食事は昼食である。大人も子どもも午後一時頃には帰宅し、家族全員で食事をとる。特に夏は二〜三時間の昼寝をする。この間は電話や訪問は厳禁で、真夜中と同じような扱いである。

砂漠気候であるエジプトでは、太陽が沈むと急速に気温が下がる。そして、冷気が心地よい夜に、人びとは集まって食事をしたり、話に花を咲かせたりする。

2 アルジェリア

地中海沿岸と砂漠地帯が対照的な国

広大なサハラ砂漠から雪の降るアトラス山脈まで

アルジェリアは、チュニジア・モロッコとともにマグレブ（日の沈む地＝極西）諸国と呼ばれ、北アフリカの西端に位置している。

国土面積は日本の約六倍もあるが、その八〇％以上が南部に広がるサハラ砂漠である。

サハラ砂漠は、ハマダと呼ばれる岩石砂漠とエルグと呼ばれる砂砂漠から成り立っている。ここが砂漠となったのは、今から一〇〇万年ほど前である。砂漠はその後の氷期と間氷期《かんぴょう》の繰り返しとともに、寒い氷期には現在よりも南に拡大し、暖かい間氷期には縮小を繰り返した。

現在のサハラ砂漠の中央に位置するタッシリ＝ナジェール高原の絶壁に、壁画が描かれている。最も温暖湿潤であった今から六〇〇〇～八〇〇〇年前にはサハラ砂漠は

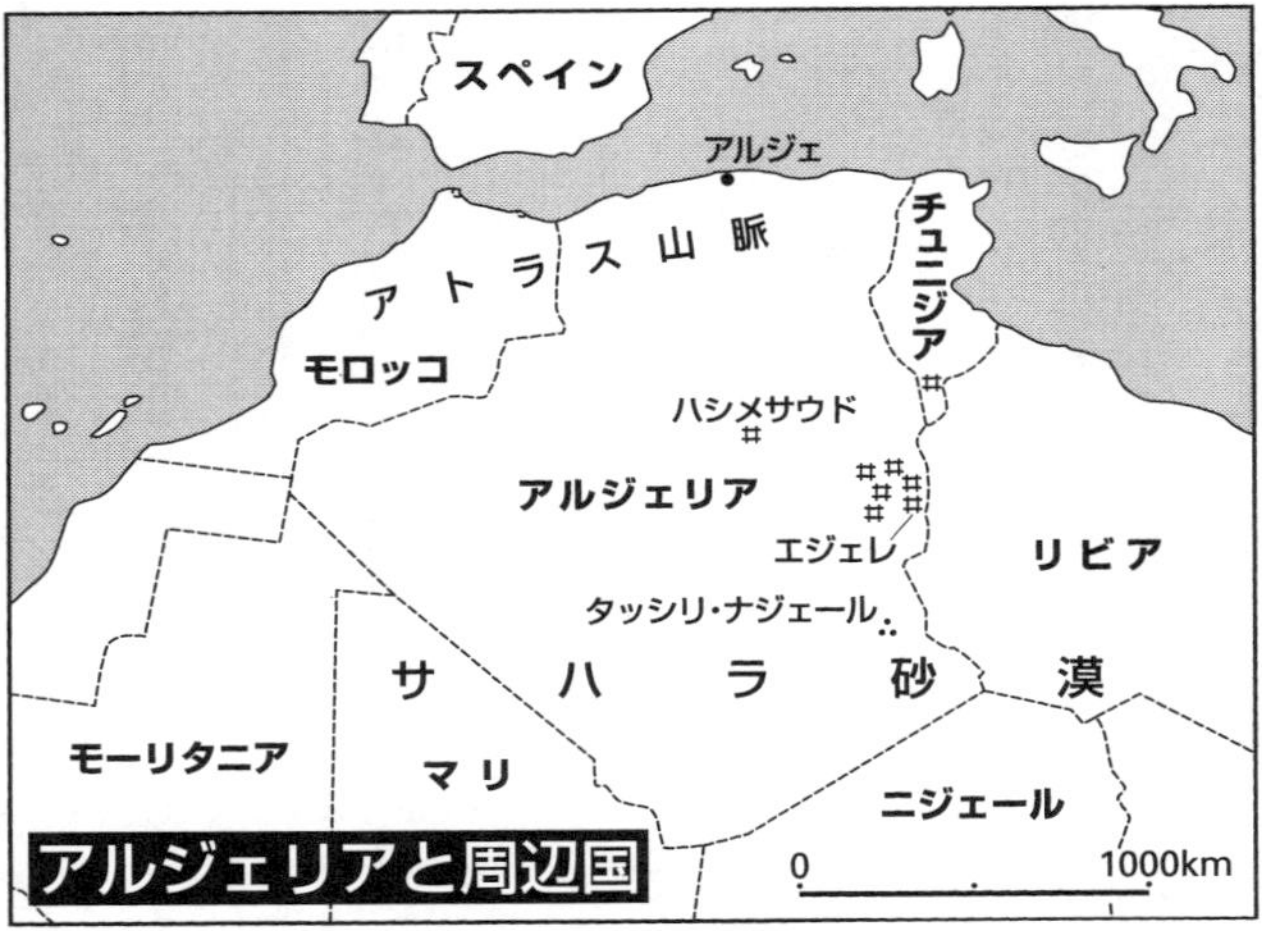

アルジェリアと周辺国

縮小していたため、壁画が描かれた地域は、草原となり豊かな生活ができたのである。しかし、その後の氷期で再び砂漠となり、その生活も文化も滅亡してしまった。

一方、北部に東西に連なるアトラス山脈では、冬には積雪がありスキー場も造られている。

地中海に面した地域は地中海性気候であり、南ヨーロッパと同じく、人びとは、オリーブ・オレンジ・ブドウを栽培し、冬には主に小麦を栽培して生活している。

二つの油田がもたらした富と貧困

アルジェリアは、一八三〇年から一九六二年の独立まで、一三二年間フランスの植民地であった。

一九五六年、**サハラ砂漠で発見されたハシメサウド油田とエジェレ油田は、アルジェリアを大きく変えた。**

原油輸出で獲得した外貨を重化学工業に投資し、地中海沿岸の都市に大規模な近代製鉄所、エチレンプラントや化学肥料プラントが建設された。

工業の発展にともない、地中海沿岸の都市には農村から人口が流出するようになった。その結果、農村の衰退が進み、都市ではスラムがみられるようになり、交通・失業・衛生面での都市問題も発生している。

北アフリカの都市には、中心部にアラブ商人や職人の住む城郭《じょうかく》に囲まれた「カスバ」が存在した。しかし、都市への人口集中は「カスバ」をもスラム化させてしまった。

年間降水量一〇〇㎜以下での生活の知恵とは？

サハラ砂漠の地域では、人びとは水を上手に利用して生活している。年間降水量は一〇〇㎜以下であり、雨に頼る農牧業は成立しない。生活が可能か否かは、水が確保できるか否かにかかっている。

砂漠の中では、地下水が自然に湧出して水が得られるオアシスもあるが、その多くは水を人工的に確保している。

乾燥地域では、地表の水路では水が蒸発し、村まで水を導けない。そのため、山麓の地下水源から地下水路を建設して、村まで水を導いている。

この地下水路は「フォガラ」と呼ばれている。フォガラは、村から水源までを一気に掘り抜けないので、多くの縦穴を掘り、縦穴の底をつないで地下水路を建設する。そのため、上空からみると、縦穴が水源の山麓から集落まで一直線に続いている様子がわかる。

乾燥地域では、土地の所有はあまり意味をもたない。水が得られるか否かが重要だからである。

水の管理は慣行によってきちんと決まっていて、通常は長老が水利権に関する帳簿を保管し、水争いの際には調停を行っている。

3 エチオピア
どうして飢餓がなくならないのか？

国土の大部分を標高二〇〇〇m以上のエチオピア（アビシニア）高原が占めている。首都アディスアベバは二四〇〇mの高原にあり、気温は一年中一四℃前後で、乾季と雨季に分かれ、夏に大量の雨が降る。

エチオピア高原の南西部は、コーヒーの語源といわれるカッファ地方である。コーヒー豆は、エチオピアの輸出額の半分以上を占める。現在、世界で栽培されている主なコーヒーは、アラビア種・ロブスタ種（コンゴ原産、病害に強い）・リベリア種（西アフリカ原産、低地での栽培が可能、病害に弱い）の三種類がある。最も多いアラビア種はカッファ地方で栽培化されたもので、熱帯の高地に適している。

コーヒーは熱帯の作物であるが、強い暑さを嫌うので、日陰にするための木（母の木）を植える。また霜《しも》にも弱く、霜害《そうがい》が発生すると収穫量が減少し、価格は高騰する。

輸出額の半分以上がコーヒー豆！

餓死者数百万人！――なぜ世界の最貧国になったのか？

エチオピア・ソマリア・ジブチは、アフリカ大陸からサイの角のように飛び出した形から「アフリカの角」と呼ばれている。世界で最も貧しい地域の一つであり、一人当たり国民総生産（二〇〇九年）は、エチオピア約三四五ドル、ソマリア約二二〇ドルで、日本の四万ドルに比較すると、一〇〇分の一以下である。

この地域は、約二〇年間続くソマリアの内戦、エチオピアとエリトリアとの紛争などの政情不安に加え、干ばつなどの自然的要因が重なり、多くの人びとが飢餓に直面していた。特に二〇一〇年・二〇一一年と続いた干ばつは過去最悪ともいわれ、重大な食糧危機となっている。

特にソマリアは、一九九一年から無政府状態が続いて部族間の内戦が激化し、海賊やテロの温床となり、難民や避難民が増加し、近隣諸国に深刻な影響を及ぼしている。

エチオピアは、東部や北部で飢餓が発生しているが、エチオピア高原は比較的降水量に恵まれ、ナイジェリアに次ぐアフリカ第二位の人口（約八五〇〇万人）である。

先進諸国が食糧援助を行っているが、政情が不安定、輸送ルートが未確立であることなどから、現地に十分な食糧が届かず、多くの人びとが栄養失調となっている。

4 ケニア

赤道直下に広がる、まさに「アフリカの風景」！

赤道直下のケニア山でも、山頂は雪におおわれている！

ケニアを地図でみると、国土の中央を赤道が通っている。そのため、大部分が熱帯気候で暑いと想像するが、そうではない。十九世紀中頃、ケニア山の山頂に雪があるという報告を、イギリスの王立地理学協会は認めようとしなかった。

ケニア山は、キリマンジャロ山に次ぐアフリカ第二の高峰であり、五一九九mである。気温は、高さが一〇〇m増すごとに約〇・六℃ずつ低下する。そのため山頂の気温は、高度〇mの地点よりも約三一℃低くなる。**山頂付近は赤道直下に位置しているが、氷河があり、一年中雪におおわれている。**ケニアの意味は、「白い山」である。

ケニアの自然環境は、海岸部から内陸に広がるサバナ地帯、万年雪をいただくケニア山、北部に広がる砂漠地帯、標高一五〇〇～二五〇〇mの冷涼な高原地域、とバラエティに富んでいる。

ケニアの首都ナイロビは、標高一七〇〇mの高原にある。そのため、年平均気温は約一九℃であり、鹿児島の年平均気温とほぼ同じである。赤道直下にあることから一年間の気温の変化が少なく、月平均気温の最高は三月で二一℃である。一方、高原に位置しているため、例えば、七月のある一日の最高気温が二三℃、最低気温は一〇℃と、一日の気温の変化（日較差）が大きい。

「ホワイトハイランド（白い高原）」とは？

一九〇一年、インド洋のモンバサからナイロビを経由し、ビクトリア湖岸のキスムまでウガンダ鉄道が完成し、ケニアの内陸高原への白色人種の入植が進んだ。

一九〇六年には、この地を保護領としていたイギリスは、高原地域を白人のみに譲渡することを決定し、白人入植者によるコーヒー・トウモロコシ・小麦の栽培や会社組織によるサイザル麻や茶（紅茶に加工）のプランテーション農業が行われるようになった。

それらの地域を白人の高原という意味で「ホワイトハイランド」と呼ぶようになり、ケニアの先住民は先住民居住区に押し込められたり、ホワイトハイランドの労働者となった。この結果、ケニアは政治的にも経済的にも白人に握られるようになった。

第二次世界大戦後、イギリスは「ホワイトハイランド」での人種差別政策を撤廃した。六三年に独立したケニアは、この白人入植者の土地を買い取り、ケニアの人びとに安く分け与えた。しかしその後、所得格差が拡大し、政治問題化している。

ケニア産業を支える、茶の輸出と「野生」という観光資源

現在もケニアの産業の中心は、農業である。特に茶は、かつての「ホワイトハイランド」での影響を受け、中国・インドに次ぐ世界第三位の生産国である。また、輸出量は世界第一位で約二〇%を占め（二〇〇八年）、その輸出先は主にイギリスである。コーヒー豆・サイザル麻の生産量も多い。一方、鉱産資源はほとんど産出しない。

もう一つの中心的産業は観光業である。ケニアには多くの自然動物園が設けられ、野生動物を自然のままでみることができる。例えば、ナイロビとモンバサの中間にあるツァボ国立公園では多数のアフリカ象、ナクル湖国立公園ではフラミンゴ、マサイ・マラ動物保護区ではヌーの集団移動がみられる。

よく写真で、アフリカを代表するキリマンジャロ山を背景にキリンやシマウマの群れが移動する景観は、ナイロビの南のアンボセリ国立公園のものである。

このような観光資源をもとに、ケニアは観光客の誘致に熱心である。

5 コンゴ民主共和国

「コンゴ→ザイール→コンゴ」と国名が変わった理由

苛酷な熱帯に適した「焼畑農業」とは？

コンゴの大部分の地域では焼畑《やきはた》農業が営まれている。森林や草原の木や草を切り払い、一週間程度放置して乾燥させた後、火をつけ焼き払って農地とする。作物は、ハック棒と呼ばれる棒で穴を開け、そこに種をまき、木や草の灰を唯一の肥料として、草取りをせずに作物を栽培する。

数年同じ場所で耕作を行うと、肥料分がなくなり、収穫量が減少するので、畑を放棄して次の場所に移り、同じことを行う。

このような畑を数カ所もち、十数年のサイクルで最初の畑に戻る。そうすると、植生が回復していて、また焼畑農業が可能となる。

焼畑農業は、原始的な農業であるが、熱帯の厳しい自然環境に適している。

熱帯は、土壌が薄く、雨は一時に集中して強く降り、太陽の日射は強いなど苛酷な自然条件下にある。ここで、温帯で行われているような農業をすれば、強い雨でたちまち土壌は流され、強い日射で地表は固まり、植物が生育しない不毛の地と化してしまう。熱帯の森林や草原は、そのような苛酷な自然から地表を守っている。焼畑農業は、熱帯の厳しい自然環境と調和・共生した農業なのである。

しかし近年、**焼畑による熱帯の自然環境破壊が進んでいる。**人口の急激な増加で焼畑のサイクルが短くなり、植生が十分に回復しないうちに次の焼畑を行うからである。

エボラウイルスを生んだ熱帯雨林の怖さ

コンゴは赤道直下に位置し、中央部にコンゴ盆地があり、その大部分が熱帯気候で、熱帯雨林が広がっている。熱帯雨林は通常、高層の樹木・中層の樹木・蔦や草などの低層の草木からなり、地表付近は湿度が高く、上層には樹冠を形成するため直射日光は届かない。

熱帯雨林には、ほかの地域と比べようがないほど多くの種類の植物や動物が生育している。そのため、将来、人類にとって有用な生物が発見される可能性を秘めている。

一方、多くの未知のウイルスがいるとも考えられている。人間の熱帯雨林への開発が進むにつれて、未知のウイルスが人間を襲う例がみられるようになった。

エボラウイルスがその例である。エボラウイルスは、人間に取りつくと二日で死に至らしめ、しかも感染力が強い。

一九九五年にコンゴで発生した後、大規模に感染した例としては、二〇〇〇～二〇〇一年にウガンダで発生し二二五人が死亡し、二〇〇一～二〇〇二年にガボンとコンゴ共和国の国境地域で発生し七三人が死亡している。

コンゴ共和国の感染では、人とともに西ローランドゴリラにも感染し、約五五〇〇頭のゴリラが死亡し、その後の密猟とあいまって二〇〇七年には絶滅危険度の高い種となってしまった。

その後大規模な感染はないが、毎年のように死者が発生しているため、外務省は渡航危険情報を出し、「自分の身は自分で守る」よう注意を喚起している。

熱帯雨林には、人類を襲うような生物が多く存在していると考えられ、慎重な開発が求められているが、科学的研究は進まず、未知の部分が大きく残されている。

ザイールから再びコンゴへ――まぎらわしい国名の理由

コンゴ民主共和国は、アフリカで一五番目の独立国として、一九六〇年にベルギーからコンゴ（山国、狩人の意味）共和国として独立した。しかし、独立後すぐに、在留ベルギー人の保護を目的にベルギーが軍隊を派遣して、動乱状態に突入した。

銅・コバルトなどの地下資源が豊富な南部のカタンガ（現在のシャバ州）は、分離独立を宣言し、六三年まで分離独立運動が続いた。六五年には軍事クーデターが成功して軍事政権となり、七一年にはザイール（すべての川を飲み込む川の意味）に国名を変更した。

しかし、九七年には、再度政変によりコンゴ民主共和国と国名を変更した。

コンゴの経済は、ダイヤモンド・原油・銅・コーヒーなどの一次産品の輸出で成り立っている。ただ、特に銅は、施設の老朽化が進んだことによる生産量の減少や、国際価格の低下による打撃を受けている。その結果コンゴは、外貨不足・財政赤字・物価の高騰を招き、経済危機に見舞われている。

ところで、コンゴ民主共和国（首都キンシャサ）の西には、同じ名称のコンゴ共和国（首都ブラザビル）があり、大変まぎらわしい。

両国はともにコンゴ族が多く、十五世紀頃のコンゴ王国の地域であった。しかし、一九六〇年、フランス領となっていた**ブラザビル・コンゴはアフリカ初の社会主義国、キンシャサ・コンゴは自由主義国として独立**し、現在もコンゴという名のついた二国が存在している。

6 ナイジェリア

アフリカで唯一、人口一億を超えた国

ニジェール川・ベヌエ川に三分される多民族国家

ナイジェリアの北西部から中央部を貫通して、ニジェール（＝ナイジェール、黒いの意味）川が流れている。ナイジェリアとは、この川の流域にある国という意味である。国土は、ニジェール川とベヌエ川で大きく三地域に分かれている。

主な部族は、大きく分けると北部のハウサ族とフラニ族、南東部のイボ族、南西部のヨルバ族である。しかし、小さな部族を含めると、全国では二五〇もの部族が存在している。

公用語は英語であるが、各部族の言葉がある。また、宗教は、主に北部ではイスラム教徒が多く、南部ではキリスト教徒が多い。

ナイジェリア西部からベナン・トーゴのギニア湾岸は、かつては「奴隷海岸」と呼ばれ、多くの黒人が奴隷として連れ去られた地域である。

ビアフラ戦争から首都の移転へ

ナイジェリアは、一九六〇年、イギリスから独立すると、イギリスの信託統治領であったカメルーン北部を編入し、六三年に四州からなる連邦共和国となった。

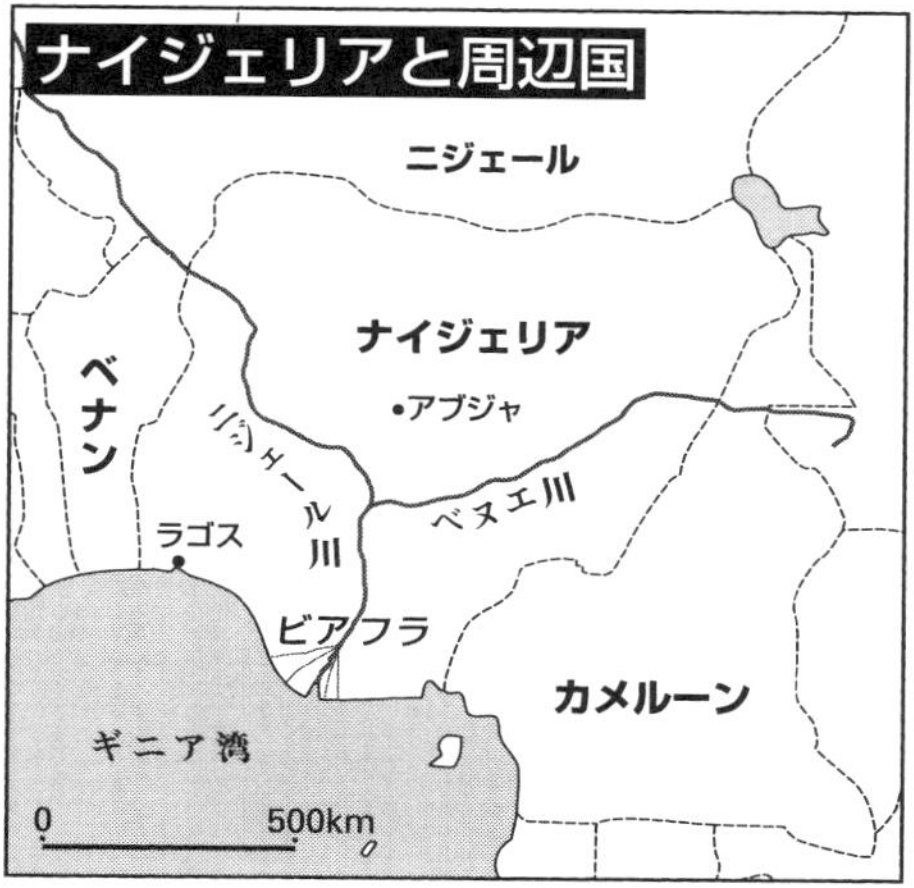

しかし、独立直後から部族間の争いが続いており、六七年、イボ族中心の南東部がビアフラ共和国として分離独立を宣言し、連邦政府軍との内戦に突入した。これを「ビアフラ戦争」と呼んでいる。この戦争は、七〇年にビアフラの降伏によって終結した。

独立直後、ナイジェリアの首都は、ヨルバ族の多い南西部のラゴスであった。部族間の対立を解消するため、七六年、一二州から一九州に分割し、どの部族の地域にも属さない連邦首都地域が、国土のほぼ中央に位置するアブジャに設けられた。

マスタープランを作成したのは、日本人の建築家・丹下《たんげ》健三氏である。九一年、大統領府が移転し、アブジャが正式な首都となった。

アフリカ一の石油埋蔵量・産出量に頼り切った経済

ナイジェリアの人口は一億六〇〇〇万を超え、アフリカ最大である。アフリカには、ほかに人口が一億を超える国は存在しない。

独立後、このようなアフリカ最大の人口を支えたのは、パーム油・落花生・カカオなどの農産物輸出であった。

しかし、一九七〇年代に原油生産が急増し、現在では原油の輸出が全輸出額の約八五％を占め、国の経済は原油輸出に頼っている。原油の産出地は、南東部のニジェール川の三角州地域とその沖合であり、アフリカ最大の埋蔵量・産出量を誇っている。また、同じ地域に天然ガスの埋蔵も確認されている。

原油の主な輸出先は、アメリカ・フランス・ドイツであり、ＯＰＥＣ（石油輸出国機構）の重要メンバーである。

ナイジェリアは、七〇年代から乗用車・家庭電気・石油精製・肥料・セメントなどの工業を発展させた。

しかし、八〇年代以降の石油市況の悪化と経済政策の失敗により、対外債務が増大し、失業率の高さやインフレに悩んでいる。

また、依然として部族間の対立が激しく、政情が不安定で、石油施設の破壊やテロ行為が発生している。

このような中で、旧首都ラゴスは、依然としてナイジェリアの経済・文化の中心であり、人口一億人を超えるナイジェリア全土や周辺諸国から、就業や教育の機会を求めて多くの人が流入し、都市域人口は一〇八五万人となった。

ラゴスの中心部には高層ビルが立ち並び、高速道路もみられ、一見すると近代都市の様相である。

しかし、爆発的人口増加に都市施設が追いつかず、鉄道が未発達なため車と人が道路を埋め尽くす世界最悪の交通渋滞都市となっている。また、失業率や犯罪率が高く、大規模なスラムもみられる。

7 ガーナ　この国の経済は「カカオ豆」に左右される

サハラ砂漠地帯にかつて栄えていた黒人王国

アフリカは、人類発祥の地といわれながら、「暗黒大陸」「歴史のない大陸」などとマイナスのイメージが形成されてきた。

それは、ヨーロッパ列強諸国が、十六世紀から十九世紀まで奴隷貿易で、十九世紀から二十世紀までは植民地として、アフリカに対して経済的搾取《さくしゅ》、政治支配、文化的・人種的差別の対象とした結果であろう。

アフリカに栄えた王国といえば、エジプトやカルタゴなどの北アフリカの国を思い出す。しかし、中・南アフリカにも、多くの王朝の興亡があった。

紀元前九世紀から四世紀まで、ナイル川の上流ではクシュ王国が、地中海地域と中・南アフリカ交易の中継貿易の要衝地として栄えた。

その後、一世紀から七世紀に、エチオピア高原にアクムス王国が、西アジアと中・

南アフリカの中継貿易で栄えた。

七世紀に入ると、イスラム教とともにアラブ人が流入。エジプトを中心にして北アフリカへ、サハラ砂漠を越えて西アフリカへ、インド洋を南下して東アフリカへ進出した。

そして、北アフリカと中・南アフリカとの交易が活発になるにつれて、八世紀から十一世紀にガーナ帝国が、十一世紀から十五世紀にマリ帝国が、十五世紀から十六世紀にソンガイ（ガオ）帝国が成立した。

現在のマリのトンブクツーは、マリ帝国・ソンガイ帝国の代表的な都市であり、「黄金の都」と呼ばれていた。十五世紀末がトンブクツーの最盛期で、イスラム文化の中心地として栄え、学校やモスクが多く建てられた。

しかし、一五九一年、モロッコ軍の侵入でソンガイ帝国が滅亡し、金も取りつくされ、衰退した。現在のトンブクツーは、サハラ砂漠の拡大により、今にも砂にのみ込まれそうな都市である。

カカオ豆の世界的産地はなぜ経済が不安定？

カカオは中南米が原産地で、一年中気温が高く（二四～二八℃）、降水量が多く（年降水量二五〇〇㎜以上）、風が弱く、排水の良好な土地が栽培適地である。

アフリカのカカオは、一八七九年、イギリスがイギリス領ゴールドコースト（現在のガーナ）に移植し、その後ガーナやコートジボワールで盛んに栽培されるようになった。

カカオの木は、通常高さが四～八ｍくらいで、ラグビーボールのような実に三〇～五〇の種子が入っている。その種子を二～三日間、葉でおおって発酵させ、乾燥したものがカカオ豆である。

カカオ豆の外側の皮をはぎ、粉にしたものをカカオペーストと呼ぶ。カカオペーストにミルク・砂糖を加えて固めたものがチョコレートである。一方、カカオペーストを圧縮して油分を取り除き、お湯や水に溶けやすくしたものがココアである。

カカオ豆の生産は、コートジボワールとガーナが中心で、この二国で、世界生産量と輸出量の約半分を占めている。

主な輸出先は、オランダ・ドイツ・アメリカである。

カカオ栽培は、天候の影響や病虫害を受けやすく、生産が不安定である。また、カカオの価格は、嗜好品であることから世界景気に左右され、変動が大きい。そのため、ガーナの経済は、カカオ価格に大きく影響され、非常に不安定である。

そこでガーナは、カカオのモノカルチャー経済から脱出するために、ボルタ川開発計画を進め、一九六五年にアコソンボダムを完成させた。その電力によりアルミニウム工場を建設し、アルミニウムを生産し輸出しているが、輸出額割合は約七%にすぎない。

ガーナは過去、ゴールドコーストと呼ばれ、現在も金の産出量が多く、木材輸出が盛んであり、金・カカオ豆・木材が主要輸出品で、一次産品の輸出額が約九割を占めている。

しかし、一九九〇年代のカカオの価格低迷や原油高騰などから発生した多額の債務の返済、所得格差や地域格差の解消、一次産品に頼る経済構造などが課題となっている。

二〇〇七年には、ガーナ沖に大油田が発見され、二〇一〇年からは原油生産が始まり、世界各国から投資先として注目されている。

野口英世はなぜこの地に没した？

野口英世は、苦学して医者になり、伝染病の研究をしたのちアメリカに渡り、ヘビ毒やスピロヘータの研究で有名になった世界的な細菌学者である。

一九一三年からアフリカの風土病である黄熱《おうねつ》病の研究を始め、二七年アクラに出張して研究中に、自らも黄熱病で亡くなった。

その功績をたたえて、アクラには野口メモリアルガーデンがあり、記念碑と銅像が建てられている。現在も日本政府のガーナへの医療技術協力が続いている。

8 リベリア

なぜ、アフリカでいちばん国旗が有名？

大陸西岸の小国が黒人初の共和国に！

リベリア国旗は、赤六本、白五本の横の帯と左上の白い長方形の中に白い星が一つあり、アメリカ国旗と非常によく似ている。

リベリアを建国したのは、アフリカをルーツとするアメリカの解放奴隷であった。解放奴隷は、独立後間もないアメリカ社会の不安定要因の一つであった。そのため、アメリカでは、一八一六年頃から、解放奴隷のためにアフリカに土地を買うための募金運動が展開され、一八二一年に現在のリベリアの地を買い取ることに成功した。

一八二二年、最初の解放奴隷が到着し、国名は、アメリカ建国の主旨である自由と奴隷の自由（Liberty）にちなんでリベリアとし、首都は、当時のアメリカ大統領で建国に援助を惜しまなかったモンローにちなんでモンロビアと命名された。

一八四七年、独立を宣言し、アフリカ最初の共和国が誕生した。

その後アフリカが植民地に分割されていく中で、エジプト・エチオピア（実質的には一時イタリアに占領）・南アフリカとともに独立を保った。

リベリア国籍の商船が多いのはなぜ？

外航船の出入りする日本の港に行くと、船尾にリベリア国旗を掲げている船をよくみかける。

世界の商船の国別保有をみると、リベリア・パナマが大保有国となっている。この小さな国が、世界の商船の大保有国であるのは、「便宜置籍船《べんぎちせきせん》制度」による。

船舶は必ず国籍を有し、その国の国旗を船尾に掲揚《けいよう》して航海しなければならない。

そのため船主は、税金が安いなどの優遇措置のある国に船を登録する。

これを「便宜置籍船制度」といい、リベリアは、税金面・乗員に対するゆるやかな規制など多くの船籍に関する優遇措置を与え、**パナマと並ぶ商船保有国となっている。**

9 南アフリカ共和国

「虹の国家」（レインボーネーション）を知っている？

アパルトヘイトからレインボーネーションへ

南アフリカの地に最初に住み着いたのは、狩猟・採集民のサン族やコイ族であった。その後、十五世紀頃に北から農耕民のバンツー系アフリカ人（黒人）が移住した。最初の白人入植は十七世紀中頃で、オランダ人（現在、ボーア人またはアフリカーナと呼ばれる人びとの祖先）であった。

十九世紀初めイギリスの植民地になると、オランダ人はイギリスの圧迫から北部に移動し、バンツー系アフリカ人（黒人）と激しい衝突を繰り返した。

そして、十九世紀に、キンバリーでダイヤモンドが、トランスバールで金が発見されると、イギリスとボーア人の間でボーア戦争が起こった。その結果、イギリスが勝利して、一九一〇年、南アフリカ連邦が結成された。

南アフリカ連邦では、経済はイギリス人が支配したが、政治は多数派のボーア人が握った。ボーア人は、自らの権益を守るために、非白人への差別を始めた。また、イギリス人に対抗して、前からアフリカに住んでいたことを強調して、自らをアフリカーナと呼ぶようになった。

第二次世界大戦後、アジアの民族主義が南アフリカに波及することを恐れた**南アフリカ政府（政治の実権はアフリカーナ）は、人種隔離《かくり》政策である「アパルトヘイト」を、法律と軍隊・警察の力をもとに推進した。**

異人種間の結婚、性的交渉を禁止し、白人・カラード（白人と他人種との混血）・アフリカ人（黒人）を区別して人種別の住民登録を行い、居住区を指定した。

さらに、公園・海水浴場・学校・スポーツ施設・トイレ・列車・バスなどのあらゆる公的な場所でヨーロッパ人（白人）専用と非ヨーロッパ人（黒人・カラード）専用の区別がなされた。もちろん、参政権は原則的に白人だけに与えられていた。

一九五二年以降、ガンジーの影響を受けた黒人たちは、不服従運動を開始し、多くの黒人が逮捕された。六〇年、黒人の群衆に向かって警官隊が一斉射撃を行い、六九人が殺されたシャープビル事件を契機に、一万人以上の黒人活動家が逮捕され、抵抗運動は武力により抑え込まれてしまった。七六年には、ソウェトの学生が抗議行動を開始したが、これに対し、五〇〇〇人以上の黒人を殺害し、運動を弾圧した。

これらの弾圧に対し、国際世論の反発は強く、南アフリカは六一年にはイギリス連邦から追放され、七〇年以降オリンピックへの参加を拒絶された。

さらに、国連は、七〇年以降、多国籍企業の南アフリカからの撤退を呼びかけ、先進国はこれに応じて南アフリカへの新規投資を禁止し、既存企業の撤退を行った。このような世界的な孤立の中でも、南アフリカはアパルトヘイトを続けた。

八九年、イギリス系白人のデクラークが大統領となると、次々と劇的な改革に乗り出した。まず、黒人指導者であるネルソン・マンデラを二七年ぶりに釈放し、アパルトヘイトに関する法律を撤廃した。

九四年には、南アフリカ初の全人種参加による総選挙が実施され、**マンデラ率いるアフリカ民族会議が第一党となり、その後、マンデラは国会で大統領に選出された。**

初の黒人大統領マンデラ以後の課題

マンデラは、大統領就任式典の記念演説で、白人を追い出すことをせず、黒人も白人もカラードも少数民族も互いに違いを認めながら、対等に力を合わせ、違いを尊重した国家を建設する「レインボーネーション（虹の国家）」の建設を高らかに宣言した。

さらに九六年、死刑の廃止や女性や同性愛者へのあらゆる差別を禁止した最もリベラルな憲法を制定した。

その後、南アフリカでは、黒人内での対立や派閥闘争、汚職などがみられ、政治的混乱を招いた。しかし、大きな課題は、二十一世になってもアパルトヘイトの影響による人種間の社会的な差別・格差が残っていることである。

例えば、アパルトヘイト時代には黒人は教育を受ける機会を与えられなかったため、雇用が不安定で低賃金の職に就《つ》くしかなかった。また、農業においても白人は肥沃な土地を所有し続け、黒人はかつてのホームランドのやせた土地を持つしかなかった。そのため現在でも、黒人と白人の間には、所得や失業率に大きな差がある。

このようなことから、現在の南アフリカは、凶悪犯罪が多発し、世界で最も治安の悪い国の一つとなっている。

さまざまな課題を抱えながら、アパルトヘイト体制下の政治的抑圧の真相を明らかにし、国民の和解をめざす「真実和解委員会」を設置し、違いを尊重した統合の実現に向けて、壮大な人類の実験場としての歩みを進めている。

金・ダイヤモンドから希少金属まで――世界有数の鉱産資源

キンバリーの北西部に、直径約五〇〇m、周囲一六〇〇m、最深部約一二〇〇mの巨大な穴があり、底に水が溜まっていて、観光名所となっている。これは、**ダイヤモンドの露天《ろてん》掘りの結果できた穴で、人間が掘った世界最大の穴といわれている。**

南アフリカは、金・ダイヤモンド・マンガン・クロム・白金・石炭・鉄鉱などの鉱産資源に恵まれ、世界有数の産出国である。ない資源をあげると、石油くらいである。

金の産出量は、第二次世界大戦後の最盛期には、世界の約七割を占めていた。最近は約四分の一に低下したが、それでも世界有数の金産出量である。

その中心はヨハネスブルクを中心とする地域で、現在では金鉱の採掘現場の最深部は、地下四〇〇〇mにまでおよんでいる。

また、南アフリカは、ロシア・ボツワナ・コンゴ民主共和国・カナダ・オーストラリアに次ぐ（二〇〇九年）ダイヤモンドの主要産地であり、キンバリーを中心とする地域がその産地である。一九〇五年には、こぶし大もある三一〇六カラット（約六二〇グラム）の世界最大のダイヤモンドを産出した。

クロム・マンガンなどの金属は、世界全体での産出量が少ないことから、希少金属（レアメタル）と呼ばれている。希少金属は、例えば、クロムはステンレスの製造に不可欠であるなど、現在の先端産業では欠くことのできない重要な金属である。

南アフリカは、世界一のクロム産出国であるとともに、チタン・マンガン・ジルコニ

ウムは世界有数の産出国である。

世界の先進工業国では、これらの鉱物資源の安定供給が不可欠であり、供給先としての南アフリカは重要な役割をもつ。このように希少金属は、戦略的物質としての意味をもっている。

アパルトヘイトの時代、国連を中心に経済制裁が実施されたにもかかわらず、ヨーロッパ諸国や日本の経済制裁が遅れたのは、希少金属の確保との関連があったからである。

日本にとってなぜ南アフリカが重要なのか？

日本と南アフリカとの関係は、第二次世界大戦前にさかのぼる。一九一三年、南アフリカは、移民法の適用により、日本人を含むアジア人の移民を全面的に禁止した。しかし、日本は経済的な結びつきがアフリカで最も強い国であることから、一八年、アフリカ最初の日本領事館を、ケープタウンに開設した。

当時は日本側の大幅な貿易黒字であり、アフリカーナの間には、強い反日感情があった。しかし、二九年から始まった世界恐慌の中で、オーストラリアと羊毛輸出で競合していた折に、日本が南アフリカの羊毛を輸入するようになったことで反日感情がやわらぎ、日本人移民の流入禁止措置が解かれた。

六〇年のシャープビル事件で国際社会からの孤立感を深めた南アフリカは、積極的に日本との関係を強め、「日本人は人種別集団地域法に関する限り白人として扱う（名誉白人）」という決定をくだした。

当時の日本は高度経済成長期であり、クロム・マンガンなどの希少金属の需要が大きく、南アフリカがそれらの資源の安定的な供給地であった。欧米諸国がアパルトヘイトに反対して経済制裁を行う中で、八七年、日本は対南アフリカ貿易額世界一の国となった。

現在、南アフリカの輸出先では、中国・アメリカ・日本・ドイツが、輸入先では中国・ドイツ・アメリカが中心である。

南アフリカの主な輸出品は、白金・鉄鋼・自動車・石炭で、鉱産資源と工業製品が中心である。また、果実などの農産物も輸出している。

日本にとって南アフリカは、白金・金・石炭・鉄鉱・バナジウムなどの工業原料を供給する重要な国であり、また、砂糖・トウモロコシなどの輸入先でもある。日本から南アフリカには、機械類や自動車が輸出されている。

column

アフリカ旅行の危険な自然

アフリカ旅行の際には、アフリカの自然の特色をよく理解しておくことが必要だ。まず、アフリカの川や湖での水泳は禁物である。見たところ透明なビクトリア湖でも、寄生虫の住血吸虫がいる。ナイル川も例外ではない。淡水に入るのはもちろん、手を入れることにも危険をともなうことがある。

旅行者が最もかかりやすい病気の一つが、マラリアである。この病気をもたらすマラリア蚊は夜に活動するので、眠るときに蚊帳《かやっ》を吊るのが予防法となる。

さて、飲み水としては、ミネラルウォーターがいいが、すぐに熱水になってしまう。現地の人びとは、素焼きの壺や羊やヤギの皮でつくった袋に水を入れている。いずれも、少しずつ水がしみ出し、乾燥しているのですぐに蒸発し、その気化熱で中の水が冷たく保たれる。旅行者の場合、ボトルをタオル（断熱材となる）で巻いてビニール袋に入れると効果的である。

アフリカへの旅は、〝季節と時を選ぶこと〟も大切。エジプトへは四～五月は避けるのが賢明であろう（本文のエジプト参照）。赤道直下への旅でもセーターが必要となる。ナイロビの七月の最低気温は一〇℃くらいまで下がる（本文のケニア参照）。

アフリカのその他のおもな国々

モロッコ　首都ラバト。西サハラの領有を主張。アフリカ連合が西サハラの加盟を認めたため、アフリカ連合から脱退。リン鉱石に恵まれる。

チュニジア　首都チュニス。地中海性気候で、小麦・オリーブ・野菜などを生産。2011年、ジャスミン革命によりベン・アリ大統領の約24年の長期政権が崩壊。

リビア　首都トリポリ。国土の90%以上が砂漠。1969年に共和制国家が成立、イスラム教と社会主義による国家建設を目指した。数々のテロを支援したため欧米諸国と敵対。2011年、半年の内戦後に約42年続いたカダフィ政権が崩壊。石油の埋蔵量はアフリカ最大級。

タンザニア　法律上の首都はドドマで、議事堂が移転。その他の首都機能は旧首都ダルエスサラームにある。アフリカ最高峰のキリマンジャロ山（5895m）がある。

アンゴラ　首都ルアンダ。1975年の独立以降、南ア軍の侵攻、キューバ軍の駐留、内戦と続いたが、2002年に終結。豊富な石油は中国が採掘権を取得して開発。世界有数のダイヤモンド産出国。

ルワンダ　首都キガリ。植民地時代の支配民族で少数派のツチ族と、多数派のフツ族の対立がしばしば激化。周辺諸国の政情不安定の一因となっている。

マダガスカル　首都アンタナナリボ。白亜紀後期にインド亜大陸と分離したことから、独自の動植物相をもち、ルビーやサファイアの鉱床が発見されている。

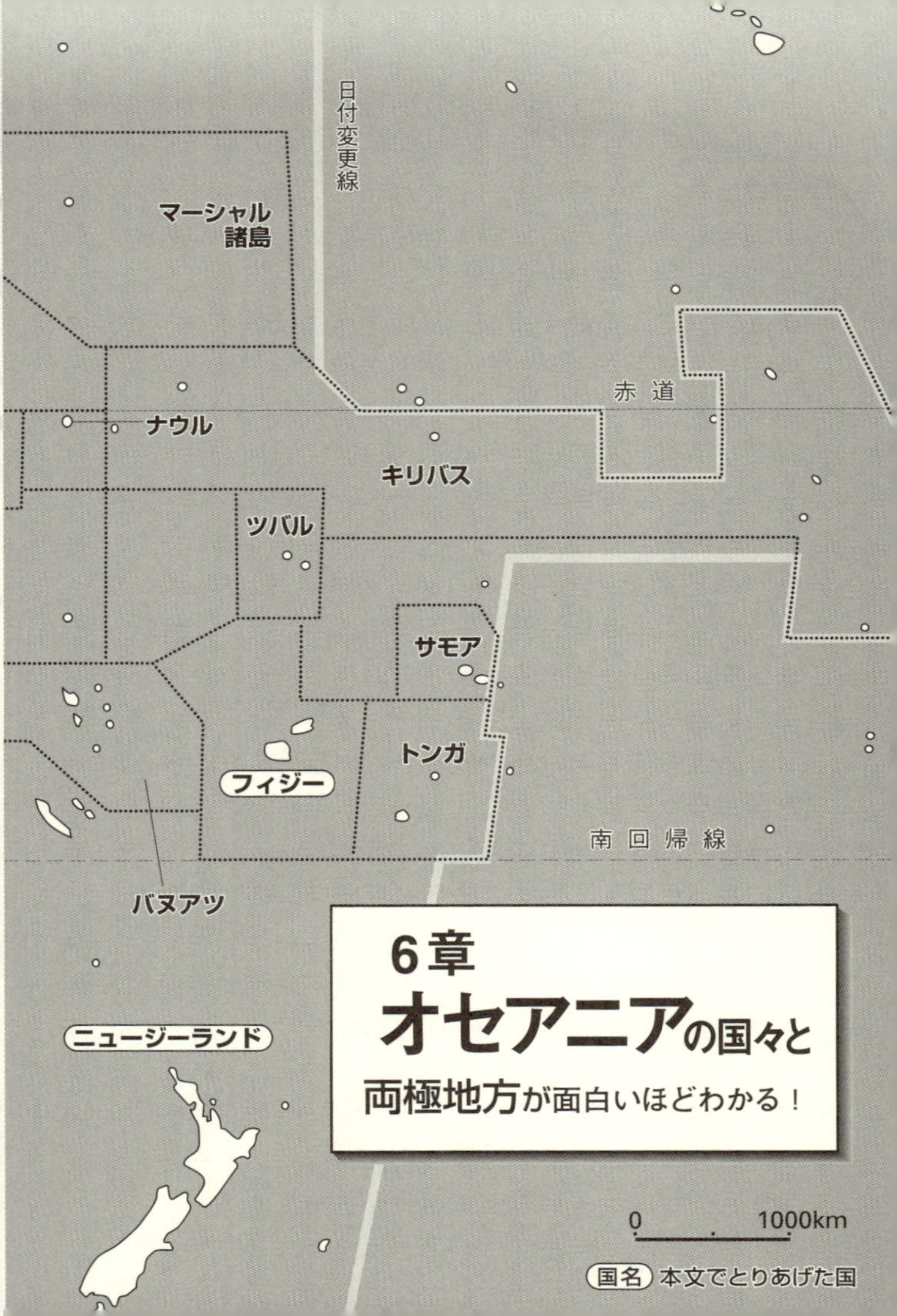

6章

オセアニアの国々と両極地方が面白いほどわかる！

パラオ
ミクロネシア連邦
インドネシア
パプアニューギニア
ソロモン
諸島
オーストラリア

オセアニアと両極地方の概観
他大陸と全く異なる風景はいかにできたか？

「世界で最も乾燥した大陸と山がちの島」

北半球と季節が反対であるメリット

オセアニアとは、オーストラリア大陸と太平洋諸島を合わせた地域の総称である。その範囲は北半球と南半球にまたがるが、まずは南半球のオセアニアに着目する。

南半球の国と北半球の日本では、季節が反対になる。ニュージーランドでは、九月から十月にかけて桜がきれいに咲く。十二月のクリスマス以降は、夏休みで多くの人が旅行に出かける。

このような季節を利用して、北半球向けの野菜づくりなどが行われている。ニュージーランドでは日本産のカボチャの種を輸入し、日本でのカボチャの端境期《はざかいき》に収穫し、輸出している。リンゴなどの果物も、日本の端境期に輸出している。

日本と季節が反対になることで、季節的なスポーツを年間を通して楽しむこともできる。例えば日本の夏休みを利用して、南半球でスキーをすることが可能である。ラグビーは冬場を中心として行われるスポーツだが、南半球が冬のときにはイギリスなど北半球のラグビーチームがオーストラリアやニュージーランドを訪れ、南半球では夏場になると北半球の国々に遠征する。

オーストラリアが大羊毛産地になった気候的理由

広大なオセアニアの気候をひと言でいい表すことはできない。そこで、オーストラリア、ニュージーランドの気候に絞って大観することにしよう。

オーストラリアは、世界で最も乾燥した大陸といわれるように、日本の二〇倍にもおよぶ国土の三分の二が、年降水量五〇〇㎜以下の乾燥地帯である。特に内陸部は、高温・乾燥の激しい地域であり、この国最大の砂漠であるグレートビクトリアをはじめ、グレートサンディー、シンプソンなどの砂漠の占める割合が高い。

世界の砂漠は、岩石からなる岩石砂漠、礫原《れきげん》の広がる礫砂漠、砂丘のある砂砂漠に大別できる。オーストラリアの砂漠は、世界でも砂砂漠の割合が高いが、それでも砂

オーストラリアの乾燥帯

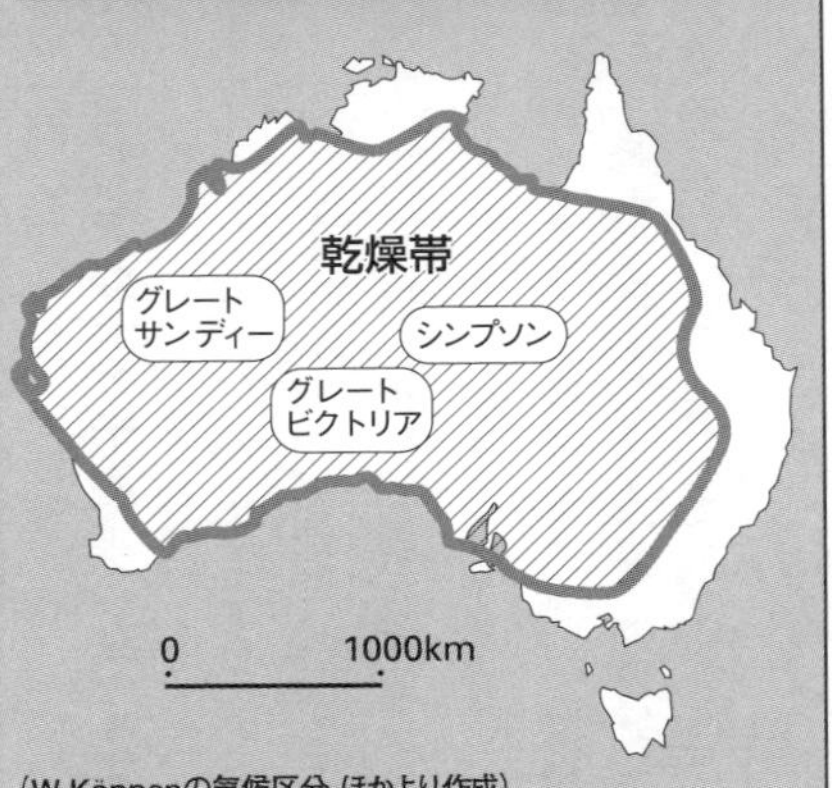

（W.Köppenの気候区分 ほかより作成）

漠の三〇％を占めるにすぎない。また、**世界で最も低く平坦な大陸でもある。**平均高度は三三〇m、国土の大部分が、起伏の少ない台地や平原となっている。

　観光地として有名な一枚岩のエアーズロックは、周囲が平原であるために目立つのである。なおエアーズロックは、氷河の堆積物を起源とする古い岩石である。

　乾燥したオーストラリア大陸では、人が居住できる地域が限られてくる。人口の八〇％は、温暖な気候と降雨に恵まれた、南東部や南西部の海岸から一〇〇㎞以内の海岸部に居住している。ただし、降雨に恵まれているといっても、年平均降雨量は五〇〇～一二〇〇㎜程度なので、日本人の感覚からいえば少ない。日本の場合は、年降水量の下限は八〇〇㎜、平均的には一八〇〇㎜程度になる。

　このような乾燥大陸では、雨が降ったとしてもすぐに蒸発してしまうため、河川や湖沼は発達しない。多くは季節河川や豪雨のあとにだけ流れる間欠河川《かんけつかせん》である。

しかし、表面を流れる水は少なくても、地下水を利用できる地域がある。それが大《だい》鑽井盆地《さんせいぼんち》である。ここでは、ポンプなどを使って井戸から地下水をくみ上げている。この地下水は、塩分濃度が高いために、灌漑《かんがい》や人間の飲み水にはできないが、羊や牛の飲用にすることができる。

降雨が少なく、家畜の飲み水として地下水が利用できたことは、羊の飼育には好都合であった。特に、良質の羊毛を生産する**スペイン原産のメリノ種は、乾燥には強いが湿気に弱いので、オーストラリアの気候に適していた。**メリノ種の羊を飼育できることで、オーストラリアは大羊毛産地となれたのである。

羊毛より食肉?——湿潤なニュージーランド

他方、ニュージーランドでは、偏西風により、特に南島では、サザンアルプスをはさんだ西側で降雨量が多く、年降水量が六〇〇〇㎜になる地域もある。降水量の多さが森林の育成を助け、温帯ではめずらしい氷河を形成させている。

それに対して、東側では降雨量が少ない。少ないといってもオーストラリアのような乾燥地帯となることはない。南島の東部でも年降水量は六〇〇㎜ほどある。

つまりニュージーランドは、オーストラリア大陸と比較するとかなりの湿潤地域であるといえる。

オーストラリア大陸で広く飼われている羊のメリノ種は、ニュージーランドでは湿気があるために適さないことが多い。したがって、**より湿潤に向いている、毛および肉用のロムニー種がイギリスから導入され、多く飼育されるようになった。**

また、ニュージーランドは山がちの国で、標高二〇〇m以下の土地は、国土の四分の一以下にすぎない。オーストラリアとニュージーランドは、同じような地域とみられがちだが、気候も地形も、このように、ずいぶん異なっている。

「単一の先住民から多民族の国家へ」

アボリジニとマオリ、二つの先住民はどう発展した？

オーストラリアの先住民アボリジニは現在、言語からみて、六〇〇近いグループに分けられる。アボリジニは、もともとオーストラリア大陸全土にわたって居住した狩猟採集民であり、海岸で漁を営むグループや、砂漠で生活するグループもあった。

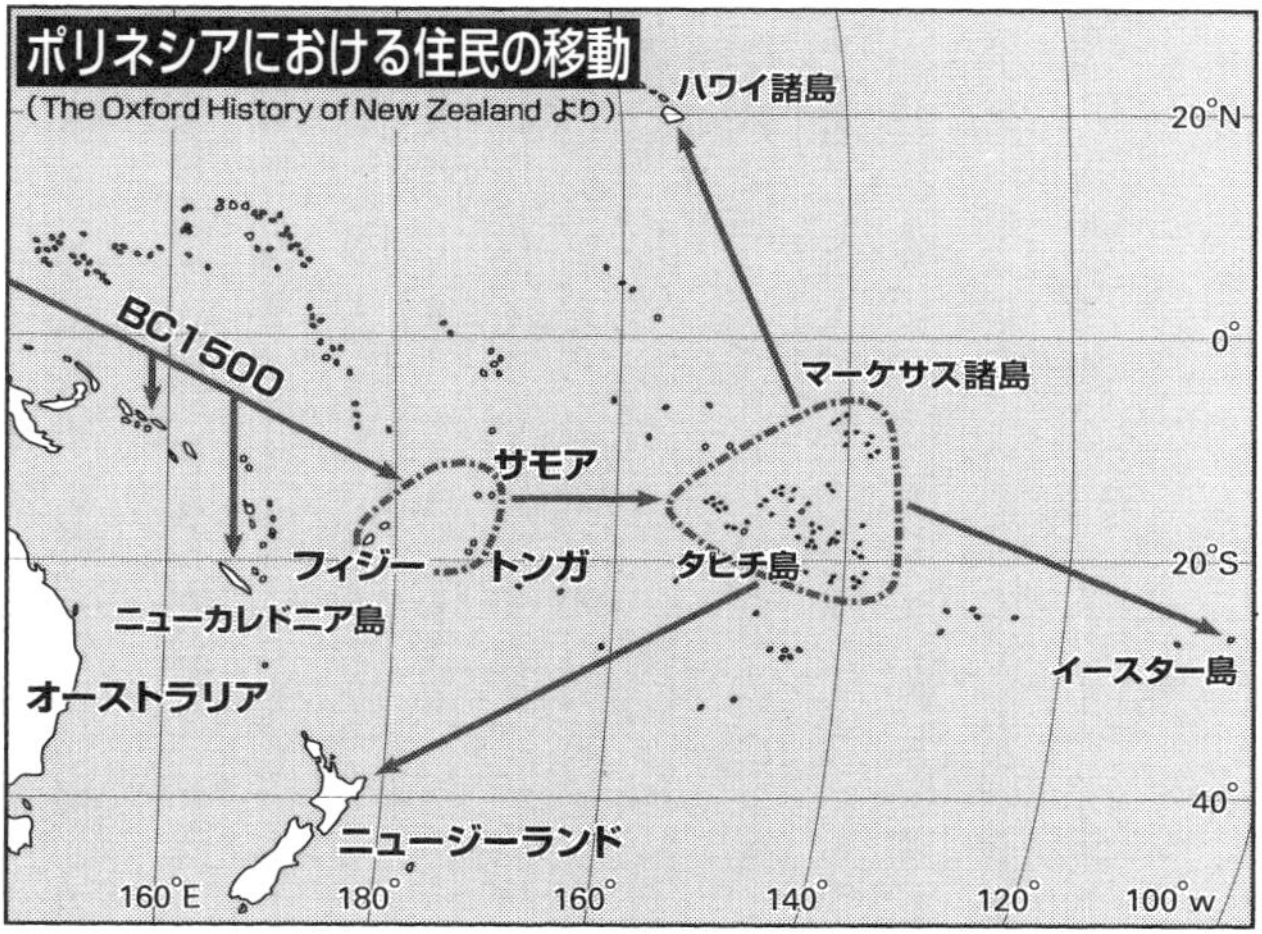

その先祖は、五万年以上前に東南アジア方面から渡ってきたと考えられ、それ以降、独自の文化で発展した。

他方、ニュージーランドの先住民マオリの祖先は、九世紀ないし十世紀以降、ポリネシアから渡ってきたとされる。はっきりしているのは、十四世紀にカヌーの大船隊がポリネシアから到着し、マオリの人口が急増したことである。

オーストラリアとニュージーランドは、距離的には近いが、アボリジニが**孤立的に長い時間をかけて発展してきたのに対し、マオリは比較的近年にポリネシアからニュージーランドに住み着いたのである。**

「イギリス系移民」の増加が人種構成を変えた！

十七世紀から十八世紀にかけて、オーストラリアやニュージーランドに、ヨーロッパからの白人が入植するようになる。それ以前には、アボリジニは三〇万人ほど、マオリは一〇～二〇万人ほどいたとされる。しかし、白人との戦いや白人がもたらした伝染病などにより、いずれも激減、アボリジニは一九二一年に六万人、マオリは一八九〇年頃に四万人にまで減少した。その後、いずれも増加に転じた。

オーストラリアもニュージーランドもイギリスの植民地となり、イギリス系の住民が増加した。オーストラリアはイギリスの流刑地《るけいち》となっていたが、一八六〇年代末までの移民が一〇〇万人を超えていたうち、流刑者は一七万人足らずであった。また、流刑者を受け入れない都市もあった。

オーストラリアは、二十世紀初頭に白豪主義《はくごうしゅぎ》を唱え、主として白人の移民のみを受け入れたが、現在ではそのような差別的な政策はとらなくなった。そのため、世界の各地から移民が流入し、特にアジア系の移民が増加した。

アボリジニ、ヨーロッパ系住民、アジア系住民などのさまざまな文化を尊重し、それぞれの文化を認め合おうとする多文化社会へと移ったのである。

ニュージーランドでも、アジア系の移民は増加の傾向にあり、二文化、さらに多文化社会へと移行しているといえる。

南太平洋の島々がかかえる問題

オセアニアには、キリバス・パラオ・ミクロネシア連邦といった独立国もあり、それらのほとんどは多くの島からなる国家である。

日付変更線はほぼ経度一八〇度に沿っているが、これらの国の中にはこの経線をまたがる国もある。そのため赤道付近から南緯三〇度あたりまでは、オセアニアの国々の国境によって、日付変更線は複雑に折れ曲がっている。

サモアは、二〇一一年十二月に自国を通る日付変更線を変え、日付変更線の東側にある国から、西側にある国となった。つまり、世界で最も遅く一日を終える国の一つから、最も早く日付が変わる国の一つとなったのである。

温室効果ガスなどにより地球の温暖化が進んでいるが、海水温が上昇し、海水が熱膨張するなどして海面水位が上昇する傾向がある。また、氷河や北極・南極の氷の融解も海面上昇の要因とされている。

オセアニアの南太平洋の島々では、サンゴでできた島も多く、このような島は標高が低い。そのため海面上昇や波の侵食により陸地が減少し、波の危険にさらされることも少なくない。また、近年、台風が多くなり、雨季と乾季の差が不明瞭になったなど、異常気象を指摘する人もいる。

「南極大陸と北極――極寒地にはどんな価値があるのか？」

南極大陸――冬には面積が二倍になる!?

南極大陸は十九世紀前半に発見され、十九世紀末から二十世紀にかけて、数多くの探検隊がこの地を訪れた。初の南極点到達を果たしたのは、ノルウェーのアムンゼン隊である。一九一一年の十二月のことであった。

初の南極点到達を争い、アムンゼン隊よりも一カ月遅れて到達したのがスコット隊である。スコット隊は、帰路で全員遭難する。彼らはニュージーランドを経由して南極に向かったので、ニュージーランドにはスコットの銅像が建っている。

日本が初めて南極に人を派遣したのは、一九一〇年である。

南極大陸は、冬には周囲に巨大な海氷ができ、大陸の面積は夏の約二倍になる。大

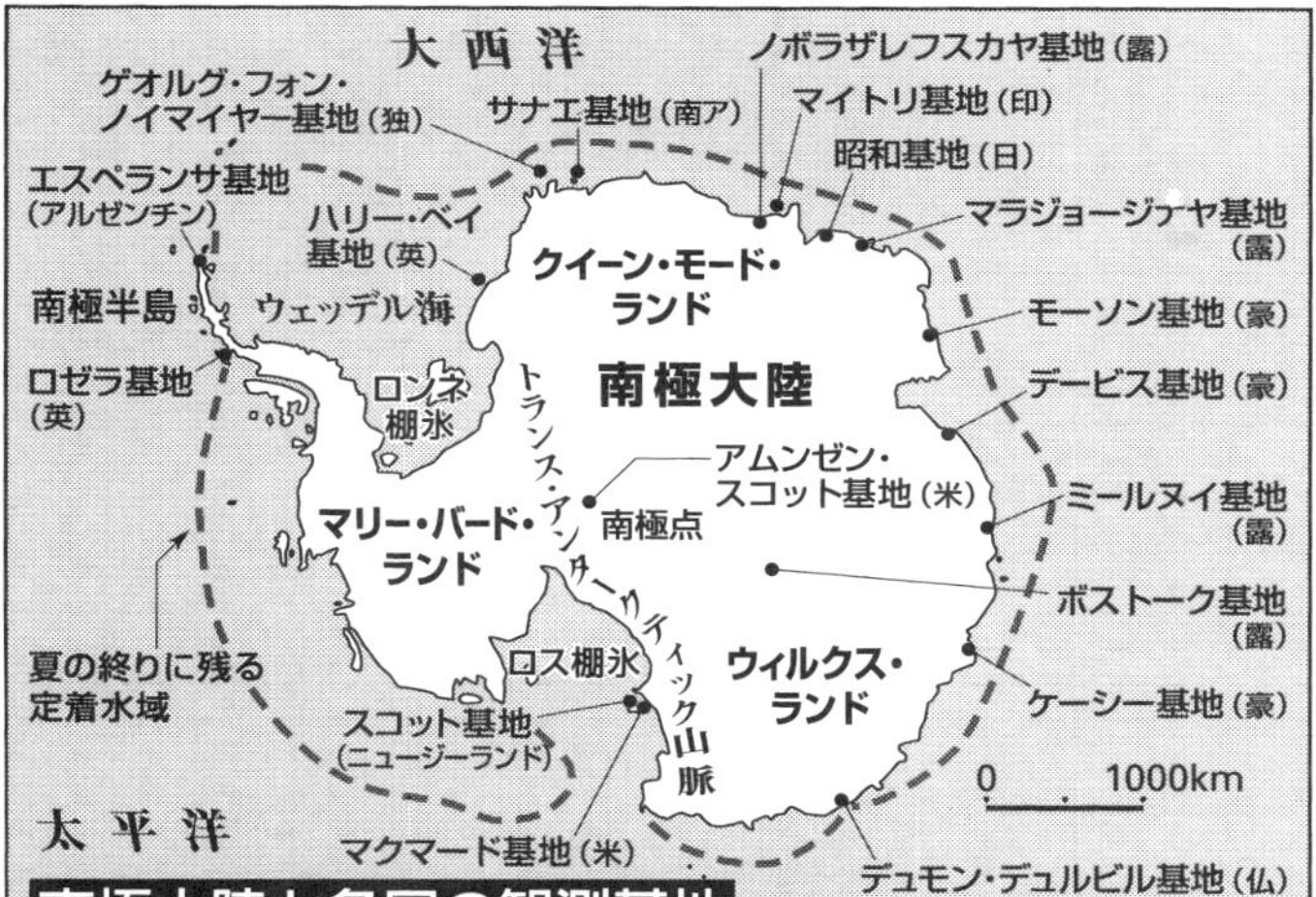

南極大陸と各国の観測基地（Alexander Weltatlas ほかより作成）

陸の九五％以上が氷でおおわれる。また、平均標高は二三〇〇ｍで、世界で最も平均標高の高い大陸である。

内陸部での気候条件は特に厳しい。気温が低いうえにブリザードが吹き、最大風速毎秒八九ｍという強風を記録したこともある。ブリザードが起こると立っては歩けず、巻き上げられた雪などで視界がきかず、方向感覚も失いやすい。数ｍの移動にも難渋する。また、年降水量は五〇㎜ほどで、南極大陸は砂漠であるともいえる。

地球上の最低気温マイナス八九・二℃を記録した（ボストーク

基地）、世界で最も寒冷な南極大陸には、どんな魅力があるのだろうか。なぜ、日本をはじめとする各国は、南極に基地をつくり、毎年越冬隊を派遣するのであろうか。

南極大陸には、石炭・石油などの鉱産資源が大量に埋蔵されていると考えられている。そのため、アルゼンチン・オーストラリア・チリ・フランス・イギリス・ニュージーランド・ノルウェーが南極大陸の領有権を主張したが、一九六一年の南極条約以降、すべての領土保有の主張が停止された。

さらに、九一年の二四カ国が結んだ条約では、最低五〇年間は、南極での石油その他の鉱産資源の探索が禁止された。日本が昭和基地を建設したのは五七年である。各国が南極に観測基地を建設したのは、南極の鉱産資源の採掘権などを確保する目的も大きかったが、それは現在のところ凍結されているのだ。

なお、南極の平和利用や国際協力について話し合う南極条約協議国会議が、適宜開かれている。

各国が南極を調査することで、さまざまなことが解明された。哺乳類や恐竜の化石の発見により、ゴンドワナ大陸分裂の記録が明らかになり、また、過去の氷河を研究することから古い気候が解明され、南極が世界の気象に与えている影響が示された。

さらに、ウイルスの活動や心理学・催眠の研究も南極で行われ、南極に住む魚類が血液中に不凍物質をもっているため、氷点下でも生存できることも明らかにされた。

　このように、南極の観測基地は、多方面の研究を促進させたのである。

注目される極点観光

　北極は、南極と異なり、中央に陸はなく、海の周囲を陸が取り囲んでいる。北極も南極と同様に探検の舞台となっている。

　一九五八年には、アメリカの原子力潜水艦ノーチラス号が、海氷の下を航行して北極海を横断した。七八年には、植村直巳らが北極点に到達している。七〇年代後半からは、科学的なデータ収集も進み、地質時代ごとの環境の変化も明らかになってきた。

　北極や南極は、現在、極点観光として注目されつつある。北極圏ではオーロラや白熊などのウォッチング観光があり、冒険旅行も多い。南極への一年間の観光客は三万人以上となり、それらの観光客は夏期の十一月から二月までの四カ月間の観光シーズンに訪れる。その数は観測隊の人数より多くなっている。

　なお、地球温暖化は極地方で顕著である。そのため、氷河や氷床がより融解しやすくなっている。こうした現象は、地球上の海面上昇や、極地方に生息するホッキョクグマやペンギンなどの生存を危うくすることにもなる。

1 オーストラリア

「人口密度が世界で最も低い」国

「乾燥した大陸の思いがけない富とは？」

一人当たり農地面積が日本の三〇〇倍

統計でオーストラリアの農業従事者一人当たりの農地面積をみてみると、およそ九五〇haである。日本の場合が三ha、アメリカでさえ一五〇haであるから、それこそ桁違いに広い。

農地の多くは牧場ないし牧草地で、国土に占める牧場・牧草地の割合は、五〇％に達する。それらの数値が示す意味は、牧場・牧草地の大部分が、人の手をかけない放牧を行う自然のままの原野だということである。

オーストラリアは、乾燥地帯が多く、安定した農牧業を行いにくい。農牧業に大きな影響を与える降水量は、年間降水量が少ないだけでなく、年次による変動も大きい。

このリスクがあるために、一人当たりの農地面積は広くなる。灌漑の行われている集約的な地帯では、牧草を安定して供給できるので牛一頭（羊だと八頭）の飼育は四ha以下の面積ですむのに対して、乾燥地帯の放牧地では牧草が育ちにくく、牛を一頭飼育するのに一六ha以上の面積を必要とする。

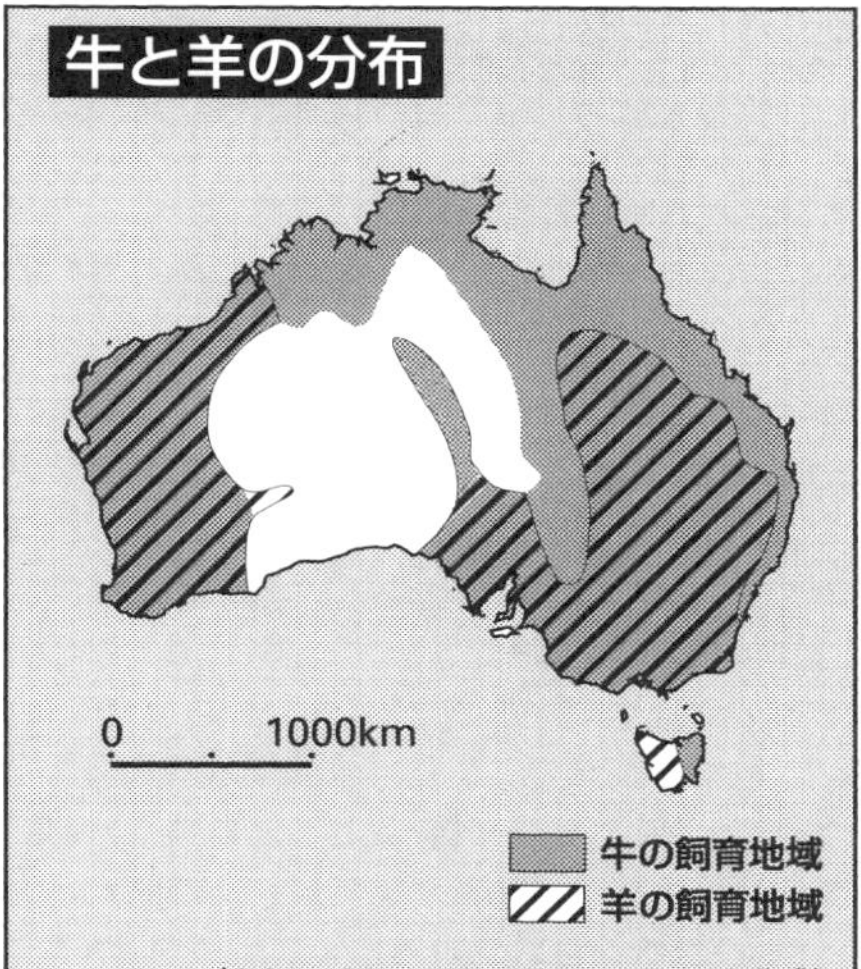

（Atlas of Australian Resources より作成）

集約的な農業を行うには、適当な降水量と灌漑施設が不可欠だ。

オーストラリアの場合には、集約的な農牧業は、降水量が三〇〇㎜以上の地域に限定される。また、灌漑は大陸南東部から北東部にかけての地域と南西部で進んでいるため、改良牧草地や小麦栽培・果樹・サトウキビ・タバコなどの集約的な作物も、それらの地域に集中している。

しかし、長年にわたる過剰灌漑が、地下水の上昇をもたらした。この地下水の上昇によって土壌中の塩基類が地表および地表近くに集まり、土地の生産性を低下させる。すなわち「塩害《えんがい》」が深刻な問題となっている。

一方、羊、特に羊毛を生産する際には、降水が多いことは不利である。

重要性が薄れたとはいえ、オーストラリアの経済を支えてきたのは羊である。一八六〇年代以降、輸出の中心は羊毛であった。現在の輸出金額に占める羊毛の割合は数％程度にすぎないが、その生産は世界一を誇り、**世界の羊毛の輸出の四割はオーストラリアが担っている。**

日本でもおなじみのオージービーフとなる牛は、羊よりも降水に対して適応性がある。したがって、オーストラリアの羊および牛の飼育の分布をみると、羊が、乾燥した、しかも地下水などで水が供給できる地域に集中しているのに対して、牛の飼育の分布は、降水量の少ない地域から比較的多い地域までみることができる。

〝不毛の土地〟から発見された世界有数の鉱産資源

オーストラリアの鉱産資源としては、まず金がある。一八四九年のアメリカ・カリフォルニア州でのゴールドラッシュは、一八五〇年代にオーストラリアに飛び火した。

それにより多くの移民が入植し、内陸部へと居住地が拡大した。一八五〇年の人口は四〇万程度であったが、その一〇年後にはおよそ三倍になっている。

このように、大量の移民、特に中国からの移民が金鉱山労働者として入ってきたことから、植民地政府は、一八五五年にヨーロッパ人以外の移住制限を行った。これが白豪主義の始まりである。

なお、このゴールドラッシュは、一八六〇年代に、ニュージーランドへも波及する。

さらに、乾燥地帯に鉄鉱石やボーキサイトなどの鉱産資源が大量に発見され、一九六〇年代後半以降、産出量や輸出量が急激に増加した。不毛だと考えられていた土地が大きな富をもたらしたことから、「ラッキーカントリー」と呼ばれるようになった。

現在、オーストラリアではほとんどの鉱産資源が自給できるといわれる。

その中でも、**ボーキサイト・チタンの生産量は世界一、金・鉄鉱石・鉛鉱・マンガン鉱・亜鉛鉱などの生産量も世界有数である。**金や鉄鉱石の主要生産地はウェスタン・オーストラリア州であり、特に鉄鉱石の多くは同州のピルバラ地方で採掘されている。

多くの鉱産資源を輸出しているが、日本における鉄鉱石の輸入の六割はオーストラリアからである。ボーキサイトや亜鉛も、オーストラリアからの輸入が最も多い。日本の経済市場は、オーストラリアに支えられているところが大きいともいえよう。

グレートバリアリーフ――一九もある「世界遺産」

オーストラリアでは、一九〇〇年代後半から観光が急速に注目され、現在では経済を支える主要部門となっている。

オーストラリアの世界遺産は、二〇一二年現在、自然遺産を主に一九が登録されている。

その中でもグレートバリアリーフは、オーストラリアを代表する観光地である。

パプアニューギニア近くのトレス海峡からブリスベンまでの約二〇〇〇㎞、六〇〇〇の島を含む日本の面積とほぼ同規模の広さを誇る、世界一のサンゴ礁である。

オーストラリアへの日本人観光客は、時差がないこと、治安がいいこと、海洋リゾートが充実していることなどの理由により、八〇年代に急増した。さらに八〇年に、オーストラリアと日本の間で、青少年に限り、働きながら観光を認めるワーキング・ホリデーの協定が結ばれている。このような動きも観光客の増加に貢献した。

「独特の自然・動物が多いのはなぜか？」

コアラ・カンガルーなどの有袋類が多い理由

西オーストラリアの最西端に位置するシャーク湾には、地球誕生後に酸素を生み出したもととされる岩の成長がみられる。この岩は、ストロマトライトと呼ばれ、表面に群生しているバクテリアによってつくられ成長しているのだが、このバクテリアの光合成によって酸素がつくられている。

つまり、オーストラリア大陸では、地球の生物の誕生に大きな貢献を果たした自然に出合うことができるのである。

ところで、二億二五〇〇万年前頃までは、世界はほぼ一つの大陸であったと考えられている。その後、ゴンドワナ大陸とローラシア大陸とに分かれた。オーストラリア大陸は、少なくとも二億年前に、ゴンドワナ大陸から分裂し、東に移動した。

オーストラリア大陸の地質の形成年代は古く、最古の岩石は三〇～四三億年前と推定されている。大分水嶺《だいぶんすいれい》山脈は、二～五億年ほど前の堆積物が主となっている。

このような古い地質が、豊富な鉱物を産出する要因の一つでもある。また、このように**早い時期から分裂を始め、ほかの地域と隔絶されてきたので、動植物も独特の進化をとげることになった。**

オーストラリアの哺乳動物で最も種類が多いのは、コアラ・カンガルーなどの有袋類である。その種類は一五〇種以上にのぼる。有袋《ゆうたい》類が多い理由は、早くから孤立したオーストラリア大陸には、それらを捕食する大型の猛獣が入ってこられなかったためと考えられている。

コアラは日本の動物園でもみられるようになったが、ユーカリの葉だけを食べ、ユーカリの葉を食することで水分を補うので、水は飲まない。

さらに、カモノハシのような、卵生ではあるが母乳で育児をする原始的な哺乳動物もいる。

先住民アボリジニへの政策は改善されたが……

アボリジニも孤立した大陸で独特の文化を育んだ。しかし、ヨーロッパ人が入植し、牧羊業が盛んになると、アボリジニは内陸部の乾燥した不毛地帯へと追いやられるようになった。

一九五〇年代から六〇年代にかけて、連邦政府はアボリジニに対する処置や政策を改めるようになった。

九二年のオーストラリア最高裁判所は、アボリジニの訴えにより、土地・海面に対する伝統的所有権を認める判決をくだした。

この判決で、先住民アボリジニの問題がすべて解決されたわけではない。ヨーロッパ系住民と比較して二〇年も違う平均寿命の短さ、失業率の高さなど、残されている問題も少なくない。また、アボリジニの居住地にある鉱産資源の開発については、アボリジニの諸権利との調整をめぐって問題が生じている。

アボリジニがいつ土地の返却を求めてくるか不安なので、農地や鉱山に投資ができないというヨーロッパ系住民や海外の企業の声も聞かれる。

「わずかな大都市と広大な過疎地」

フライングドクター――医者が飛行機で往診する国

日本の人口密度は一㎢当たり三三六人（二〇一〇年）であるのに対して、オーストラリアの人口密度は、一㎢当たりわずか三人にすぎない。

その人口の多くは南東部や南西部の海岸地域に集中しているので、オーストラリアの大半の地域、特に内陸部は人口過疎《かそ》地である。隣の家まで自動車で一〇分以上かかるような一軒家もある。このような地域は、医者もいないことが多い。

そこで活躍しているのが「空飛ぶ医師」、フライングドクターである。オーストラリアのフライングドクターは、一九二八年から始まった。二〇一一年現在で、フライングドクターの基地は二一あり、小型機六一機、医師・看護師・パイロットなど一〇〇〇人程度の人がこの仕事にかかわっている。

フライングドクターの仕事は、巡回診療ばかりではない。緊急の際には二四時間態勢で出動し、急患を基地の病院まで運ぶ。また、無線で患者に手当てを指示するのも重要な仕事である。彼らが診察する人びとは年間二八万人に達し、年間総飛行距離は地球六七〇周分になるという。

このような地域では、医療だけでなく、教育問題もある。学校が遠すぎて通えない家庭の子どもたちは、無線で先生と交信し、指導を受けている。

人口の九〇%が都市に住む⁉

オーストラリアは、このような人口過疎地域が国土の大半を占めるが、わずかな面積を占める都市への人口集中が進んでおり、人口の九割は都市に住んでいる。都市には人口だけでなく、経済機能や工業も集中する。

また、大量に流入した移民も、内陸部へ向かわず都市にとどまったため、都市の人口集中に拍車がかかった。

郊外には比較的ゆったりとした敷地のマイホームも多くみられるが、近年では、都心から離れた郊外の一戸建てを嫌い、都心に近い高層住宅を求める人たちも多くなった。

2 ニュージーランド

「北島」と「南島」はなぜこれほど異なるのか？

変貌するニュージーランドの〝顔〟

ニュージーランドがイギリスの植民地となったのは、一八四〇年である。一九〇七年にはイギリスの自治領となり、四七年には完全な独立国となった。

植民地時代には、イギリスの食糧供給地としての役割が強かったが、大きな転機となったのは、イギリスのＥＥＣへの加盟であった。イギリスがヨーロッパ（ＥＵ）内での貿易の依存を高めたために、ニュージーランドはイギリス以外の国との貿易を強化せざるをえなくなったのである。

そこで急激に貿易額を伸ばしてきたのが、オーストラリアと日本である。

九〇年代に入り、ニュージーランドの貿易相手国は、オーストラリア・日本・アメリカ合衆国が主となり、二〇〇〇年代には、中国をはじめアジア諸国との貿易が増加している。

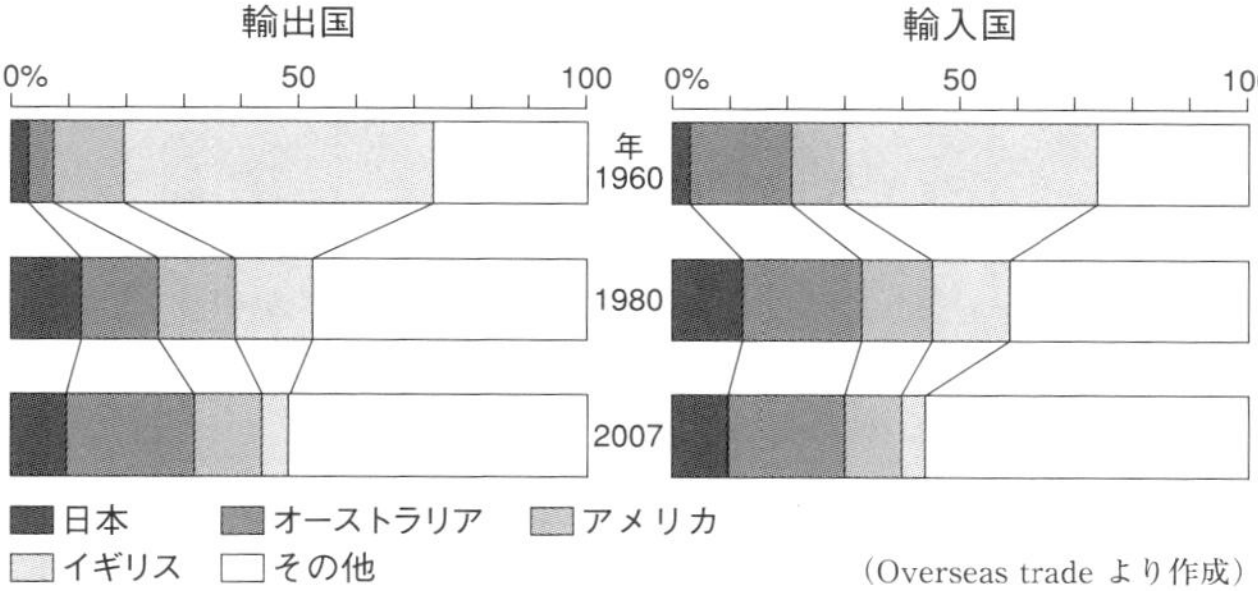

（Overseas trade より作成）

ニュージーランドの輸出入額の国別割合の推移

日本との貿易はすでに一八九〇年頃から始められていたが、本格化したのは、第二次世界大戦後である。日本への輸出では、木材・キウイフルーツなどの果物・アルミニウム・肉類・酪農製品が多い。

ニュージーランドにはもともと森林が多く、国土の半分は固有種の森林であった。しかし、ヨーロッパ人の入植により森林は伐採《ばっさい》され、在来種であるカウリは、強くまっすぐに伸びていることから、カヌーや船のマストや建築物として乱伐された。その結果、固有の木は著しく減少し、現在では保護の対象となっている。

現在輸出される木材の多くは、植林の九〇%以上を占めるマツである。ニュージーランドに植えられたマツは、生長が早く、商業ベースにのりやすいことから、日本へも多く輸出される。

北島にあるこの国最大の湖であるタウポ湖周辺はマツの大植林地帯であるが、そこを車で走っていると、木材を満載した大型トレーラーと何台もすれ違う。

ニュージーランドでは世界有数の経済水域をもつことから、漁業も行われている。しかし資源確保のため、毎年の水揚げ量などを厳しく規制するとともに、常時行われる個体数調査で、減少が著しいものについては、規定の水揚げ量に達しない場合でも、漁の中止を求めることがある。

牛肉と酪農製品の島

ニュージーランドといえば羊をイメージするが、一九八二年頃が飼育数のピークで、七〇〇〇万頭を超え、国民一人に対して羊は二二頭を数えた。

しかし、その後ウール製品の輸出の低迷や羊肉の輸出の減少により、羊の飼育頭数は減少する。八〇年代の経済改革による、農家への補助金廃止がそれに拍車をかけた。二〇〇八年の羊の頭数は約三四〇〇万頭、国民一人当たり八頭となっている。

生後一年未満の羊肉はラムといわれ、羊特有の臭みもなくおいしい。成長した羊の肉はマトンと呼ばれる。ニュージーランドではラム肉の生産量のほうが高かったが、八七年以降、牛肉の生産量がラム肉の生産量を上回った。

九〇年以降は、**牛肉の輸出額が羊肉のそれを上回るようになった。**

羊肉・牛肉は、その多くがヨーロッパ・アメリカ・アジアに輸出されている。ニュージーランドの牛肉の特徴は、やわらかい肉質にある。

ニュージーランドの輸出額の一位は、酪農製品である。日本への輸出も少なくなく、日本のスーパーなどでもニュージーランド産アイスクリームの表示をよくみかける。

北島と南島はなぜこれほど異なるのか？

北島には、一九九六年に噴火したルアペフ山をはじめとして、活火山が多い。多くの地熱地帯があり、観光地となっているばかりでなく、そこには大規模な地熱発電所も建設されている。

それに対して南島は、隆起《りゅうき》によってできた山脈であるサザンアルプスが島の脊梁《せきりょう》を走り、氷河や氷河の水がせき止められたエメラルドグリーンの湖が点在する。

気候的には、温暖な北島に対して、南島はやや冷涼である。地形や気候からみると、動的な北島に対して、静的な南島といえる。

南島では羊が多くいる印象を受けるのに対して、北島では牛が多いという印象を受ける。羊の数は南島でやや多く、特に雨の少ない東海岸に羊の牧場が集中している。

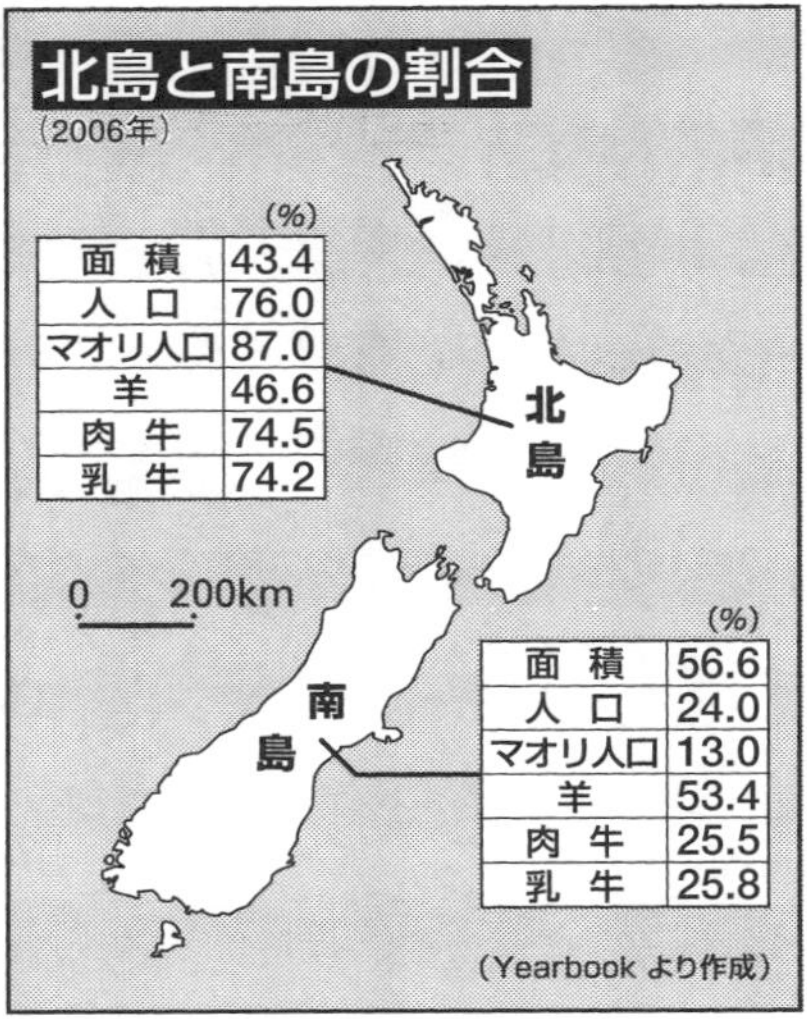

北島と南島の割合
(2006年)
(%)
面積 43.4
人口 76.0
マオリ人口 87.0
羊 46.6
肉牛 74.5
乳牛 74.2
北島
0 200km
(%)
面積 56.6
人口 24.0
マオリ人口 13.0
羊 53.4
肉牛 25.5
乳牛 25.8
南島
(Yearbook より作成)

他方、牛は北島で多く飼われているのである。

なお、ニュージーランドも地震多発国である。二〇一一年に南島のクライストチャーチを直撃した地震では、断層がないと思われていた地域での地震であったので、被害が大きかった。

地震が多い国であっても、比較的少ない地域では、地震に対する準備が十分ではなかったのである。

北島は、この国一番の大都市オークランドや首都ウェリントンがあり、行政機能や経済機能が集中していることから、人口も多い。また、気候が温暖なため、古くから現在に至るまでマオリが住んでいる。

八七年にマオリ語が公用語として認められて以降、マオリ語やマオリ文化の育成がより一層強化されている。国歌は、英語とマオリ語の歌詞があり、地名でも英語とマオリ語が併記されることがある。ニュージーランドは、マオリ語では、アオテアロア（長い白い雲のたなびく国）である。マオリの少ない南島の小学校でも、数の数え方など、英語とともに習得されるマオリ語の授業をみることができる。

ワイタンギ条約により不当に土地を接収されたとし、その土地の返還や賠償をめぐるマオリの動きが強まり、政府はその解決に積極的に取り組んでいる。

このほかにも、マオリの起こした会社に政府が援助するなど、**先住民マオリに対しての保護は厚い。**しかし、これらの政策が過度な優遇だと批判する声もある。

イギリス流文化とニュージーランド流経済

経済的にはイギリスから離れつつあるニュージーランドだが、イギリス文化は継承されている。まず、ティータイム。ニュージーランドでは、午前と午後にティータイムをゆっくりととり、紅茶やコーヒーを飲み、お菓子をつまみながら会話を楽しむ。イギリスのスポーツ文化であるラグビーやクリケットなどを楽しむ人も多い。

ニュージーランド人は、国鳥であるキウイから、自分たちをキウイと呼ぶ。キウイは飛べない鳥として有名であるが、彼らを襲う動物が少なかったために、ニュージーランドには、ウェカ、タカへといった飛べない鳥が多く生息している。

ニュージーランドには、世界一美しい散歩道といわれるミルフォードサウンドをはじめ、名の知れた散策道がある。観光地には、さまざまな散策道が整備され、山小屋が配置されているところもあり、誰でも宿泊することができる。この国には猛獣や蛇、毒虫がいないので、山の中でも安心して歩ける。

このような美しい散策道は、キウイだけでなく、外国人観光客のための重要な観光資源になっている。

一方、ニュージーランドは高福祉国家として、世界的に名を馳《は》せていた。しかし、財政の悪化から一九八四年以降、経済改革を断行し、経済規制政策から開放的な市場経済国家への転換を図った。

政府は、多くの公営事業から撤退あるいは縮小し、民営化を促進させた。さらに、許認可を撤廃したことから、公務員の仕事を大幅に削減した。

農業補助金の廃止、児童福祉をはじめとする政府による福祉事業の大幅後退などがあったが、この経済改革により、九〇年代半ばには、先進国の中で高成長を誇る数少ない国となった。

しかし、二〇〇八年から干ばつや住宅市場が低迷し、経済成長が鈍化している。換言すれば、先進国の世界的傾向と同じようになった。

3 フィジー

日本人観光客の多いサトウキビとサンゴ礁の国

メラネシアの中心国になぜインド人が多いのか？

オセアニアの諸島は、文化・人種の違いなどの点から、**ポリネシア（多数の島々）**、**メラネシア（黒い人が住む島々）**、**ミクロネシア（極小の島々）に分けられる**。ポリネシアとミクロネシアには共通点が多い。フィジーはメラネシアに属するが、首長制の存在など社会構造の側面では、ポリネシア的である。

フィジーは、三〇〇以上の島嶼《とうしょ》からなるが、主要な島は、ビチレブ島とバヌアレブ島である。熱帯のフィジーは、高温で雨も多い。

一八二〇年代前半からのナマコの交易によって、銃などのヨーロッパの財が持ち込まれ、西欧世界の影響が強まっていった。フィジーは、メラネシアにおいて、イギリスなどの世界と直接結びつく中心地域となっていった。

一八七四年にイギリスの保護領となり、イギリス人によってサトウキビ栽培が始められ、バヌアツやソロモン諸島といった周辺地域から労働力が流入した。

しかし、その後、労働力としてインド人が入植するようになる。一九七〇年に独立を果たした後にも、多くのインド人が残っていた。

二〇〇七年の人口構成は、フィジー人五七％、インド人三八％である。この人口構成比が、現在のフィジーの重大な社会問題に結びつくのである。

政治を握るフィジー人と経済を握るインド人

ほかのオセアニアの諸島の農業は、タロイモやヤムイモを主とした伝統的農産品を栽培することが多いのに対して、主要輸出品であるサトウキビの畑が続くフィジーの風景は、オセアニア諸島では特異なものである。

サトウキビは、従来からフィジー人の土地をインド人が借りて栽培するという形態が多い。それは、植民地化したイギリスが、インド人などの植民者からフィジー人を保護しようとした植民地化直後の政策に起因している。

しかし、そのフィジー人への保護策が逆に、サトウキビの生産で潤《うるお》ったインド人たちがこの国の経済を事実上支配するという結果を招いた。

他方で、行政の中枢にはフィジー人がいる。一九八七年に、人口構成比が高く経済的にも優位に立つインド人が、行政に力をおよぼして多数入閣することになった。しかし、フィジー系住民はこれに反対し、軍事クーデターが引き起こされた。

その後、共和制が敷かれ、インド人閣僚の数を少なく抑えることで、政治的な実権をフィジー人が握った。

しかし、九七年、インド系住民の政治的権利を拡大する改正憲法を公布し、国名も「フィジー諸島共和国」に変更された。二〇〇六年には軍事クーデターで軍が全権を掌握。二〇〇九年に「フィジー共和国」に再び国名を変更した。

このように、**政治的にも経済的にも支配権をとろうとするフィジー系住民と、経済的な優位さを保とうとするインド系住民の対立**、および主産業である砂糖産業の衰退により、解決すべき問題が多い。

リゾート地として発展――サンゴ礁の海が最大の観光資源

フィジーの二つの島の周辺に位置する小島は、サンゴ礁と石灰岩からなり、それらの海が観光資源となっている。

サンゴ礁は、造礁《ぞうしょう》サンゴ類、有孔虫《ゆうこうちゅう》をはじめとする生物などの遺骸が堆積してできた、海面近くの地形的高まりで、生物がつくる特徴的な海岸地形である。

サンゴ礁は、赤道をはさんだ南北三〇度以内の海域に分布し、太平洋では西に分布が偏っている。また、冬季の表面海水温が一八℃以上という温暖な地域に分布する。

サンゴ礁に囲まれた浅い海では、サンゴ類のほか熱帯魚やイソギンチャクが生息し、シュノーケリングなどで、容易に美しい海の中を観察することができる。

サンゴと青い海に恵まれたフィジーの小島には、外国からの観光客を受け入れるホテルを中心とした海洋リゾートが開発された。

政情が安定しない一方で、オーストラリアやニュージーランドなどから美しい海を求めてフィジーを訪れる人が多い。

フィジーの首都スバは、ビチレブ島の南東に位置し、行政や商業の中心地であるが、リゾート地として発展しているのは、島の西海岸およびその沖合の小島である。

この島の東は、南東からの貿易風が南北に連なる山脈にさえぎられるため、降水量が多く熱帯雨林が発達している。一方、西側は乾燥し、サトウキビの生育に適しているとともに、リゾート地としても適している。

column

世界地図にはこんなトリックがある！

地理を理解するうえでなくてはならないものは、地図である。

しかし、球体である地球を平面にすることには無理があるので、世界地図の作成にはトリックがある。

まず、よく目にするのは、メルカトル図法で描かれた世界地図だ。これは世界の輪郭が頭に入りやすい半面、赤道付近から南北に離れるにつれ、面積の比が異なってくる。地球上で同じ面積でも、メルカトル図法の地図では円で示したように極に近いほうが広くなる。

さらに、この図で東京から東に向かえば、アメリカ合衆国の西海岸に着くように見えるが、東京から東へ向けて出発すると、チリ・アルゼンチンに至り、ブラジル沖の東京の対蹠《たいせき》点（地球上での裏側）に到達する。この対蹠点には、東京から西に向かっても東南・西南に向かっても到達できる。

では、メルカトル図法で東西に直線に引かれた緯線には、どのような意味があるのか。

緯線に沿って進むことは、南北に直線で引かれている経線に常に直角になるように舵をとることを意味する。換言すれば、船が航行する際に経線と船の向きの角度を一致させれば、目的地に着くのである。

地図に沿って船を航海させる際には、正角図法のメルカトル図法は便利なので、海図としての利用価値が高かった。ただし、その航路（等角航路）は、二地点間の最短距離というわけではない（赤道上や経線上を除く）。

最短距離を示す大圏航路は、正距方位図法を用いると、直線で示すことができる。ただし、正距方位図法は、中心に示された地点からの方位や距離は正確につかめるが、世界地図としてはかなり歪んだものとなり、世界全体のイメージをつかむのには向かない。

世界各地の面積の比を正しく表そうとした正積図法の地図としては、モルワイデ図法などがある。

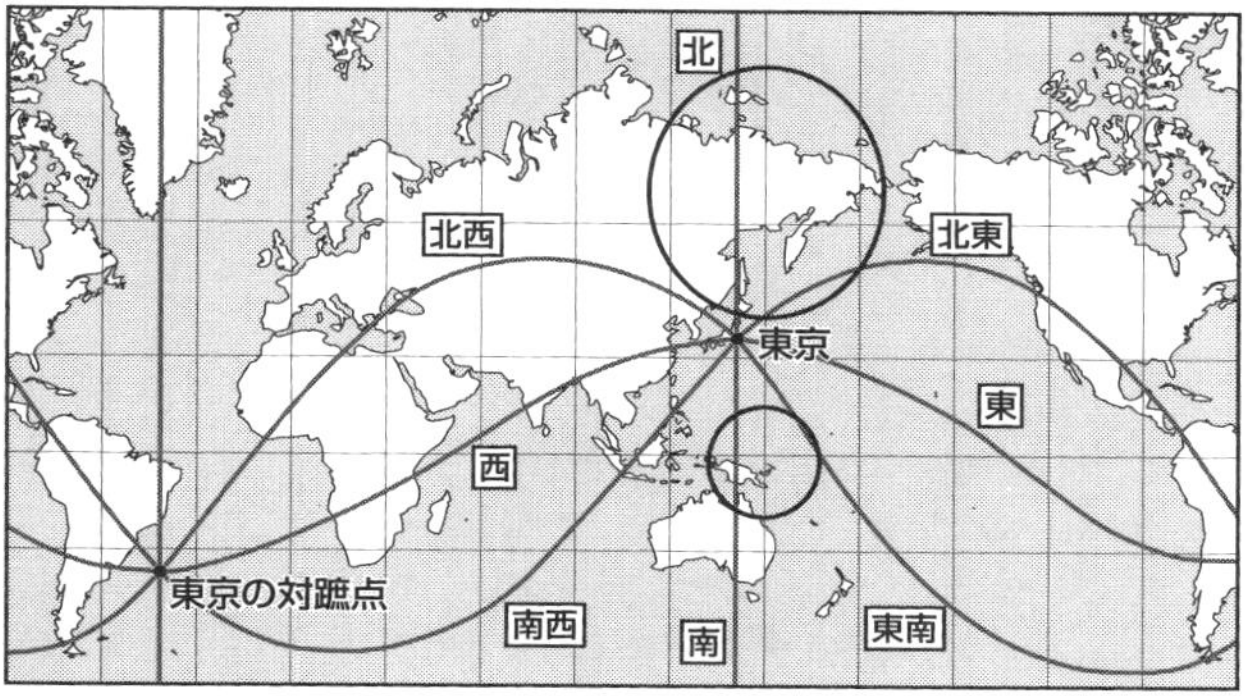

メルカトル図法

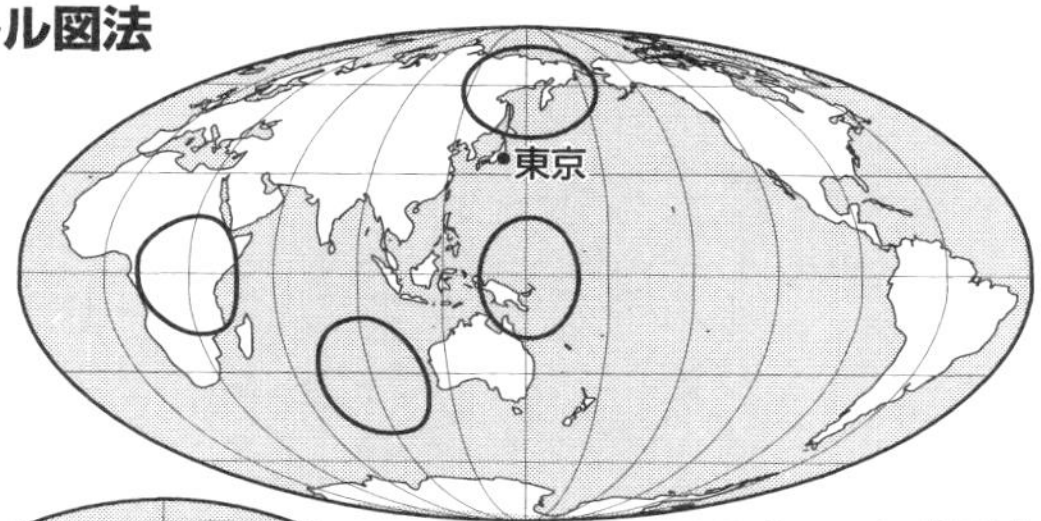

モルワイデ図法

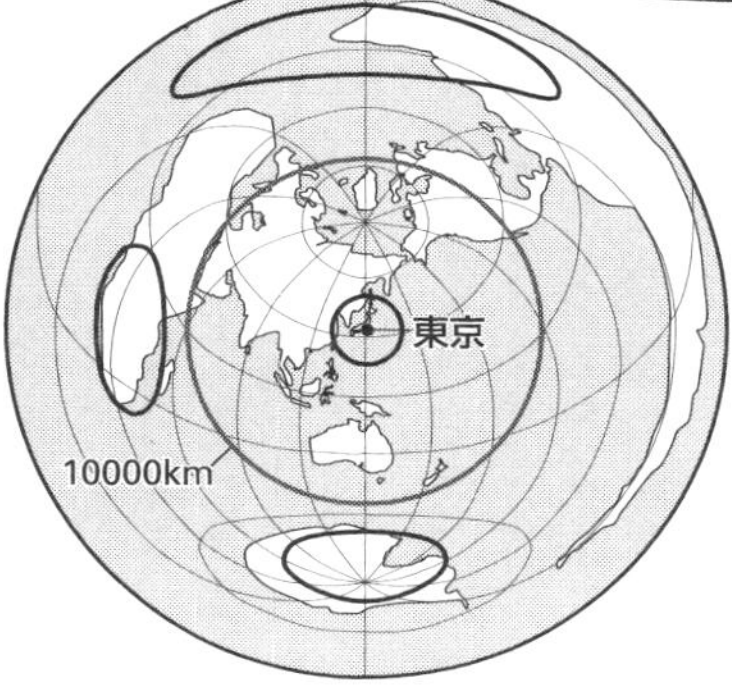

正距方位図法

円は半径2000kmを描いた場合、大きさや形が変わることを示している。

【参考文献】

＊本書の性格上、和書のみ記入した。

〈世界全体〉『世界とその国々』(国土地理協会)／『週刊朝日百科・世界の地理』(朝日新聞社)／『世界の国ぐに大百科』(ぎょうせい)／『地球を旅する地理の本』(大月書店)／『世界再発見』(同朋舎出版)／『図説大百科・世界の地理』『地誌学概論』(朝倉書店)／『データブック・オブ・ザ・ワールド1998』(二宮書店)／『世界地図を読む』(大明堂)

〈アジア〉『中国年鑑』『韓国百科』(大修館書店)／『変貌する中国を読み解く新語事典』(草思社)／『キーワードで読む現代中国』(岩波書店)／『もっと知りたい韓国』(弘文堂)／『読んで旅する世界の歴史と文化　インド』(新潮社)／『南アジアの国土と経済　インド』『地理月報』(二宮書店)／『インドネシア――多民族国家の模索』(岩波新書)／『ハンガリーからトルコへ』(泰流社)／『トルコ人のヨーロッパ』(明石書店)／『アラビア・ノート』(日本放送出版協会)／『イスラム事典』(平凡社)／『地理』(古今書院)

〈アングロアメリカ〉『アメリカとカナダの風土』(二宮書店)／『アメリカ合衆国テーマ別地図』『現代アメリカ社会地図』(東洋書林)／『アメリカを知る事典』(平凡社)／『民族で読むアメリカ』(講談社)／『アメリカ50州を読む地図』(新潮社)／『アメリカの地域――合衆国の地域性』(弘文堂)／『ニューヨーク』(同朋舎出版)／『カナダの土地と人々』(古今書院)

〈ラテンアメリカ〉『ラテンアメリカ入門』『ラテンアメリカの巨大都市』(二宮書店)／『アメリカ論Ⅱ　中南米』(日本放送出版協会)／『ラテンアメリカ事典』(ラテンアメリカ協会)／『シリーズ　ラテンアメリカ』『ラテンアメリカ研究への招待』(新評社)／『ラテンアメリカを知る事典』(平凡社)／『メキシコ革

命――近代化のたたかい』（中公新書）／『アマゾン　生態と開発』（岩波新書）／『ブラジル』（白水社）／『インカの末裔たち』（日本放送出版協会）
〈ヨーロッパ〉『ＥＵの地理学』『ＥＵ（世界地誌シリーズ３）』（二宮書店）／『統合と分裂のヨーロッパ』『ライン河紀行』『資本主義ロシア――模索と混乱』『ソ連解体後――経済の現実』（岩波新書）／『フランス文化と風景』（東洋書林）／『パリ大都市圏――その構造変容』（東洋書林）／『ドイツ――転機に立つ多極分散型国家』（大明堂）／『ドイツ――ジャガイモとビールと世紀末』（トラベルジャーナル）／『ヨーロッパ＝ドイツへの道』（東京大学出版会）／『スペイン』（河出書房新社）／『吹き抜ける風』（行路社）／『ＣＩＳ諸国の民族・経済・社会』（古今書院）／『ロシアは甦る』（三田出版会）／『ロシア・ソ連を知る事典』（平凡社）／『今ひとたびの東欧』（開成出版）／『ヨーロッパとは何か』（平凡社）／『ヨーロッパ統合時代のアルザスとロレーヌ』『東欧革命後の中央ヨーロッパ』（二宮書店）／『ＥＵ拡大と新しいヨーロッパ』（原書房）／『東ヨーロッパ・ロシア』『ドイツ・オーストリア・スイス（図説大百科世界の地理12）』（朝倉書店）
〈アフリカ〉『アフリカ全史』（第三文明社）／『アフリカ』（自由国民社）／『アフリカを知る事典』（平凡社）／『アフリカ年鑑』（アフリカ協会）／『神々の大地アフリカ』（古今書院）／『楽園　ケニア人からニッポン人へのメッセージ』（ＰＨＰ研究所）／『エジプト』（新潮社）／『南アフリカ』（岩波新書）／『北アフリカ（図説大百科世界の地理16）』『南部アフリカ（図説大百科世界の地理18）』（朝倉書店）
〈オセアニア〉『世界最悪の旅』（小学館）／『南西太平洋』（朝倉書店）／『新訂　オセアニア』『オーストラリア景観史』（大明堂）／『ラブリー　ニュージーランド』（二宮書店）／『グリーンパラダイスの光景』（開成出版）／『サウスオーストラリアの農業開発』（古今書院）／『オセアニア』（朝倉書店）

レインボーネーション……… 331
礫砂漠………………………… 341
レコンキスタ（国土回復運動）
…………………………………… 240
レス（黄土）………………… 278
レナ川……………………… 269,270
連帯…………………………… 277
労働集約型産業………………54,70
ローマ帝国………… 90,102,231,239
ローラシア大陸……………… 358
ロサンゼルス………… 115,135,151
ロシア連邦……………… 20,194,**261**
ロッキー山脈……………… 115,149
ロッテルダム………………… 252
ロマンシュ語………………… 247
ロマンチック街道…………… 229
ロムニー種…………………… 344
ロンドン……………… 150,209,212

【ワ行】

ワイタンギ条約……………… 367
ワイン………………… 184,235,254
ワスプ（WASP）…………… 110
ワットリング島……………… 166
ワルシャワ条約機構……… 203,221

【欧文略語】

AFTA（ASEAN 自由貿易地域）
……………………………………55
ASEAN（東南アジア諸国連合）
…………………… 27,54,58,62,68,70
APEC（アジア太平洋経済協力）
…………………………………… 135
BRICs……………………………28
COMECON（経済相互援助会議）
…………………………………… 203
EC（ヨーロッパ共同体）
………………………… 202,212,256
ECSC（ヨーロッパ石炭鉄鋼共同体）………………………… 201
EEC（ヨーロッパ経済共同体）
……………………………… 201,362
EU（ヨーロッパ連合）
…… 40,89,93,202,205,216,253,260,277,280
FTA（自由貿易協定）……… 135
IMF…………………………… 255
JICA（国際協力事業団）………29
NAFTA（北アメリカ自由貿易協定）………………………… 165
NATO（北大西洋条約機構）
……………………… 203,221,277,296
NGO（非政府組織）……………29
ODA（政府開発援助）…………29
OECD（経済開発協力機構）…29
OPEC（石油輸出国機構）…94,320
PLO（パレスチナ解放機構）
……………………………… 105,302
TPP（環太平洋パートナーシップ）……………………… 135,183
WASP（ワスプ）…………… 110
WHO（世界保健機関） ………42
WTO（世界貿易機関） ……36,40

【タ行】

【サ行】

【カ行】

さくいん

（太字は国名・地名・地域名）

【ア行】

【執筆者紹介】

高橋伸夫（たかはし　のぶお）
一九三九年、東京都生まれ。筑波大学地球科学系教授、聖徳大学教授、日仏地理学会会長を歴任し、筑波大学名誉教授。

井田仁康（いだ　よしやす）
一九五八年、東京都生まれ。筑波大学大学院地球科学研究科単位取得退学。現在、筑波大学人間系教授。編著書に『授業のための地理情報』『世界を巡って地理教育』など。

赤松輝夫（あかまつ　てるお）
一九三九年、神奈川県生まれ。東京教育大学理学部地理学専攻卒業。元、開成中学・高校教諭。共著書に『地理B標準問題精講』など。

秋本弘章（あきもと　ひろあき）
一九六二年、埼玉県生まれ。筑波大学第二学群比較文化学類卒業。現在、獨協大学教授。『GIS――地理学への貢献』を分担執筆。

呉羽正昭（くれは　まさあき）
一九六四年、長野県生まれ。インスブルック大学大学院修了。現在、筑波大学生命環境系教授。編著書に『EU拡大と新しいヨーロッパ』など。

矢島舜孳（やじま　しゅんじ）
一九四七年、長野県生まれ。東京教育大学理学部地理学専攻卒業。現在、東京都立西高等学校教諭。著書に『クイズとゴロで覚える世界の国名と位置』など。

【本書執筆担当】

1章　赤松・井田・矢島／2章　秋本・井田／3章　秋本／4章　呉羽・高橋・矢島・赤松／5章　矢島／6章　井田

本書は、小社より刊行した『最新版　この一冊で世界の地理がわかる！』を、文庫収録にあたり、再編集のうえ改題したものです。

高橋伸夫（たかはし・のぶお）

一九三九年、東京都生まれ。東京教育大学大学院博士課程・パリ第一大学大学院修了。理学博士。地理学博士（パリ第一大学）。筑波大学地球科学系教授、聖徳大学教授、日仏地理学会会長を歴任し、筑波大学名誉教授。

編著書に、『新しい都市地理学』『フランスの都市』『ジオグラフィー入門』『世界地図を読む』など多数がある。

井田仁康（いだ・よしやす）

一九五八年、東京都生まれ。筑波大学大学院地球科学研究科単位取得退学。博士（理学）。現在、筑波大学人間系教授。地理教育・社会科教育を専門とする。高校生を対象とした国際地理オリンピックにも携わる。

編著書に、『国別大図解　世界の地理』シリーズ（監修）、『授業のための地理情報』『世界を巡って地理教育』などがある。

面白《おもしろ》いほど世界《せかい》がわかる「地理《ちり》」の本《ほん》

編著者　高橋伸夫《たかはしのぶお》
　　　　井田仁康《いだよしやす》
発行者　押鐘太陽
発行所　株式会社三笠書房
〒一〇二-〇〇七二　東京都千代田区飯田橋三-三-一
電話〇三-五二二六-五七三四〈営業部〉
　　〇三-五二二六-五七三一〈編集部〉
http://www.mikasashobo.co.jp
印刷　誠宏印刷
製本　若林製本工場

ISBN978-4-8379-8149-7 C0125

知的生きかた文庫

地図で読む日本の歴史

「歴史ミステリー」倶楽部

こんな「新しい視点」があったのか！　市街地図、屋敷見取り図、陣形図……あらゆる地図を軸に、日本史の「重大事件」に迫る！　歴史の流れがすぐわかる！

「その時歴史が動いた」心に響く名言集

NHK『その時歴史が動いた』編

永久保存版『その時歴史が動いた』名語録。各回の主役たちが遺した「歴史の名言」を厳選、そこに込められた哲学や人間ドラマを浮かび上がらせます！

人に勝ち、自分に克つ　強靭な精神力を鍛える

武士道

新渡戸稲造

奈良本辰也 訳・解説

日本人の精神の基盤は武士道にあり。武士は何を学び、どう己を磨いたか。本書は、強靭な精神力を生んだ武士道の本質を見事に解き明かす。

日本の歴史がわかる本

全三巻

【古代～南北朝時代】篇／【室町・戦国～江戸時代】篇／【幕末・維新～現代】篇

小和田哲男

「卑弥呼はどこに眠っているのか？」「徳川の長期政権を可能にした理由は？」「なぜ日本は成算なき日米決戦を決意した？」――時代の節目から真相を探る。

スマイルズの世界的名著

自助論

S.スマイルズ 著

竹内 均 訳

「天は自ら助くる者を助く」――。刊行以来今日に至るまで、世界数十カ国の人々の向上意欲をかきたて、希望の光明を与え続けてきた名著中の名著！

C50168